# MARQUIS D'ARGENSON

# AUTOUR

# D'UN MINISTRE

# DE LOUIS XV

## LETTRES INTIMES INÉDITES

PARIS
ALBERT MESSEIN, ÉDITEUR
19, QUAI SAINT-MICHEL, 19
1928

# AUTOUR
## D'UN MINISTRE
### DE LOUIS XV

LA COMTESSE D'ARGENSON
1700 - 1764

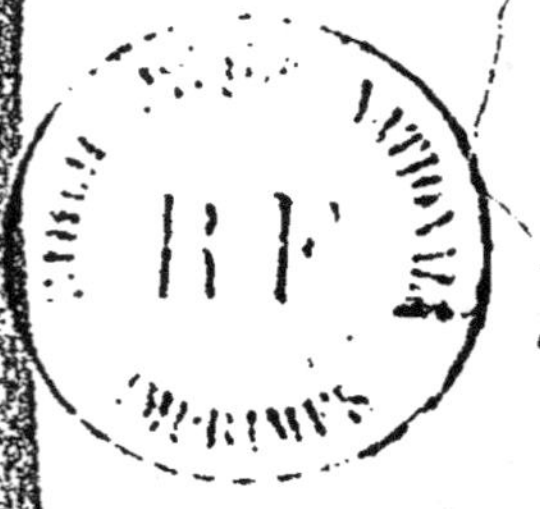

# MARQUIS D'ARGENSON

# AUTOUR D'UN MINISTRE DE LOUIS XV

## LETTRES INTIMES INÉDITES

PARIS
ALBERT MESSEIN, ÉDITEUR
19, QUAI SAINT-MICHEL, 19
1923

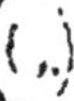

# AUTOUR
# D'UN MINISTRE DE LOUIS XV

## UNE FAVORITE OUBLIÉE.
## LETTRES DE LA DUCHESSE DE FALARI

En retrouvant, parmi des archives de famille, quelques lettres jaunies de celle qui fut la dernière maîtresse d'un grand prince, je songeais à une page de M. Edmond Jaloux, dans *La Fin d'un beau jour* : « Il suffit d'un nœud de rubans, d'une rose, pour ressusciter cette Régence trop peu comprise encore. J'avais rêvé de rendre clair, dans un livre, le problème qu'elle a résolu, de faire accorder le vice et une certaine élégance morale, de rendre possible l'union de sentiments délicats avec le cynisme et la brutalité..... Il y a eu à cette époque une culture des mœurs si parfaite que le tact, l'appropriation de chaque geste suffisaient à rendre aimables des situations dont nous ne voyons plus que la grossièreté. L'esprit remplaçait alors cette protection de la vie intime que la tendresse assume dans certains cas de passion pervertie. C'est une de ces époques dont le sens, l'explication demeureront toujours obscurs au philosophe. » — Oui, ce caractère de la Régence exprimé avec tant d'art convenait bien à la favorite oubliée. Dans la foule des belles ombres qui avaient orné tant de fêtes, sa figure pâlie semblait émerger, comme à la lueur des flambeaux mal éteints.

Son attrait ne garde-t-il pas quelque chose de mystérieux ? Les historiens ont un peu négligé M<sup>me</sup> de Falari. Inconnue et secrète, elle apparaît, pour ainsi dire, masquée. Voici qu'un jour d'hiver (2 décembre 1723), tous les yeux se sont fixés sur elle. C'est l'heure du drame, poignante et rapide. Puis, elle s'évade de la chambre fatale, elle s'échappe de Versailles et n'y reparaîtra plus. Un seul souvenir reste attaché à son nom : le Régent est mort dans ses bras.

Avant de lire les lettres de l'héroïne d'une journée, vieillie et délaissée, il faut revenir au récit de Saint-Simon. A Nangis que le duc d'Orléans venait de recevoir dans son cabinet, succédait

« M<sup>me</sup> Falari, aventurière fort jolie qui avait épousé un autre aventurier, frère de la duchesse de Béthune. C'était une des maîtresses de ce malheureux prince. Son sac était fait pour aller travailler chez le Roi, et il causa près d'une heure avec elle en attendant celle du Roi. Comme elle était tout proche, assis près d'elle chacun dans un fauteuil, il se laissa tomber de côté sur elle, et onques depuis n'eut pas le moindre rayon de connaissance, pas la plus légère apparence. »

Cet instant, qui va peser sur toute la vie de la dernière maîtresse, Saint-Simon l'avait prédit : « On a vu, il y a peu, que M. le duc d'Orléans redoutait une mort lente qui s'avançait de loin, qui devient une grâce bien précieuse quand celle d'en savoir bien profiter y est ajoutée, et que la mort la plus subite fut celle qu'il préférait. Hélas ! il l'obtint..... »

Mais reprenons le récit tragique :

« La Falari, effrayée au point qu'on peut imaginer, cria au secours de toute sa force, et redoubla ses cris. Voyant que personne ne répondait, elle appuya comme elle put ce pauvre prince sur les deux bras contigus des deux fauteuils, courut dans le grand cabinet, dans la chambre, dans les antichambres sans trouver qui que ce soit... Enfin la Falari amena du monde, mais point de secours qu'elle envoya chercher par qui elle trouva sous sa main. Le hasard, ou, pour mieux dire, la Providence, avait arrangé ce funeste événement à une heure où chacun était d'ordinaire allé à ses affaires ou en visite, de sorte qu'il s'écoula une bonne demi-heure avant qu'il ne vint ni médecin ni chirurgien, et peu moins pour avoir des domestiques de M. le duc d'Orléans. Sitôt que les gens du métier l'eurent envisagé, ils le jugèrent sans espérance. On l'étendit à la hâte sur le parquet, on l'y saigna ; il ne donna pas le moindre signe de vie pour tout ce qu'on put lui faire. En un instant que les premiers furent avertis, chacun de toute espèce accourut, le grand et le petit cabinet étaient pleins de monde. En moins de deux heures tout fut fini, et peu à peu la solitude y fut aussi grande qu'avait été la foule. Dès que le secours fut arrivé, la Falari se sauva et gagna Paris au plus vite. »

Cette complice involontaire d'une puissance funeste et ironique sera vouée dès l'instant à un éternel mauvais sort.

Elle avait pour père un nommé Blonel, d'origine inconnue, « homme bien fait, venant de rien » et devenu à la cour de Savoie gentilhomme de Madame Royale, Christine de France ; comblé de faveurs par la Régente, il devait finir par se transformer en un faux seigneur d'Haraucourt. La mère était M^{lle} Falcoz de la Blache, d'une ancienne famille noble du Dauphiné, possédant filiation régulière depuis 1447 ; « fille de condition, assez belle, » dit Mathieu Marais, « qui fut très galante, qui est encore au monde et qui a donné à sa fille l'éducation qu'on lui voit. Le ménage s'était établi au château de Saint-André de Briord, en Bugey, sur les bords du Rhône. Née en 1697, Marie-Thérèse d'Haraucourt avait épousé le 1^er novembre 1715, Pierre-François Gorge d'Entragues, fils d'un traitant. Ce financier, « fameux partisan » lui-même fils d'un marchand d'eau-de-vie de Nantes, est qualifié plus tard de « secrétaire du Roi, conseiller au parlement de Metz. » Il avait épousé en secondes noces Julie d'Etampes (1685) et marié sa fille Julie-Christine, le 13 avril 1709, à Paul-François de Béthune, duc de Charost. Ainsi cette famille de parvenus s'était rapprochée de la Cour. Les *Mémoires* du duc de Luynes signalent leur parenté avec la famille du maréchal de Luxembourg. Toujours d'après le *Journal* de Mathieu Marais, cité par M. de Lescure dans son étude sur les *Maîtresses du Régent*, « le fils, après la mort d'une première femme qui était M^{lle} de Nangis et qui mourut misérablement dans sa première couche, non sans soupçon de violence, il y a six ou sept ans, passa en Italie, vit le Pape à qui il parla de la maison de Valençay dont était sa mère, et, s'étant trouvé que le cardinal de Valençay avait été autrefois le bienfaiteur des ancêtres de Sa Sainteté, le Pape, en reconnaissance, lui donna le titre de duc de Falari, qui ne lui a pas plus coûté qu'une indulgence. »

A peine mariée, Mme de Falari, (elle écrivait *Fallary* ce nom si changeant et si incertain), connut des déboires et des aventures. Revenu en France où il avait été interdit plusieurs fois pour sa dissipation et sa mauvaise conduite, son mari la maltraitait, la battait même, disait-on, et la laissait mourir de faim. Sa dot s'était « évaporée en vingt jours ». Bientôt poursuivi pour dettes et friponnerie, Falari est arrêté, s'échappe, « passe en Espagne où il est encore ». Bientôt il est déshérité par son père, et la séparation de biens du ménage est prononcée le 4 février 1720. Mme de Vauvray, femme de Girardin de Vauvray, maître d'hôtel du Roi, amie des La Blache, recueillit l'abandonnée et la plaça dans un couvent. La duchesse d'Olonne l'en fait sortir, « la reconnait pour sa parente, et la met dans le monde ».

A cette date, Mme de Falari avait-elle déjà des amants ? Les *Mélanges* de Boisjourdain et les notes de Barbier ne sont pas toujours d'accord avec Marais. Ses premières intrigues auraient eu Grenoble pour théâtre. M. de Coynart, dans son livre sur les *Guérin de Tencin*, rappelle les parties de *bassette* de la duchesse avec le président et l'abbé de Tencin, parties où les deux frères, afin de consoler la jeune femme malheureuse au jeu, « trichaient à rebours, rivalisant d'adresse pour lui faire rattraper ses mises disparues. » Ce président de Tencin aurait été l'amant de M^me d'Haraucourt. C'est à lui que le Régent dit en s'interposant dans un bal paré : « Masque, c'est trop de la fille et de la mère. » — Faut-il croire ces anecdotes, ces couplets qu'on pourrait citer, et que la faveur du maître de la France faisait bourdonner autour de la duchesse ? Suivant Marais, c'est précisément dans ce bal que le Régent apprit par une chanson qu'il avait eu des prédécesseurs. On disait leurs noms, le marquis de Tessé, le marquis de Lévis, son cousin par les La Blache, et Préaulx, ce fils de M^me de Vauvray à qui M^me de Falari voua un attachement durable et qui s'occupa de ses affaires avec zèle : « Elle joue à trois ou quatre amants à la fois, ne manque pas de beauté, ni de certain esprit propre à séduire . » La voici prête à jouer son grand rôle.

Si l'on s'accorde à la trouver belle, les témoignages restent pourtant assez vagues. Tout semble d'ailleurs factice dans une telle vie. On ne sait guère d'où vient de cette femme. Sa signature même est un mensonge. Les lettres d'elle que nous possédons, adressées au comte d'Argenson, ministre de la guerre, indiquent (comme toutes celles citées par M. Marquiset dans son intéressant ouvrage *La duchesse de Fallary d'après des documents inédits*) le nom d'*Haraucourt* ; grâce à la supercherie de son père, elle prétendra, obstinément, ainsi que ses deux frères, se rattacher à une famille illustre. Le duc de Luynes et d'autres contemporains disent *Araucourt*. Ce nom sera toujours douteux. Même incertitude sur le portrait physique et moral de la femme. Un récit fantaisiste la décrit comme grande, d'aspect froid, le visage « couvert de mouches », la tête empanachée de plumes. Le journal de Buvat ne s'exprime pas de même. N'est-ce point plutôt son caractère enjoué qui sut plaire, tandis qu'elle avait l'art d'apitoyer sur sa jeunesse et ses malheurs ? On lit dans les *Correspondants de la marquise de Balleroy*, cet ouvrage publié par M. de Barthélémy, le récit d'un souper où le Régent « loua sa beauté, mais se plaignit qu'elle était trop de je ne sais plus où », ce qui lui valut une « bonne réponse » de M. de Broglie. Peut-être aussi ressemblait-elle un peu à cette M<sup>me</sup> de Sabran que Saint-Simon nous fait si bien connaitre : « Il n'y avait rien d'aussi beau qu'elle, de plus régulier, de plus agréable, de plus touchant, de plus grand et de plus noble. Avec beaucoup d'esprit, elle était insinuante, plaisante, robine, débauchée, point méchante, charmante sur  à table..... » On sait que le prince « n'éta.   .as pour se contenter d'une maîtresse. Il fallait de la variété pour piquer son goût... Toutes ces maîtresses, en même temps, avaient chacune leur tour. Ce qu'il y avait d'heureux, c'est qu'elles pouvaient fort peu de chose, et n'avaient part en aucun secret d'affaires, mais tiraient de l'argent, encore assez médiocrement. Le Régent s'en amusait et en faisait le cas qu'il devait faire ».

Quel fut le rôle de M<sup>me</sup> de Tencin ? Il est possible que celle-ci intervint au moment décisif, ayant intérêt à rapprocher M<sup>me</sup> de Falari et le duc d'Orléans. La date réelle est restée impréoise. Marais écrivait : « L'amour qui est un petit brouillon prend assez de plaisir à mêler les cartes. Le Régent est en querelle avec M<sup>me</sup> de Parabère, sa maîtresse. M<sup>me</sup> de Sabran veut reprendre sa place ou faire prendre cette place à une autre personne de ses parentes, que l'on appelle la duchesse de Falari ». Et il ajoutait : « L'intrigue de la Cour s'en mêle. On veut faire tomber la Parabère, qui fait semblant de ne pas s'en soucier ». Le 20 novembre, au théâtre du Palais-Royal, la duchesse paraît dans tout l'éclat de son triomphe, tandis que la marquise de Prie reçoit les hommages dûs à la maîtresse déclarée de M. le Duc. Le 1<sup>er</sup> décembre, grand bal public, où le Régent s'avance « tenant sous le bras » la nouvelle favorite.

Il semble toutefois que Marais et les chroniqueurs qui ont reproduit ces récits hésitent beaucoup sur les dates.

« *Décembre 1720* .— On a su aussi que le jour où elle fut présentée par M<sup>me</sup> de Sabran, après quelques discours, M<sup>me</sup> de Sabran se retira pour aller tenir, disait-elle, compagnie à son prince (qui est le prince d'Isenghien) ; elle écouta à la porte, et entendit de ses oreilles mille choses offensantes que disaient contre elle le Régent et la duchesse. Elle rentra et voulut faire des reproches à l'un et à l'autre, à quoi le Régent dit : « Tout ce que j'ai dit de toi est vrai, et il y en a encore cent fois davantage, que je dirai si tu veux retourner écouter à la porte.

« ... La fortune de la duchesse de Fallari a passé comme une ombre. L'étoile de M<sup>me</sup> de Parabère a été plus forte que la sienne ; on a tant couru, intrigué et tourmenté le Régent qu'il est revenu à sa première maîtresse, et dès ce soir même, il soupait avec elle et ses favoris, et a fait dire à l'autre qui venait pour souper avec lui et à M^me de Sabran qui l'accompagnait qu'il était malade et s'était couché...Les amis de la duchesse disent que cette aventure n'a pas le moins du monde intéressé son honneur, mais on sait bien que penser d'une femme galante qui a soupé plusieurs fois avec le Régent en secret, et qui a été publiquement au spectacle et au bal avec lui...

« ... La duchesse de Fallari, que l'on croyait noyée, est revenue sur l'eau. Elle a soupé aujourd'hui avec le Régent et entretient encore des espérances. » — Le prince, toujours insoucieux des mauvais bruits, n'écoutait pas les conseils trop prudents des envieux et les accusations du médecin Chirac : « Si elle me donne des pois, » aurait-il dit, « je lui donnerai des fèves ». Rien de moins authentique, d'ailleurs, que de pareils propos.

« 23 *Décembre* 1720 . — La duchesse de Fallari continue d'aller toujours au Palais-Royal. Elle soutient son poste par son esprit. Le Régent lui dit qu'elle n'est pas belle et qu'il ne l'aime pas, et elle répond qu'il est bien sûr qu'il l'aimera un jour ; sur quoi elle reste et elle l'amuse. » Cette liaison semble avoir duré d'abord jusqu'au début de 1721. — « 10 *Janvier* 1721. — Il y a de nouveaux changements dans les maîtresses. La duchesse de Fallari est tout à fait renvoyée... » Puis on apprend qu'elle est nommée dame d'honneur de l'Infante. Mais qui pourrait compter les instants de ces règnes fugitifs ? Toutes ces femmes ont été « aimées en plusieurs fois ». Voici que l'heure de Mme de Parabère va sonner de nouveau, Mme d'Averne perdra et reprendra son empire, mais Mme de Falari sera présente au dénouement.

Mme de Tencin, a t-on dit, comptait se servir de sa jeune protégée pour regagner une influence à jamais compromise. Mais si les deux amies espéraient dominer d'un commun accord l'amant royal, il faut admirer l'éclatante supériorité d'Alexandrine. « Un habit de religieuse », dit Saint-Simon, « une ombre de régularité quoique peu contrainte, une clôture bien qu'accessible à toutes les visites des deux sexes, étaient une gêne insupportable à qui voulait nager en grande eau, et qui se sentait des talents pour faire un personnage par l'intrigue. » A ce moment (1719), « elle n'était plus débauchée que par intérêt et par ambition avec un reste d'habitude... » Le marquis d'Argenson, dans ses *Mémoires*, parle peu de Mme de Tencin. En août 1739, énumérant les factions qui se disputent la Cour, il en arrive au parti du cardinal : « Sa sœur, la Tencin, écrit-il, remue ciel et terre. » Et le 9 février 1750, peu après la mort de cette dame : « Le Roi n'aime point le Cardinal de Tencin, et encore moins ses sœurs. Il détestait feu Mme de Tencin, et il lui vient peau de poule quand on lui parle d'elle ».

On sait qu'il n'en avait pas été de même sous la Régence. L'évadée du monastère de Montfleury, après des aventures sans nombre, maîtresse de lord Bolingbroke, le grand politique anglais, s'était toujours attachée à ceux qui devaient occuper les premières charges de l'Etat. On la disait aimée du futur Garde des Sceaux, Marc-René, marquis d'Argenson. Peut-être avait-il deviné là un esprit capable de comprendre ses desseins cachés, et de son côté l'ambitieuse « chanoinesse » rêva-t-elle de s'appuyer sur lui pour assurer sa fortune et celle de son frère. « Feu mon père », disait le marquis d'Argenson, ministre des affaires étrangères, « conduisait les choses de son ministère avec un secret admirable ». De plus, le Régent « lui avait des obligations essentielles qu'il n'eût pu oublier sans se rendre coupable de la plus noire ingratitude... Jamais il n'y eut coup d'Etat plus heureux ni plus hardi que celui par lequel il sauva son prince et sa patrie... » L'événement devait donc justifier ce choix de « la Tencin » et ces graves emplois n'étaient pas, semble-t-il, un obstacle à des intrigues plus aimables. Liaison passagère pourtant, si elle exista. Les deux ministres fils du Garde des Sceaux éprouvaient un éloignement invincible pour cette ancienne amie de leur père. La malveillance du marquis ne redoute pas de l'accuser d' « inceste ». Nous verrons, par les lettres de Mme de Tencin au comte d'Argenson, que le Ministre de la Guerre se défiait d'elle et l'écartait non sans peine.

Enfin, devenue maîtresse du Régent, que ne pouvait-elle attendre, auprès d'un prince doué d'une séduction si grande ? « Il avait », suivant Saint-Simon, « dans le visage, dans le geste, dans toutes ses manières une grâce infinie et si naturelle qu'elle ornait jusqu'à ses moindres actions, et les plus communes. Avec beaucoup d'aisance, quand rien ne le contraignait, il était doux, ouvert, accueillant, d'un accès facile et charmant, le son de la voix agréable, et un don de la parole qui lui était tout particulier en quelque genre que ce pût être, avec une facilité, une netteté que rien ne surprenait et qui surprenait toujours... Une valeur naturelle qui lui faisait tout voir, tout prévoir...» Mais il y a « une contre partie. Il s'accoutuma à la débauche, plus encore au bruit de la débauche jusqu'à n'avoir pu s'en passer, et qu'il ne s'y divertissait qu'à force de bruit, de tumulte et d'excès... On n'obtenait rien de lui, ni grâce ni justice, qu'en l'arrachant par crainte ou par une extrême importunité. » — Et pourtant, « quel homme aussi au-dessus des autres, et en tout genre connu ! Et quel homme plus expressément formé pour faire le bonheur de la France, lorsqu'il eut à la gouverner ! »

Un tel portrait peut expliquer l'échec de M<sup>me</sup> de Tencin, car ce régime n'était pas le règne des femmes, et la politique ne se glissait pas alors « entre deux draps ». Ce fut ensuite sa liaison avec Dubois, quand elle demandait au « valet » un reste de ce crédit qui lui avait échappé avec la complaisance du maître. Du moins, avant de vieillir au milieu de l'estime générale, parmi les beaux esprits de sa *ménagerie*, elle aurait pu s'applaudir d'avoir donné au Régent la duchesse de Falari. M<sup>me</sup> de Prie, elle aussi, avait accueilli affectueusement la jeune délaissée, et lui proposait des exemples si utiles à la vie de cour. Pourtant leur élève ne désira jamais devenir

« une femme d'Etat », et le Régent aimait surtout,
paraît-il, les calmes soirées où elle racontait au
prince les vieilles légendes dauphinoises. Un pastel
appartenant à M. le comte d'Haussonville la
représente alors en Cérès, à l'heure de la grâce
épanouie et du premier triomphe.

Mais comment « l'aventurière » eût-elle occupé
longtemps ce cœur distrait, avec son esprit léger
mêlé de folie charmante ? Elle prenait part, non
sans fatigue, aux joyeux soupers de Saint-Cloud et
du Palais-Royal, où l'on s'enfermait jusqu'au
matin. Elle fut congédiée, on le sait, au mois
de janvier 1721. En juin de la même année,
Mme d'Averne connaît un regain de faveur. Au
printemps de 1723, Voltaire signalait à la prési-
dente de Bernière une maîtresse encore inconnue.
Le retour de Mme de Falari fut donc bien tardif,
et déjà les jours du prince étaient comptés. Un
passage des *Mémoires* de Villars nous apprend que,
le 2 Décembre, « le Régent se trouvait fort assoupi,
mais qu'il ne voulait pas s'endormir parce qu'il
devait monter chez le Roi. » D'ailleurs les cabales
n'eussent jamais désarmé ; Mme de Falari était
inapte à ces intrigues. Au moment même de la
mort subite, Mme de Prie, elle aussi dans l'antichambre. attendait son tour. Mme de Sabran, aux
écoutes, rôdait à travers le château, et quand le
secours survint, elle aurait dit une parole bien
dure pour sa rivale, afin d'empêcher un laquais
de saigner le mourant. On est assuré que le pouvoir
si partagé de Mme de Falari n'eût pas résisté à
tant d'assauts.

Nous avons vu la duchesse, frappée du même

coup qui venait de terrasser le Régent, sortir à jamais de Versailles et de l'histoire. Ces détails rappelés rendent un peu de vie à l'image effacée de la fugitive ; ce drame et ce souvenir restent sa seule gloire. — Le hasard de quelques recherches nous a fait découvrir sa trace vingt-cinq ans plus tard, et ce sont ses lettres au comte d'Argenson que nous publions ici. Longue période de disgrâce où l'oubliée faisait encore des rêves d'avenir. Parmi les courtisans d'autrefois, beaucoup affectaient de la reconnaître à peine, et M<sup>me</sup> de Tencin, presque mourante en 1748, avait depuis longtemps d'autres projets et d'autres associés. Le cardinal se retirait bientôt après dans son diocèse de Lyon, et ses derniers jours allaient s'écouler empreints d'une dignité inattendue qui peut paraître sincère. Le vieux Gorge d'Entragues était mort en 1723, et c'étaient de longs procès de sa belle-fille avec les Béthune. Quant à Falari, chassé d'Espagne pour ses mœurs, toujours prisonnier ou exilé, colonel polonais, envoyé du duc de Mecklembourg, il va périr assassiné à Moscou le 10 septembre 1740. — Qui songeait encore à M<sup>me</sup> de Falari ? Pour comble de malheur, celle-ci méprisait de bonne foi M<sup>me</sup> de Pompadour, et l'héritière d'Haraucourt était tout à fait persuadée que la place de favorite devait être inaccessible à une bourgeoise. Qu'allait donc imaginer la duchesse, sans protecteurs et sans appuis ?

Nul plus que le comte d'Argenson ne possédait alors la faveur du Roi. Ministre d'Etat depuis le 25 août 1742, ministre de la guerre depuis le 8 janvier 1743, la conduite des campagnes suc-

cessives avait mis en lumière sa haute valeur.
« M. d'A. n'a aucun défaut des âmes faibles, » disait
M^{me} du Deffand qui traça de lui un portrait
célèbre; « il n'est susceptible que de passions
fortes, et ne peut être remué que par de grands
objets. Né haut et ambitieux, il ignore les peti-
tesses de la vanité et les manèges de l'intrigue.
Ses talents sont le seul moyen qu'il emploie pour
s'élever à la fortune, parce qu'il sent que ce moyen
lui suffit... Il se croit capable de tout savoir, mais
il ne croit savoir que ce qu'il sait... Son courage
est comme toutes ses autres qualités, et de l'espèce
qui convient à sa place. Ce n'est point une timidité
qui aveugle sur le danger, c'est un sang-froid qui
le fait prévoir et prévenir; c'est une fermeté d'âme
qui le fait surmonter lorsqu'il arrive... Personne
n'est plus prudent, n'a l'air moins mystérieux,
n'est plus exempt de fausseté... La nature l'a
fait un grand homme, c'est à la fortune à le rendre
illustre. » — Le marquis d'Argenson ne cesse,
dans toute son œuvre, de l'étudier et de le traiter
avec un singulier mélange d'éloges et de critiques
railleuses : « Mon frère a l'âme forte ; il a plus
de hardiesse que moi, il ne s'épouvante et ne se
rebute de rien... Si l'on pouvait mesurer l'esprit,
on trouverait, je crois, celui de M. le Comte d'A.
plus éclairé, plus fécond, plus avisé et plus parfait,
en ce qu'il est, qu'élevé, étendu et profond... La
volonté et l'amour du succès y sont pour beaucoup,
on veut profiter de tout, et surtout des fautes des
autres. »

La victoire de Fontenoy et la conquête des
Pays-Bas venaient de mettre le comble à la

renommée du ministre. Les maîtresses royales n'avaient que des sourires pour lui. Les lettres de la duchesse de Châteauroux sont pleines de témoignages d'amitié. Par celles de M^me de Pompadour, nous savons à quel point la mieux obéie des favorites pouvait le craindre et le ménager. Surtout le comte d'Argenson faisait partie du cercle intime de la Reine. Marie Leczinska entretenait avec lui une correspondance familière dont la confiance et l'abandon font le charme précieux. De tous les points du royaume lui parvenaient des lettres et des placets sans nombre. M^me de Falari, elle aussi, veut s'adresser au très puissant ministre; et, pour mieux attirer son attention, elle va lui dénoncer des complots.

Vrais ou imaginaires, ces complots ? Tout est possible. Voici la première lettre :

A Paris, 22 janvier 1748.

*J'ai, Monsieur, quelque chose d'une très grande importance à avoir l'honneur de vous communiquer. Ayez la bonté de me donner une audience, soit à Paris, soit à Marly, la chose étant pressée, et dont l'éclaircissement peut être de conséquence. Je n'ai point oublié, Monsieur, vos anciennes bontés pour moi. Je serai charmée d'avoir l'honneur de vous renouveler la parfaite considération avec laquelle j'ai celui d'être, Monsieur, votre très humble et très obéissante servante.*

D'HARAUCOURT DUCHESSE DE FALLARY.

Ceci n'est qu'une préface ; on y reconnaît cette discrétion qui convient à l'élève de M^me de Tencin. Le ministre dont l'autorité grandissait de jour en jour, l'homme d'État envié et menacé qui tenait tous les fils d'une police habile, allait-il suivre la duchesse sur les chemins un peu tortueux où elle essayait de l'entraîner ? Mais le comte était encore plus prudent qu'elle. Il ne répondit pas. Aussi reçut-il une deuxième lettre qui est, peut-on dire, le premier chapitre d'un roman policier :

*Vos grandes occupations, Monsieur, vous ont sans doute empêché de faire l'attention que j'ai cru que méritait la lettre de La Haye qui était à mon adresse, et que j'ai eu l'honneur de vous faire remettre. J'aurais été charmée, Monsieur, d'apprendre par vous que le Roi a approuvé mon zèle et mon respectueux attachement pour son service. Je vous supplie, Monsieur, puisque vous n'avez pas jugé à propos de faire aucun usage de la lettre en question, de me la renvoyer, ne me convenant pas qu'elle traîne entre les mains de vos secrétaires. J'ai l'honneur d'être avec une parfaite considération, Monsieur, votre très humble et très obéissante servante.*

D'HARAUCOURT DUCHESSE DE FALLARY.

A Paris, ce 10 mars 1748.

En tête de la page, nous lisons ces indications écrites par le comte d'Argenson : *Lettre réservée. — Répondu le 13. — Et refusé de renvoyer la lettre. —*

Quelque chercheur viendra-t-il découvrir le mystère enfermé là ? Souvent la *petite histoire* sait révéler ces secrets enfouis, et jeter une lueur sur ces intrigues mortes. La note du ministre, dans son laconisme, prouve du moins qu'il jugeait la chose importante, et dissimulait sa curiosité sous un apparent dédain. De son côté, l'imprudente laissait percer son inquiétude. Quelle arme périlleuse, peut-être, entre les mains du secrétaire d'État, ou même entre celles du Roi ! Nous allons voir qu'il s'agissait bien d'un complot dont nous ignorons les détails. Mais il y a rarement des complots sans délateurs, et de tout temps, sous les bons princes comme sous les Césars de Suétone, le prix de la délation n'est-il pas la plus tentante des récompenses ? — M^me de Tencin avait déjà usé de ce moyen. Ici encore, nous pouvons voir combien M^me de Falari était restée docile aux enseignements de son jeune âge. Même ardeur à flatter les ministrer, en un mot même souplesse. Tout pour obtenir une audience, dût cette audience être bien courte ! Le style aussi est pareil. En rapprochant des lettres de la duchesse celles de M^me de Tencin, on croirait qu'elles se rapportent au même objet, si celles-ci ne dataient de deux ans plus tôt :

*J'ai grand besoin, Monsieur,* écrivait M^me de Tencin le 11 janvier 1746, *d'avoir avec vous une conversation d'un quart d'heure. Mon ancien attachement me la rend nécessaire. Je sais que vous êtes actuellement à Paris, je ne puis espérer que vous puissiez m'accorder ce que j'ai l'honneur de vous demander pendant le peu de temps que vous avez encore à y rester. Si vous voulez bien me donner vos ordres pour le jour et pour le lieu et pour l'heure où je vous serai le moins incommode, je me conformerai avec grand empressement à ce que vous me prescrirez.*

*J'ai l'honneur d'être, Monsieur, avec un très respectueux attachement, votre très humble et très obéissante servante.*

DE TENCIN.

Sans doute, les moyens de flatter le pouvoir se renouvellent peu, et l'accent ne change guère. Et puis le comte d'Argenson n'était plus le « cher petit » dont M<sup>me</sup> de Tencin sollicitait l'indulgence pour des «amis tarés», comme le raconte M. Pierre-Maurice Masson. La défiance que lui inspirait le ministre était grande, nous apprend ce même historien : « Il veut voler de ses propres ailes et croit n'avoir plus besoin de personne », pensait-elle dès 1743; en un mot, elle estime qu'« il peut devenir dangereux. » — Mais revenons à la conspiration si opportune que la duchesse venait de découvrir, ou, au besoin, de faire naître. Conspiration peu redoutable sans doute, mais vraisemblable. Les échos du temps retentissent de plaintes contre les faiseurs de libelles, et les intrigants réfugiés en Hollande répandent sans trêve sur les favoris du jour des lettres injurieuses et des calomnies dont il reste quelque chose. M<sup>me</sup> de Pompadour se croyait victime de perpétuels complots. Sa correspondance avec le comte d'Argenson est surtout le recueil de ses doléances et de ses protestations contre les brochures infamantes et les mauvais discours. Nous possédons ces billets du matin, écrits à la hâte et parfois dans la fièvre, chargés des craintes de la favorite que les cabales vigilantes menacent chaque jour d'une chute presque fatale. Le comte d'Argenson, qui allait devenir l'adversaire déclaré de la marquise, n'était pas moins entouré d'ennemis. Partisans du maréchal de Noailles ou dévoués à Mme de Pompadour, ils créaient à l'infini des coalitions d'intérêts éphémères dont la fermeté du ministre avait jusque-là toujours triomphé. Mme de Tencin et Mme de Falari avaient eu soin de suivre son parti, ou du moins elles s'efforçaient de le lui persuader :

*Il me semble, Monsieur, que l'état où je suis,* écrivait encore Mme de Tencin, *doit donner plus de confiance à ce que j'ai à vous dire. Je puis donc vous protester avec la plus exacte vérité que je n'ai jamais dit un mot chez moi ni souffert qu'on parlât sur votre compte. Soyez assuré que si je m'étais éloignée du caractère dont je suis, il m'en coûterait moins de vous faire l'aveu des torts que je pourrais avoir que d'avoir l'humiliation de mentir. Je vous dirai plus, j'ai eu sur le cœur une chose grave sur votre compte, et c'était pour m'en expliquer avec vous que j'eus l'honneur de vous écrire avant que de tomber malade. Mais comme il ne m'est pas aisé de condamner sur un propos qui peut être inventé quelqu'un que j'ai autant aimé que vous et que je sens que j'aimerai toujours, j'ai gardé mon sujet de plainte dans mon cœur, et n'en ai fait part qu'à quelqu'un que je vous nommerai. Si j'ai jamais l'honneur de vous voir, croyez-moi, Monsieur, les propos qu'on vous a tenus comme dits par moi et chez moi, n'ont d'autre réalité que la malice de ceux qui vous les ont rapportés. Bien des gens tracassent pour se donner le mérite d'un grand attachement, et d'autres pour brouiller les cartes. En un mot, je n'ai rien dit ni entendu dire dont vous pourriez vous plaindre le moins du monde. Je pourrais même vous donner des preuves de mon attachement pour vous dans le temps même où l'on m'a fait parler si indécemment et d'une façon si opposée à la vérité. Je compte moins mes forces que le désir de rétablir entre nous une amitié qui a fait si longtemps une partie du bonheur de ma vie. Je suis avec mes sentiments anciens et toute sorte de respect, Monsieur, votre très humble et très obéissante servante.*

DE TENCIN.

Mme de Falari pensait et parlait de même. Mais, au lendemain de la catastrophe de 1723 comme après vingt-cinq années, elles ne songeaient toutes deux qu'à cette faveur toujours convoitée, à cette ombre qu'elles poursuivaient encore, l'une malgré la vieillesse et la maladie, l'autre dans sa retraite forcée, loin d'une Cour indifférente. —Voici la troisième lettre de la duchesse. C'est la réponse à une lettre du Comte d'Argenson qui s'était décidé cette fois à intervenir. L'idée de complot reparaît là comme une menace ; on croit deviner, dans un lointain obscur, des trames nouées contre la personne du Roi, et l'on évoque un attentat pareil à celui de Damiens qui eut lieu neuf ans plus tard. Ne fallait-il pas protéger à tout prix la vie du Bien-aimé, de l'enfant échappé à la ruine de sa race, du monarque abattu naguère par la fièvre à Metz, et dont les acclamations de tout un peuple avaient salué la guérison ? Jamais spectacle plus touchant n'avait été donné à la dynastie qui incarnait la France elle-même. La vie du Roi ! Tout n'était-il pas contenu dans ce mot, les grâces futures, le bonheur des familles, la gloire de la nation ?..... Et aussi, dans le cas présent, la fortune raffermie de la duchesse de Falari.

*J'ai fait avertir M. de la Figarède, Monsieur, pour qu'il se rende à vos ordres. Vous êtes trop bon et trop poli de vouloir entrer dans aucun détail par les raisons qui vous engagent à garder la lettre qui m'a été adressée. Je ne dois point pénétrer dans la conduite d'un ministre comme vous, Monsieur, dont je respecte même le silence. Si ma conduite a pu être agréable au Roi et à vous, Monsieur, je suis plus que satisfaite, ayant eu l'honneur de m'adresser à vous, Monsieur, par préférence à des personnes de mes amis, qui ont l'honneur d'approcher de Sa Majesté, et qui sont en état de lui faire valoir mon zèle. N'importe que ce soit un misérable tel que vous le croyez, Monsieur, qui m'ait écrit de La Haye, vous savez mieux que moi que les conspirations se découvrent pour l'ordinaire par ces sortes de gens-là.*

*J'ai l'honneur d'être avec une parfaite considé-*

*ration, Monsieur, votre très humble et très obéis-*
*sante servante.*

### D'Haraucourt duchesse de Fallary.

A Paris, ce 26 mars 1748.

*Je vous supplie très instamment, Monsieur, de*
*me faire la grâce de me donner une demi-heure*
*d'audience, soit à Versailles ou à Paris. Je me*
*rendrai à vos ordres le jour que vous aurez la bonté*
*de m'indiquer.*

Enfin la duchesse avait atteint son but, ou du moins pouvait en garder l'illusion. Elle se résignait à laisser la fameuse lettre « traîner » dans les bureaux, elle se déclarait satisfaite des raisons que le comte avait accepté de lui donner. Et ce demi-succès, elle n'avait pas renoncé à l'exploiter. Plus exigeante que M^me de Tencin, elle demandait maintenant une audience d'une demi-heure. C'était plus qu'il n'en fallait, peut-être, pour séduire le ministre après le prince. Mais cette rencontre n'était-elle pas un peu dangereuse et ne pouvait-on craindre, depuis l'accident, qu'une telle entrevue ne portât malheur ? — Nous ne saurons pas la suite du roman, cachée peut-être par le hasard dans d'autres papiers poudreux. La dernière intrigue politique de la duchesse de Falari ne lui a pas acquis les grâces désirées. Elle s'est enfoncée dans cette ombre où l'histoire ne pénètre point, l'ombre morose et froide qui enveloppe les vies déçues. Pourtant ce caractère aimable ne s'assombrit pas. Elle avait gardé deux passions, l'amour et la procédure, et ce goût des procès, devenu presque une manie, la consola un peu, du moins l'occupa souvent. Le livre de M. Marquiset, qui doit beaucoup aux archives d'Haussonville, raconte tous les détails de cette vie. Une société restreinte mais charmante lui était restée fidèle ; c'étaient le duc de Richelieu, le marquis de Souvré, Vauvray, Mmes d'Alluye et de la Fontaine-Martel, dont le marquis d'Argenson a laissé de si singuliers portraits, le conseiller Mehin à qui elle avait fait l'étrange confidence « qu'elle n'avait jamais couché avec le duc d'Orléans, et qu'elle l'amusait tellement par ses contes qu'il ne pensait qu'à rire et à folatrer quand ils étaient en tête-à-tête ». D'ailleurs, ajoute-t-il « personne ne parle et ne conte aussi agréablement qu'elle fait. » Longtemps on associa son nom à celui de La Figarède, cet officier dont elle parle dans ses lettres, et qu'elle « entretenait publiquement », écrit avec quelque indignation l'éditeur des *Mémoires de Mme du Hausset*, mais à qui elle avait plutôt en réalité confié ses intérêts. Pendant sa jeunesse légère, elle n'avait rien demandé à Law ni aux papiers du Mississipi ; à partir de 1740, elle donna à jouer ; « un tripot » explique Mercier dans le *Tableau de Paris*, « est accordé par protection à une femme de qualité pour rétablir sa fortune. » Mais, peu à peu, la mort dispersait les amitiés, et le charme de la Cérès éblouissante s'effaçait à son tour. Son pouvoir affaibli s'était usé dans des menées obscures, et elle s'en allait seule. *Seule, ou à peu près*, comme dira si discrètement, de son propre déclin, une des femmes les plus admirées à la fin du même siècle.

Que reste-t-il d'elle ? Assez peu de chose. Les lettres épargnées ne révèlent pas la vie intérieure, les amertumes et les doutes communs à toutes celles qui n'ont plus que le regret des beaux jours. Certes, celle-ci fut moins favorisée par le sort qu'une autre délaissée ; car elle fait songer un peu à cette Aimée de Coigny vieillissante dont le génie d'un grand poète avait du moins célébré le radieux et triste matin. Mais s'il manque aux beautés de la Régence cette auréole, ce rayon de lumière qui descendait, dans les prisons de la Terreur, sur le front des victimes désignées, le tragique n'était pas absent de ces vies insoucieuses, et les heures vouées au plaisir s'achevaient parfois, sinon dans les larmes, du moins dans le sang. Rappelons-nous celle qui n'a pas pu supporter sa disgrâce, la marquise de Prie, cette amie des jeunes années dont Mme de Falari garda le portrait dans son salon jusqu'à sa mort. Mme de Prie ne joignait-elle pas à un esprit cultivé « ces je ne sais quoi qui enlèvent », disait Saint-Simon ? Et le marquis d'Argenson pouvait écrire : « Je ne crois pas qu'il ait jamais existé créature plus céleste. C'était vraiment la fleur des pois... plus de grâce encore que de beauté... et cependant une grande présence d'esprit, une extrême indifférence dans ses choix, et avec cela l'extérieur le plus décent du monde. Enfin, elle a gouverné la France deux ans, et l'on a pu la juger. Dire qu'elle l'ait bien gouvernée, c'est autre chose. » — Mais cette même femme sut

prendre, dès les premiers moments de son exil,
« la résolution de s'empoisonner, tel mois, tel
jour, et à telle heure. Elle annonça sa mort
comme une prophétie ; on n'en crut rien. Elle
montra beaucoup de gaîté... elle prit même
un amant... l'humeur et l'esprit étaient encore
gais, déliés, badins, frivoles, comme au temps de
sa plus grande prospérité. » Et on lit à la page
suivante : « Elle était expirée au jour et à l'heure
qu'elle avait fixés ; mais, ce qu'elle n'avait pas
bien prévu, avec des douleurs telles que la pointe
de ses pieds était tournée du côté du talon. »

Voici en effet deux visions qui expriment toute
l'angoisse des époques heureuses : le Régent inerte
sur les bras de ses deux fauteuils, et M^{me} de Prie
tordue sur son lit. Mais la gloire d'une fin romanesque n'a pas été le partage de M^{me} de Falari.
On ne saurait de même plaindre ni honorer son
gracieux fantôme. Nous voudrions seulement
emprunter un écho à la voix de M. Etienne Lamy
lorsqu'il consacrait à la duchesse de Fleury, en
publiant ses *Mémoires*, la plus charmante des
oraisons funèbres. Peut-être en effet ce parallèle
ne serait-il pas trop arbitraire. Toutes deux ont
aimé l'amour, toutes deux n'ont aimé que lui.
Il les a d'abord comblées de ses présents, puis il
les a méconnues. L'une et l'autre, au hasard des
« rencontres d'inconstances », étaient de celles qui
vont « au désordre avec une âme neuve », à la recherche sans doute d'autres bonheurs plus dura-
bles et moins décevants. Mais n'est-ce pas là, en
même temps, parcourir un univers chaque jour
un peu plus dévasté ? Aussi quand M^{lle} d'Harau-

court n'avait pas encore achevé de vivre, le monde qui l'admirait était déjà mort avant elle.

M^me de Falari a disparu tout entière. Si l'esprit le plus vif brillait sans sa conversation, la destinée inclémente lui avait refusé le don d'écrire. D'incertains témoignages laissent d'elle à peine de faibles vestiges. M. de Lescure cite ce passage, d'après les *Souvenirs* du duc de Lévis : « M. de Richelieu eut une grande représentation, mais sa maison était peu fréquentée par les jeunes gens, et la société ordinaire était composée de ses contemporains. Il y avait une duchesse de Phalaris, personnage passivement historique. C'était dans ses bras que le Régent avait expiré quelque soixante ans auparavant. Il fallait qu'elle fut belle alors, mais quand je la vis... sa peau livide et ridée était recouverte d'une épaisse couche de blanc, rehaussée de deux placards d'un gros rouge ; une perruque blonde couvrait mal ses tempes chauves et faisait un contraste marquant avec ses sourcils peints en noir. » Sénac de Meilhan la voyait ainsi, comme Lemontey : « Plusieurs personnes vivantes », dit ce dernier, « ont connu la duchesse de Falari. Elle étalait encore dans une extrême vieillesse les fruits de l'éducation de la Régence. » Et il ajoute qu'elle était si couverte de fard qu'on l'avait surnommée la reine Jézabel. Lamothe-Langon, faisant parler Louis XVIII, l'appelle « une femme galante qui avait survécu à son siècle, dont, à part sa décrépitude, elle était devenue la représentation vivante ; c'était une vieille avec toutes les passions de la jeunesse. » Vraiment la 85^e année ne lui semblait pas un trop lourd fardeau. Le temps fut son seul ennemi, et ses forces la quittèrent insensiblement. Elle s'éteignit le 18 juillet 1782, dans une maison de la rue Basse du Rempart, qu'elle partageait avec le fidèle Vauvray. Les obsèques furent simples : « cinq ou six parents, peu d'amis. » Avec elle s'évanouissaient les derniers souvenirs d'un monde prestigieux.

Si l'âge n'avait pas réalisé les ambitions fragiles qui amusaient sa jeunesse, si elle n'a pas su, comme tant de femmes privilégiées, « s'assurer par les caprices de son cœur contre ceux de la fortune ... et joindre aux joies des impures les récompenses des sages », on ne saurait dire non plus qu'elle traîna des jours désolés ni qu'elle connut l'entier abandon. Des imprudences sans remède lui ayant fermé l'avenir, elle n'avait cessé de trouver des consolations dans les agréments de l'indépendance. Il est vrai, l'habitude de la galanterie, en diminuant les exigences de l'esprit, de l'éducation et de la conscience, comme le remarque l'historien de la *jeune captive*, « déprave le goût, accoutume les plus aristocrates de nature à la vulgarité progressive des choix, » et c'est ce qui était arrivé bien vite à M<sup>me</sup> de Falari. Cependant il suffit à ces amoureuses que des noms d'amants célèbres les aient d'abord consacrées. Leur mémoire est dès lors préservée.

Mais on se demande toujours avec quelle souffrance cachée ces âmes, parvenues à l'arrière-saison et si âprement désireuses de garder au corps toutes les apparences d'un « printemps attardé », se séparent peu à peu de ce qui était leur raison de vivre. Ont-elles atteint parfois, malgré leur démence légère, un abri sûr, un refuge moral, et en fut-il ainsi pour la dernière maîtresse du Régent ? Le récit de Lamothe-Langon, la montrant « impie comme Voltaire » et organisant une vraie comédie pour repousser les consolations religieuses, est inventé à plaisir. Elle n'avait pas songé à la mort, mais quand la mort vint, elle ne s'effraya pas et voulut la recevoir ornée de ces atours qu'elle avait tant aimés ; on dit même qu'elle se préoccupa de choisir une robe appropriée aux derniers sacrements. Un mot qui lui est attribué peut faire penser qu'elle ne partageait pas l'impiété fanfaronne du prince, et qu'elle regretterait un jour sa vie, dans l'espoir du pardon divin. La première ligne de son testament, daté du 7 juin 1781, recommandait son âme à Dieu ; elle léguait aux pauvres 5oo livres pour prier pour le repos de son âme, et on trouva dans son armoire « soixante ouvrages de piété, de dévotion et d'histoire ». — Ou bien le ciel, comme à Aimée, lui paraissait-il « plus vide encore que la terre ? » Nous ne savons. Une telle femme demeure seulement pour nous le symbole de ce règne où les erreurs de la vie s'alliaient à un charme qu'on n'a pas connu deux fois. C'est pourquoi M<sup>me</sup> de Falari ne voulut pas changer. Elle aima mieux rester jusqu'au dernier jour une des idoles souriantes et parées qui tâchent de défier le temps. Oublieuses des leçons que leur proposait l'histoire, et moins malheureuses peut-être de les avoir dédaignées, ces affranchies n'ont-elles pas été des « captives de l'amour », forcées de vieillir dans leur éternelle prison ?

# UNE AMITIÉ FIDÈLE
## LETTRES DE LA DUCHESSE DE GONTAUT

« M^me de Gontaut, qui ressemblait à la Cléopâtre blessée par l'aspic, faisait un des plus grands agréments de cette société », dit le président Hénault dans ses *Mémoires*, en parlant de l'hôtel de Sully. La duchesse de Sully, fille de la célèbre M^me Guyon, et son mari « un homme aimable qui se ressentait d'avoir vécu avec des gens d'esprit et de goût, comme un flacon où il y a eu de l'eau de Luce s'en ressent », réunissaient autour d'eux, avec quelques hommes graves,ce que la Cour avait de plus charmant. « Nous rencontrions », continue le président, « M^me de Flamarens à qui je trouvais une beauté mystérieuse, et qui avait l'air de la Vénus de l'Enéÿde, travestie sous la forme d'une mortelle; elle joignait à la beauté et à un esprit vraïment supérieur une conduite hors de tout reproche ; ses précautions à cet égard allaient au-delà du scrupule le plus exact ; jamais le soupçon ne l'aborda. » Et il ajoute que M^me de Gontaut « n'était pas tout à fait aussi farouche que M^me de Flamarens... Je fis depuis, » dit-il encore, « une connaissance plus particulière avec M^me de Gontaut, qui était fort des amies de M. d'Argenson.»

Quand nous lirons, en effet, ses lettres au comte d'Argenson, nous verrons s'exprimer une amitié fidèle et profonde. La dame du palais brillante et adulée, sur laquelle se posèrent un jour, dit-on, les regards du Roi, la fille de deux races où l'habileté politique était un privilège héréditaire, avait voué au futur ministre un attachement partagé qui, jusqu'à la mort prématurée, ne se démentira plus. Elle ne vivra pas assez pour voir à son apogée l'homme d'État que ses conseils ont soutenu chaque jour. Ses lettres écrites à toutes les heures d'une longue agonie, où l'abattement se mêle à l'espoir, où la tristesse finit par l'emporter avec le pressentiment fatal, demeurent le témoignage de l'affection la plus sûre et la plus dévouée. C'est là leur véritable mérite. Si la souffrance y diminue peu à peu la place des cabales de cour, ingénieuses et passionnées, qui remplissaient alors les vies, elle décuple, semble-t-il, les forces de la malade généreuse, elle accroît la puissance d'un cœur, qui veut battre encore pour le triomphe de la cause qu'il défend, et pour l'honneur du choix qu'il a fait.

Marie-Adélaïde de Gramont, fille du maréchal, avait épousé le 30 décembre 1715, Charles François Armand de Gontaut, fils du maréchal de Biron. Appelé duc de Gontaut en 1733, puis duc de Biron, il mourra brigadier d'infanterie le 28 janvier 1736. Saint-Simon raconte comment le futur maréchal et duc de Biron, qu'il avait fait entrer « un peu à force » au conseil de guerre (1715) et « qui n'avait point de bien et beaucoup d'enfants, trouva à se défaire de sa fille aînée à Bonnac », plus tard ambassadeur à La Haye, et « fit un autre mariage en même temps, ce fut de Gontaut son fils avec la fille aînée du duc de Guiche, grande et singulièrement belle et bien faite, et spirituelle, à qui son père donna 20.000 livres. Gontaut en avait conté à des personnes en qui M. le duc d'Orléans prenait part, il n'avait été ni discret ni modeste, il avait été chassé. Lassé de tuer des lièvres à Biron, au fond de la Gascogne, il était venu vivre à l'abbaye de Saintes, qu'avait une sœur de sa grand-mère et de M. de Lauzun. Ce fut là qu'on lui envoya permission de revenir pour faire le mariage, qui avait toutes les apparences d'être le plus heureux, et qui néanmoins tourna le plus malheureusement du monde ».

Le père de M<sup>me</sup> de Gontaut, Antoine de Gramont, par démission de son père en 1700 appelé duc de Guiche, ensuite de Gramont, « longtemps depuis maréchal de France » et mort le 16 septembre 1725, fut fait président du Conseil de guerre, « parce qu'il était beau-frère du duc de Noailles » et voici son portrait : « Avec moins d'esprit qu'il n'est possible de l'imaginer, fort peu de sens, une parfaite ignorance, une longue et cruelle indigence, de grands airs et un usage du monde lui avaient appris à se retourner. Valet des bâtards avec la dernière bassesse, qui comptaient sur lui, et de toute faveur, comme les Noailles, ses beau-père et belle-mère, il sut, dans les dernières semaines de la vie du Roi, faire accroire à M. le duc d'Orléans qu'il se tenait caché pour éviter de recevoir des ordres qui lui fussent contraires, comme si un homme comme lui eût été difficile à trouver. Il sut si bien faire valoir ce service et ceux qu'il était en situation de pouvoir rendre, qu'il tira pour soi et pour les siens tout ce qu'il voulut en tout genre, et pour de l'argent; on ne serait pas cru si on articulait le quart de ce qu'il en eut du Régent, puis de Law, lorsque celui-ci exista. Du reste inepte à tout, payant de grandes manières et de sottise, il n'eut de dupe que le Régent du royaume, et pourtant ce n'était pas manque d'esprit ni de connaissance. Mais la parentelle et le régiment des gardes tinrent lieu de tout. »

La mère, Marie-Christine de Noailles, fille d'Anne-Jules, duc de Noailles, maréchal de France, née le 4 août 1672, mariée le 12 mars 1687, savait allier la dévotion et l'intrigue. Saint-Simon nous la montre faisant obtenir à son mari la charge de colonel du régiment des gardes, ôtée au duc de Boufflers (1704). C'est la faveur de M$^{me}$ de Maintenon qui fit triompher cette cabale : « Le mariage du duc de Noailles avait environné M$^{me}$ de Maintenon des siens, en avait plus approché sa sœur aînée la duchesse de Guiche que pas une... Elle avait infiniment d'esprit, du souple, de l'amusant, du plaisant, du bouffon même, mais tout cela sans se prodiguer, du sérieux, du solide... et dévote comme un ange. » — « Folle d'amour » pour son mari, « rien n'est pareil au trébuchet qu'ils imaginèrent de tendre au maréchal de Boufflers et dans lequel ils le prirent... » La conclusion est ironique pour « les bons Noailles, et la douce, humble et sainte duchesse de Guiche, leur bonne et chère sœur... » Tels étaient les manèges subtils de la mère ; la fille ne serait pas indigne d'elle.

Si M^me de Gontaut, très jeune alors, est assez rarement citée parmi les dames de la Régence, elle comptait de nombreuses amies dans cette cour, et leur exemple ne fut pas sans influence sur sa vie. On lui racontait ces soupers qui se passaient toujours, dit Saint-Simon, « en compagnie fort étrange ». D'ailleurs son beau-père s'y montrait un convive assidu ; ce grand soldat ne devait-il pas sa fortune à ces jeux frivoles ? Il se trouva enfin « comblé d'honneurs et de richesses pour s'être enrôlé avec les roués et avoir soupé avec eux presque tous les soirs chez M. le duc d'Orléans, où, pour lui plaire, il en disait des meilleures. » On retrouvait là « avec quelques jeunes gens de traverse, des dames de moyenne vertu, mais du monde. » Et, « dans ces séances chacun était repassé avec une liberté qui était licence effrénée... Les galanteries passées et présentes de la cour et de la ville sans ménagement ; les vieux contes, les disputes, les plaisanteries, les ridicules, rien ni personne n'était épargné.» On y apprenait aussi du Régent « ce misérable désir de brouiller, et cette maxime empoisonnée qui lui échappait quelquefois comme favorite : *Divide et impera*». De telles leçons, si nécessaires à une jeune femme ambitieuse, ne seront pas perdues.

Ces dames, que les chansons cyniques et galantes persiflaient sans trêve, c'étaient celles qui prenaient part aux orgies cachées, « au souper des déesses », cette « belle fête » assignée par le duc d'Orléans « au premier jour de chaleur » et célébrée en costume mythologique, où la

« nouvelle concubine » affrontait le jugement de Pâris et où l'abbé Dubois paraissait « dans son naturel ... » — « fêtes d'Adam », disait ou pouvait dire Richelieu. Aussi, que de petits vers badins et grossiers ! Pour un délicieux *bouquet* de Voltaire à M^me de Rupelmonde, combien de litanies ridicules, et cette injurieuse *revue des mirlitons*, où l'on trouve en passant le nom de « la Gontaut », pour apprendre que le dieu de Cythère « ne lui dit pas un mot ». Mais tous les doutes sont permis quand il s'agit des anecdotes d'un chevalier de Ravannes ou des prétendus *Mémoires* du duc de Richelieu par Soulavie. Et la « cour nocturne» du Régent garde encore bien des mystères.

Sous le règne de M. le Duc, M^me de Gontaut était restée l'amie de M^me de Prie. Aussi, lors du mariage du Roi (1725) fut-elle désignée comme une des douze dames du Palais. La surintendante de la maison de la Reine était M^lle de Clermont, la dame d'honneur la duchesse de Boufflers, que « signalait l'éclat de ses aventures anciennes et présentes », disent les Goncourt, la dame d'atours, la comtesse de Mailly. Ces mêmes Goncourt, dans leur livre sur *la Duchesse de Chateauroux et ses sœurs*, font suivre la liste des noms de cette phrase un peu sévère : « toutes dames aux réputations douteuses et écornées ». La grâce de M^me de Gontaut, en tout cas, la mettait au-dessus de toutes ses rivales. Nièce de la comtesse de Toulouse, elle faisait partie de cette société dont la retenue et la gaîté discrète charmaient, dans les premiers temps, le Roi à Rambouillet. On y maintenait les traditions de l'ancienne Cour, et aussi cette dévotion qui va se perdant. Viennent la tristesse et la maladie, la duchesse découragée retrouvera de tels principes et ne les oubliera plus.

On attribuait, à tort, croit le président Hénault, la disgrâce de M. le Duc à la comtesse de Toulouse. Il paraît certain pourtant, que la ligue du duc d'Orléans, du duc du Maine, du comte de Toulouse, des Noailles, devait contribuer, après la fatale audience chez la Reine, à la chute du premier ministre, à l'exil de la marquise de Prie, à l'avènement de l'évêque de Fréjus. La première nouvelle semble avoir surpris M^me de Gontaut, en même temps que la Reine et ses autres dames : « Le 11 juin 1726, quand M. de Chârost », dit Hénault, « alla trouver la Reine sur les neuf heures, dans son appartement, on faisait de la musique chez elle, et M^me de Gontaut et M^me de Prie y chantaient : il fut quelque temps dans la chambre sans qu'on s'empressât trop de le remarquer, et enfin on alla dire à la Reine qu'il avait à lui parler. » Ce qu'il apportait, c'est la dure lettre du Roi avec l'ordre d'obéir en tout à Fleury, et qui la plonge « dans la douleur et dans les larmes ».

Besenval raconte deux aventures amusantes attribuées à la jeunesse de M^me de Gontaut. La première, bizarre et peut-être inventée, appartient aux années insouciantes et folles : « Je crois que jamais personne ne reçut de son père et de sa mère le traitement qu'elle en éprouva. Elle logeait chez eux dans les commencements de son mariage, et s'étant promptement décidée à prendre un amant, elle avait donné la préférence à M. de

Charlus qui, pour la voir, se déguisait en garçon perruquier. Un jour la maréchale de G. (Gramont) le rencontra sur l'escalier, et ne le reconnaissant point, elle dit, en rentrant, au maréchal de G. qu'elle venait de voir un perruquier de la plus jolie figure du monde. M. de G. ne s'y méprit point, et ayant éclairci le fait, ils furent l'un et l'autre chez le maréchal et la maréchale de B. (Biron), auxquels ils dirent que leur fille était une prostituée qui recevait, dans leur maison, M. de Charlus déguisé, et qu'ils venaient le leur dire, pour qu'ils missent ordre à sa conduite. Le maréchal de B. était un bon homme ; mais la maréchale était haute, exigeante, difficile, et même insupportable à vivre ; cependant, dans cette occasion, elle se conduisit mieux qu'on ne devait s'y attendre. Elle répondit à M<sup>me</sup> de G. qu'elle avait toutes les peines du monde à croire ce qu'elle lui disait de M<sup>me</sup> de G. (Gontaut) ; mais que, quoi qu'il en fût, il fallait prendre toutes les précautions imaginables pour que son mari n'eût aucune connaissance de cet événement. Le maréchal et la maréchale de G., voyant qu'ils ne gagnaient rien sur M. et M<sup>me</sup> de Biron, avertirent leur gendre de ce qui se passait. La dépravation des mœurs était si grande dans ce temps-là, que les femmes dont les hommes se souciaient le moins étaient les leurs ; il était du bon air de ne point vivre avec elles, et c'eût été se couvrir du plus grand ridicule que d'en être jaloux, à plus forte raison de faire un éclat. La rigidité de M. et de M<sup>me</sup> de G. n'aboutit à autre chose qu'à faire prendre de nouvelles précautions à M<sup>me</sup> de Gontaut, et de nouveaux déguisements à M. de Charlus. »

Voici la seconde anecdote : « L'audace du caractère de M^me de G. se porta à un trait de hardiesse dont peu de femmes auraient été capables. Il y eut un bal à la Cour, pendant la minorité du Roi. Ces sortes de fêtes sont toujours sujettes à de grandes tracasseries... Il fut décidé que le Roi ne danserait qu'avec des duchesses ; M^me de G., qui n'était point encore titrée, ne confia son projet à personne, mais, aussitôt que les menuets furent finis... elle se leva de sa place, et, belle comme le jour, alla faire une grande révérence au Roi. Ce prince, à qui l'on avait fait la leçon, fut extrêmement embarrassé... tout le monde avait les yeux attachés sur cet événement, lorsque M. le duc d'Orléans, le Régent, alla dire au Roi qu'il fallait qu'il dansât, et la contredanse finie, il lui dit encore d'aller reprendre M^me de G., conduite de M. le Régent qui charma la noblesse. M^me de G. pourtant a prouvé par la suite qu'en cette occasion elle consulta plus sa propre vanité que les intérêts de la cause commune... »

Plus tard (avril 1731), un petit fait, rapporté dans le *Journal* de Barbier, prouve encore l'ambition toujours en éveil. C'est ce que Barbier appelle « une grande affaire en Cour... Dans une cérémonie, M^me la duchesse de Gontaut-Biron, qui est une très jolie femme, voulut passer avec affectation devant M^me de Rupelmonde, qui est fille du maréchal d'Alègre. M^me de R. l'arrêta par le bras. La dispute alla si loin qu'elles se traitèrent de p..... et s'envoyèrent faire f..... en propres termes. Le fait est avéré, et l'on convient qu'elles entendent parfaitement ce que cela veut dire. » De là, des protestations, des mémoires, des décisions du cardinal en faveur des duchesses ; Fleury, d'ailleurs, savait M^me de Gontaut toute dévouée à son autorité. Bientôt, la duchesse allait préluder au rôle de conseillère d'un ministre.

Elle avait tenté, d'abord, de s'attacher Richelieu. Quand, le 3 juillet 1728, l'ambassadeur était revenu de Vienne, il avait retrouvé l'accueil flatteur de toutes les maîtresses ou amies. Mais, dit M. Paul d'Estrée, l'historien de « l'homme à bonnes fortunes du siècle », « sa légèreté et son inconstance... lui suscitèrent de vives inimitiés chez des femmes dont il avait éprouvé, dans le charme d'un adorable commerce intellectuel, la tendre et sincère affection. C'est ainsi qu'il avait froissé, à son grand dam, cette exquise M^me de Gontaut, avec qui il avait échangé une si piquante correspondance pendant son séjour à Vienne. Mais M^me de Gontaut avait l'épigramme facile et sanglante, d'autant que la pointe en était préalablement aiguisée par Roy, le poète satirique. Quand elle vit *Fanfarinet* (c'était elle qui l'avait ainsi baptisé) s'éloigner d'elle en esquissant une de ses pirouettes ordinaires, elle lui décocha ce couplet à l'emporte-pièce : »

> Ton amour n'est que badinage ;
> Tes serments sont un persiflage,
> Que tu prodigue, à chaque instant,
> A tout objet qui se présente,
> Sans choix, sans goût, ni sentiment,
> Il te suffit d'en tromper trente.

Nous regretterons, avec M. Paul d'Estrée, qu'on ne trouve « aucune trace de ces lettres dans les *Pièces inédites sur les règnes de Louis XIV et de Louis XV*,... publication où Soulavie avait réuni la correspondance des amis de Richelieu sur les intrigues de la Cour de France, pendant son séjour à Vienne ». Les *Mémoires*, citant des lettres de quelques amantes jalouses ou inquiètes, ajoutent : « Les billets des dames de N., de Gontaut et de Guébriant, sont dans le même goût... » Etaient-ils dans un des paquets qui portaient cette étiquette écrite de sa main : *Lettres pour le même jour que je n'ai pas eu le temps de lire*, et qu'on n'ouvrit qu'en 1788 ? Ainsi furent perdus ces vestiges charmants des années heureuses. Les lettres qui nous restent, graves et tristes, semblent les reflets d'une vie brillante qui s'éteint lentement.

Cependant l'heure du grand rôle avait sonné. C'est un chapitre de roman, et Besenval nous en fournit le titre : *M^me de G. manque, par sa faute, d'être maîtresse du Roi* : « Il y avait quatre ou cinq ans que le Roi était marié. Toutes les femmes, en droit de plaire, crurent que le moment était arrivé d'attaquer le cœur d'un jeune prince qui n'avait encore rien aimé. Entre toutes celles qui se mirent sur les rangs, M^me de G. fut celle qui avait le plus de titres, pour mériter la préférence. » La Reine, il est vrai, passait pour s'être la première éloignée du Roi, et le Roi s'ennuyait : « Imaginez, » disent les Goncourt, auteurs d'un portrait assez fantaisiste peut-être de Louis XV, « un roi de France, l'héritier de la Régence, tout

glacé et tout enveloppé des ombres et des soupçons d'un Escurial, un jeune homme à la fleur de
sa vie et à l'aube de son règne, ennuyé, las, dégoûté, ...sans amitiés, sans préférences, sans chaleur, sans passion, indifférent à tout... C'est là le
souverain en lequel existait une vague aspiration
au plaisir, et le désir et l'attente inquiète de la
domination d'une femme passionnée ou intelli-
gente ou *amusante*. Il appelait ...une liaison ...qui
réveillât et étourdît sa vie, en lui apportant les
violences de la passion et le tapage de la gaîté.
L'oubli de son personnage de Roi, la délivrance
de lui-même, toutes choses que ne lui donnait
pas la Reine ; voilà ce que Louis XV demandait
à l'adultère, voilà ce que toute sa vie il devait y
chercher. »

« Car elles étaient nombreuses, autour du jeune
monarque, » celles qu'un récent historien de
Louis XV, appelle « les sirènes à la voix pre-
nante, » dont le groupe s'agite autour de M^lle de
Charolais. « Louis ne quitte plus ses amies, il les
suit à Rambouillet, dans la résidence somptueuse
aménagée par le comte de Toulouse, à la Muette,
à Madrid. » Si la Reine se plaignait, dans une
lettre à Fleury, que ses dames, occupées surtout
à dormir, étaient si « paresseuses » qu'il fallait les
dispenser du *grand habit*, ces mêmes dames se
laissaient aller en secret à toute l'ardeur des
grands projets. C'était d'abord M^lle de Charolais
qui mettait dans la poche du Roi ces vers charmants où on le conjure d'obéir à l'Amour qui veut
*l'instruire* : « Cédez, ne disputez rien... » D'autres
leçons, plus sérieuses, venaient de la comtesse de

Toulouse, cette princesse que les Goncourt ont si bien décrite, et « dont le visage sans rouge et toute la personne montraient la tranquillité sereine et le bel air dévotieux... Séduction mystique, ajoutent-ils, premier trouble dans le cœur du Roi, alors le plus bel homme de son royaume. »

Mais le Roi, timide, « échappait aux avances qui amusaient et effrayaient à la fois ses désirs, tant le jeune souverain était encore plein des contes à faire peur du vieux Fleury sur les femmes de la Régence ». Fleury régnait, et ne laissait au Roi, disait-on, que des amusements indignes de lui. Le joug du ministre semblait à la fois étroit et léger. Le Roi ne faisait, ajoute Richelieu, « que des progrès très lents dans l'usage de la liberté... Le cardinal... éloignait toute femme entreprenante, et ne voulait permettre que des liaisons sûres ». Il fallait, lit-on dans la *Vie privée de Louis XV*, « mettre dans la couche de Sa Majesté une sirène dont on fût sûr ; qui, satisfaite du département des plaisirs, laissât celui de la politique et des affaires à Son Eminence. » Il fallait, chez la favorite, « un caractère doux, modeste, réservé, un esprit timide et des qualités tout opposées à celles des femmes qu'on craignait ».

On craignait M<sup>me</sup> de Gontaut, à cette heure où Versailles s'absorbait dans « l'attente universelle de l'infidélité du Roi », où l'on épiait toutes les dames « méritant l'honneur du soupçon et l'envie de la Cour », où « toutes les passions d'un monde qui se lève et se couche sur l'intérêt », dit encore Goncourt, « pressaient de leurs vœux l'avènement d'une maîtresse qui devait amener une révolution à Versailles, changer le cours des grâces et renouveler le gouvernement ».

Mais revenons à Besenval, et admirons avec lui M<sup>me</sup> de Gontaut : « Jamais la nature n'avait formé un visage plus beau, ni plus parfait. La taille, la gorge, les pieds et les mains n'y répondaient point. Mais un grand art à cacher leurs défauts rendait certainement M<sup>me</sup> de G. la plus belle femme de son temps, et celle qui avait le plus de réputation. Son caractère audacieux et sans préjugé devait la conduire au but où elle aspirait. De plus, elle était portée par une cabale, et l'intrigue touchait à la conclusion de si près, que le maréchal et la maréchale de B., gens qui pensaient comme dans l'ancien temps, et qui ne voulaient point être les témoins du déshonneur de leur belle-fille, et de la honte qui pourrait en rejaillir sur leur famille, songeaient sérieusement à se retirer dans leur terre de B.

La Reine, dont M<sup>me</sup> de G. était dame du palais, s'aperçut bientôt de ses vues. Elle en eut une jalousie affreuse, et n'osant pas la maltraiter ouvertement, elle essaya de diminuer les moyens qu'elle avait de plaire. Elle ne la voyait presque point, qu'elle ne trouvât quelque chose à redire à sa coiffure, et sous prétexte de la raccommoder, lle la dérangeait de son mieux.

Si près du bien qu'elle désirait, M<sup>me</sup> de G., en un instant, le perdit pour jamais, par son inconsidération et sa méchanceté. Voici comment la chose arriva : » (Ici intervient l'anecdote bien connue du duc de Gesvres. Il n'est pas inutile de la rapporter, s'il est vrai que son ressentiment et ses calomnies ont pu détruire la faveur naissante de Mme de Gontaut) : « Le maréchal de B. (Biron) mariait une de ses filles, et le Roi qui avait de la bonté pour lui, étant allé à la chasse, chargea le duc de Gesvres, premier gentilhomme de la Chambre, de lui faire porter, de sa part, du gibier pour la noce.

« Le duc de Gesvres, dont l'impuissance avait fait tant de bruit, était un de ces êtres rares qui paraissent de temps en temps dans le monde. Il avait publiquement toutes les façons des femmes ; il mettait du rouge ; on le trouvait chez lui, ou dans son lit, jouant de l'éventail, ou à son métier faisant de la tapisserie. Il aimait à se mêler de tout ; son caractère était précisément celui d'une caillette. Avec tout cela, parvenu à un certain âge, sans changer de façon d'être, il avait de la considération : toute la Cour abondait chez lui. On ne menait pas une jeune mariée à Versailles, qu'on ne la lui présentât. Le Roi le traitait bien, et ses ridicules ne lui en donnaient pas.

« Chargé d'une marque de bonté du Roi pour le maréchal de B., il fit la commission lui-même. Le maréchal, pour reconnaître son attention, eut celle de le prier à la noce. Au milieu du souper, Mme de G., qui ne l'aimait pas, interpella M. de L. (Lauzun), son fils, alors fort jeune, et qui naturellement était pâle : « Mon fils, » lui dit-elle, « je vous trouve bien des couleurs aujourd'hui ; par hasard, auriez-vous mis du rouge ? » Il lui répondit que non, et que cela ne lui arrivait jamais. « Eh bien ! si vous dites vrai, » reprit-elle, « frottez-vous avec votre serviette pour faire voir à tout le monde que vous n'en avez pas ; car rien n'est si affreux pour un homme, et ne le couvre d'un plus grand ridicule. »

« En disant cela, elle regardait fixement M. de Gesvres, qui sentit parfaitement la méchanceté, mais qui n'en fit pas semblant, se réservant de chercher l'occasion de s'en venger. Elle ne fut pas éloignée. Dès le lendemain, le Roi ayant loué M^me de G. devant lui, il convint des charmes de sa figure, et ajouta que c'était bien dommage que des apparences aussi séduisantes couvrissent un sang entièrement gâté par la débauche la plus effrénée. Il n'en fallut pas davantage au Roi pour ne plus songer à M^me de G., quelqu'effort qu'elle ou ses partisans fissent auprès de ce prince, si occupé de sa santé, que le moindre dérangement qu'il y ressentait, auquel même tout autre ne prendrait pas garde, suffisait pour lui donner l'humeur la plus sombre. »

Un grand rêve s'était évanoui. Bientôt on racontait tout bas un souper de la Muette où le Roi avait bu « à la santé de l'Inconnue ». L'Inconnue, c'est M^me de Mailly, dont la liaison avec le Roi restera longtemps secrète. Enfin, en 1738, elle sera maîtresse déclarée. La première place était prise. Mais la rivale écartée ne désarmait pas, et l'activité politique la tentait plus que jamais.

Ce fut avant ce temps que M^me de Gontaut unit sa vie à celle du comte d'Argenson. Amour sans doute, mais surtout amitié à toute épreuve, et, dès lors, alliance d'intérêts qui rapprochait le futur ministre de la Guerre du parti des Noailles. Voilà ce que le marquis d'Argenson ne pardonnera ni à son frère, ni à l'infatigable associée de la fortune du comte. Ses *Mémoires* sont pleins de traits malveillants qui s'efforcent, sans y parvenir, d'atteindre la duchesse. La postérité plus équitable, en signalant ces dévouements rares, ne laisse pas de les admirer. Dès le mois d'octobre 1731, la verve du philosophe s'exerce, plus mordante et plus injurieuse que jamais. Il ne suffit pas, pour faire croire à de pareils récits, d'accumuler les détails ridicules et amusants : « Il y eut une grande tracasserie entre la maréchale de Villars et M<sup>me</sup> de Gontaut... M. d'Angervilliers est semblable au cerf des fables de La Fontaine, qui admire chez lui ce qui n'en est pas digne et méprise ce qu'il y a de mieux. Il serait un ministre solide, et, au lieu de s'appliquer à rien, il préfère d'être un petit-maître très plat et très bourgeois ; il fait l'amoureux, on se moque de lui, il poursuit violemment la duchesse de Gontaut qui est une coquette déliée, spirituelle, charmante, figure noble et l'ornement de la Cour, pas trop saine d'ailleurs. Elle a pour amants Pezé, qui est le tenant, Martin des gardes qui la paye, quelque goût pour mon frère et surtout grande confidence. Ce pauvre ministre est bafoué et ne sent pas sa duperie, il lui écrit des lettres et en fait un brouillon comme un écolier ; une fois il avait cacheté la lettre avec le brouillon. M<sup>me</sup> de Gontaut montra cela à mon frère ; par cette lettre, on voyait clairement que M. d'Angervilliers n'en avait pas eu les dernières faveurs ; on en a fait bien d'autres mauvais contes.

« Il y a alliance et ancienne amitié entre la maré-

chale de Villars et M. d'Angervilliers ; les tracasseries ont commencé à altérer l'amitié ou fréquen-
tation qu'il pouvait y avoir entre la Gontaut et
l'hôtel de Villars ; on y a pris le parti de M. d'Angervilliers, on en a voulu du mal à la Gontaut ;
on s'est aigri, les intérêts de ce ministre sont ceux
des Villars, on parle de le déplacer, les tracasseries y peuvent contribuer, parce que les ridicules
nuisent plus encore que les méchantes actions à
un homme en place.

« M<sup>me</sup> de Gontaut a bien gagné à elle les amis ;
il faut prendre parti contre l'hôtel de Villars et
contre le d'Angervilliers. Enfin cette grande dame
a jugé à propos d'éclater par une chanson ; elle
a fait paraître celle qui court contre la maréchale
de Villars, on la dit de Roy ; elle est affreuse. Elle
a prend par son caractère et par ses galanteries,
le tout revêtu aujourd'hui de pruderie. On dit
qu'il y a deux couplets à faire rouer. Le nouveau
de l'aventure c'est que M<sup>me</sup> de Gontaut avoue la
chanson ; c'est là le comble du mépris pour un
ennemi qu'on chansonne. Postérité, le croirez-
vous ? *Quoi ! Des forfaits avouer le plus noir !* Il
y a eu assemblée de famille, M<sup>me</sup> de Gontaut présente ; le duc de Noailles lui a secoué la coiffe, il
n'y manquait rien. Sa mère, la maréchale de Gramont, a dit que sa religion ne lui permettait pas
de se mêler de ces choses-là. M. d'Angervilliers a
eu les yeux dessillés tout d'un coup et s'est déclaré ennemi de la Gontaut, d'esclave qu'il était ;
le devoir a aidé à la raison de se détacher de qui
le méprisait. La maréchale de Villars s'est plainte
à la Reine. M. d'Angervilliers a dit qu'il laissait

M^me de Gontaut à mon frère, que c'en était assez pour elle, mépris affecté, qui le fait mépriser lui-même. Il s'agit de punir ; comment punira-t-on ? L'orage tombera sur le poète Roy. M. de Pezé est au pays du Maine, tiré bien à propos de cette tracasserie, où un courtisan aurait beaucoup à pâtir. Petites niaiseries et noirceurs. Cependant voilà qui nous gouverne, des grands seigneurs, des bourgeois-gentilshommes ridicules et vicieux ! Quand détruira-t-on dans le gouvernement cette race de seigneurs héréditaires e* leurs singes ? »

La disgrâce du garde des Sceaux Chauvelin avait irrité au plus haut point le marquis d'Argenson. Pour se distraire un peu, il écrit (janvier 1737) l'étrange histoire de. papiers de Pezé, ces papiers livrés à Fleury, et qu'on supposait si dangereux pour le ministre imprudent. L'idée que M^me de Gontaut avait été la première trompée apportait à son adversaire une lueur de joie inavouée : « Un homme bien instruit ...m'a assuré que le cardinal avait eu en main une pièce authentique pour lui faire couper le col. Cette pièce est une lettre de ce ministre (*Chauvelin*) à M. de Chabannes, colonel du régiment de la Reine, par où il le chargeait d'assurer le roi de Sardaigne qu'il n'avait aucune part à la paix séparée que la France faisait avec l'Empereur, sans l'Espagne et sans ledit roi de Sardaigne. Cette lettre a passé ensuite entre les mains de M. de Pezé, et les papiers dudit sieur de Pezé ayant passé après sa mort à M. le marquis de Beringhen, son beau-frère, celui-ci a eu la lâcheté de les remettre au cardinal... On m'assure aussi par là que M. de

Pezé était un des meilleurs amis de M. Chauvelin, et le tout avec grand mystère, car Mme de Gontaut, sa maîtresse, était persuadée qu'ils se haïssaient. Pezé était d'une ambition démesurée, il prétendait aller à tout et surtout au gouvernement de l'État. On a trouvé dans ses papiers un projet de sa main pour accommoder l'affaire de la constitution : qu'on juge, par cette besogne si étrangère à sa profession, des vues d'ambition dont il était possédé. » — Si Mme de Gontaut avait mis un espoir dans la carrière de Pezé, elle en était bien punie ; l'intrigant lui avait échappé deux fois, par le mensonge et par la mort.

En mars 1737, le marquis se désespère à la pensée que le chancelier d'Aguesseau, toujours ami de son frère, « est rentré en grâce en fléchissant devant le veau d'or, c'est-à-dire devant la constitution, » et, naturellement, il a démasqué ceux qui écartent des affaires la famille du chancelier, restée janséniste : « Voici que mon frère s'est jeté à corps perdu dans le parti des molinistes, jésuites ou docteurs, dont Mme la duchesse de Gontaut et la maréchale de Gramont, sa mère, sont les dévotes. Ces gens-là crient toujours hypocritement au cardinal : « Ah ! Monseigneur, la religion est perdue, que deviendrons-nous ? Et tout cela pour exclure les uns et servir les autres...

« Que je suis malheureux d'avoir un frère qui ne songe qu'à lui ! qui ne veut que pour lui, qui est en tout le centre de son cercle !... Il veut que tout le monde lui serve de marchepied, maîtresse, amis et frère, trop heureux même si quelque élévation pour moi ne tomberait pas dans quelqu'une de ces passions, suite de son personnalisme, laquelle passion est l'envie ! »

Ce parti ne devait pas s'en tenir là. Il allait, paraît-il, concevoir un projet singulier et peut-être trop grandiose :

*Fin de mars* (1737). — « Il était grand bruit à la ville d'abord, puis à la Cour (ce qui marque les bruits fondés), que M. le duc d'Orléans allait être mis à la tête des affaires ; je ne pouvais le croire, mais j'y vois de grandes apparences..... Mon frère nie actuellement comme beau meurtre qu'il soit question de M. le duc d'Orléans, il donne le change à ses amis par M. le comte de Toulouse. Mais toute cette manœuvre va à M. le duc d'Orléans et travaille à faire régner sous son nom une nombreuse cabale de dévots et de dévotes, et, par là, de courtisans adroits et fort ambitieux, puisqu'ils y ont sacrifié plaisirs et vanités.

« On fera accroire au Roi que la sainteté de M. le duc d'Orléans portera bénédiction aux affaires et acclamation par les peuples, que cette sainteté en fait un homme extraordinaire hors de sa portée naturelle et qui ne dégrade point le Roi en s'y soumettant. .....L'union du cardinal et de M. le duc d'Orléans formera un assez bon concert, mais les nouveaux ministres ne sont pas encore de la façon de M. le duc d'Orléans ; il voudra y mettre son chancelier certainement à la première occasion..... Pour moi qui suis frère de ce chancelier, j'ai la mine de n'être jamais de rien, car je me suis très prononcé, et je me prononcerai toujours pour aimer mieux n'être de rien que de quelque chose en rampant et en intriguant. J'ai assez d'idées pour aller au grand bien pour unique objet, sans déférer nullement à l'intrigue, et, par là, je deviendrais trop dangereux à toute cabale, soit auprès du Roi, soit auprès d'un prince vertueux comme M. le duc d'Orléans. On m'éloignera sans doute par des ambassades, et je m'y attends.....

« Tout ceci est conduit par des femmes d'esprit, telles que M^me de Gontaut, M^me la duchesse de Villars, mon frère fort habile aux affaires de la Cour..... » — Ainsi le duc d'Orléans amenait le comte d'Argenson au pouvoir, et M^me de Gontaut eût triomphé cette fois sans partage. Ce dessein hardi ne se réalisa pas. Nous le verrons renaître sous une autre forme en 1739. Mais le duc d'Orléans, retiré du monde, ne sortira plus de Sainte-Geneviève, et, quand son ancien chancelier sera presque un premier ministre, l'amie fidèle ne sera plus là.

L'année suivante, une petite cabale, que la jeunesse de ses auteurs semblait faire excuser, devait, en chagrinant la duchesse, lui montrer toute l'insupportable défiance que Fleury opposait à ses partisans les plus dévoués :

25 *mars* 1738. — « Il a paru depuis peu », dit encore le marquis d'Argenson, « des chansons (je les ai) extrêmement injurieuses contre les principaux de la Cour. Six jeunes gens de la Cour se sont vantés d'en être les auteurs. On nomme le duc d'Ayen, le jeune Maillebois, le duc de Lauzun, Tressan ; j'ai oublié les deux autres. On vient d'exiler Tressan et M. de Lauzun..... On les renvoie chacun à son régiment. A qui cela fera plus

de tort, c'est à M. de Lauzun, qui aurait eu un régiment à la première promotion. M. le cardinal de Fleury se donne pour ami de Mme de Gontaut. C'est ainsi qu'il joue l'amitié avec ceux dont il craint la méchanceté. » Antoine-Charles de Gontaut, duc de Lauzun, né en 1717, mourra colonel d'un régiment d'infanterie de son nom, le 17 mai 1739. Peine cruelle qui aggravera la maladie et assombrira la dernière année de celle que nous trouvons si tôt vouée au malheur.

Mais les souffrances ne sauraient abattre une âme si bien trempée. En août 1739, il s'agissait de préparer un successeur à Fleury. D'après le marquis d'Argenson, « il y a présentement quatre partis à la Cour ». Le quatrième, qu'il déteste le plus, est celui du cardinal de Tencin : « De ce parti sont les Noailles, les molinistes zélés, quantité de femmelettes se piquant de dévotion et d'ultramontanisme, MMmes d'Armagnac, de Villars, de Gontaut, Mme de Saint-Florentin et Mme de Mazarin. Toutes ces dames assurent qu'il n'y a au monde que ce cardinal capable de gouverner le royaume après la mort du cardinal de Fleury..... On se persuade que le Roi sera toujours de ce parti-là, non par religion, mais par peur des jansénistes et des parlementaires, qu'il regarde comme ses véritables ennemis. Ils croient deviner ainsi les plus secrètes pensées du Roi ; de sorte que, si le libertinage de Sa Majesté leur ôte les armes de la religion, ils ont pour eux celles de la politique. Ce parti-là a un chef prudent, quoique les artisans en soient des folles..... Mon frère s'est lié au parti du cardinal de Tencin par Mme de

Gontaut. Il y a longtemps qu'il a jeté les fondements de cette alliance et il n'épargne aucuns soins ni diligences pour s'y maintenir. Je ne sais s'il pénètre l'intention du chef de ce parti, de renouer dans l'occasion avec M. de Chauvelin. » — Il faut avouer que le rôle des ministres n'est pas facilité par ces interventions continuelles, et on conçoit la mauvaise humeur de l'homme d'État obsédé sans trêve par ces femmes spirituelles et agitées. Aussi, quand la passion emporte le marquis d'Argenson, son style s'exaspère en même temps, et, à la grande indignation de Sainte-Beuve, il forge des mots, celui-ci entre autres, dont M<sup>me</sup> de Gontaut est victime : « Elle intrigue, elle prétend déplacer les ministres, et avec cela elle *s'est hypocrisée* en quittant le rouge. »

Cependant M<sup>me</sup> de Mailly ne régnait pas sans trouble, et tôt ou tard son pouvoir eût été menacé. « Elle aimait le Roi », dit dans ses *Mémoires* la duchesse de Brancas, « comme M<sup>me</sup> de la Vallière avait aimé Louis XIV. Mais on s'apercevait bien vite qu'avec la tendresse et les qualités de M<sup>me</sup> de la Vallière, le sort de M<sup>me</sup> de Mailly était aussi d'habiter plus longtemps le Val-de-Grâce que Versailles. On voyait qu'au milieu de la Cour, et de la sienne, M<sup>me</sup> de Mailly avait l'air d'une pénitente. » C'est en vain qu'on avait, racontent les *Mémoires pour servir à l'histoire de Perse*, déterminé le penchant du *Sophi* en faveur de *Rétima*, « femme sur laquelle on pouvait compter, et à qui on eut soin de faire promettre qu'elle s'en tiendrait aux seuls honneurs du mouchoir ».

Pourtant M^me de Mailly et ses conseillers usaient d'un puissant moyen d'influence, les soupers « dans ces réduits délicieux, accessibles aux seuls confidents..... C'était un petit temple où l'on célébrait fréquemment des fêtes nocturnes en l'honneur de Bacchus et de Vénus. Le *Sophi* en était grand prêtre, ·*Rétima* la grande prêtresse..... Les libations se faisaient avec les vins les plus rares ; les mets les plus recherchés étaient les victimes : souvent même, et c'était aux jours les plus solennels, ces mets étaient préparés par les mains du grand prêtre..... » La faveur de M^lle de Nesle, bientôt devenue M^me de Vintimille (septembre 1739), devenait éclatante : « *Zachi* était grande », lit-on dans cette même *Histoire de Perse*, « aussi peu pourvue d'attraits que *Rétima*, mais plus jeune qu'elle. Elle avait un esprit infini..... En un mot, c'eût été une favorite dangereuse. » M^me de Gontaut, trop malade, n'assistait pas au fameux souper du 7 juin 1739, parmi ces dames nommées *les plus hardies* qui applaudissaient au triomphe de M^lle de Nesle. Elle ne faisait pas partie non plus de la deuxième fournée de « complaisantes », où l'on remarque M^me de Chalais et M^me de Talleyrand. Y eût-elle consenti ? Elle eût pris l'avis du cardinal, probablement peu disposé à le permettre. Puis, ce fut le mariage, où le Roi, à Madrid, donna la chemise à M. de Vintimille. Fleury, cette fois, craignait la nouvelle favorite, la jeune fille, qui, d'après les *Mémoires* de Richelieu, « du fond de son couvent avait formé le plan de dominer en France, de plaire au Roi, de le subjuguer, de supplanter sa sœur, de chasser

Fleury, tous les ministres prépondérants, et de gouverner les affaires de l'État. »

Son œuvre fut vite entreprise. « De concert avec d'Argenson », a-t-elle tenté d'obtenir le renvoi du cardinal et de « lui substituer un évêque ? » M$^{me}$ de Gontaut ne pouvait approuver cette ligue du comte d'Argenson avec M$^{me}$ de Vintimille, au moment où les deux sœurs soutenaient la candidature du duc de Luxembourg à la succession de La Trémoïlle comme premier gentilhomme de la Chambre. On connaît l'intrigue qui combla les vœux du cardinal en faisant nommer son neveu le duc de Fleury. De même, ce sera M$^{me}$ de Fleury qui prendra la place de M$^{me}$ de Gontaut comme dame du palais. La pauvre malade ne devait pas voir le drame où succomba M$^{me}$ de Vintimille, ni la disgrâce de M$^{me}$ de Mailly qu'avec la comtesse de Toulouse elle eût peut-être déplorée.

Presque condamnée par les médecins, la duchesse agissait encore. Le marquis d'Argenson prétendait voir son action partout. Aussi n'aura-t-il pas tort de dire plus tard (6 août 1741) en se plaignant de la comtesse de Toulouse : « M$^{me}$ de Mailly est à portée de son appartement. La bonne princesse se prête aux délices, aux jouissances du Roi, prête son lit, son canapé, son fauteuil..... La comtesse est à la tête du parti Noailles, qui est d'autant plus dangereux qu'il est plus actif, et abonde en gens d'esprit et d'imagination. » Déjà, en mai 1740, cette réflexion amère montre que le philosophe n'avait perdu aucune de ses préventions : « Le duc d'Ayen, méchant comme un monstre qu'il est, s'est fourré davantage qu'il n'était dans la familiarité avec le Roi, depuis qu'il vise à la conquête de la grande Vintimille, sœur de M^me de Mailly, non que le Roi prenne aucune estime pour M. d'Ayen, mais il s'impatronise et débite ses noirceurs. On le juge inspiré par le parti des Noailles, dont je connais le principal ressort, et j'y vois quantité de choses venir de la boutique de M^me de Gontaut. Tant ces pauvres gens-là cherchent ce qu'ils peuvent en se noyant ! Au moins aiment-ils mieux nuire inutilement à quelqu'un que de chercher un salut inutile à leur propre fortune. »

Plus que jamais, la longue vie du cardinal demeurait l'obstacle aux ambitions qui convoitaient le pouvoir. Les deux fils du garde des Sceaux étaient sur les rangs ; peut-être même l'un d'eux viendrait-il à conquérir cette place de premier ministre, objet de tant de grands rêves. Les deux frères sont rivaux. L'aîné reprochait à Cadet ses intrigues : « Il a voulu, écrit-il (mai 1740), me répliquer en récriminant..... D'ailleurs, il est guidé par une femme de Cour, M^me la duchesse de Gontaut, qui lui inspire toutes les passions, sous les apparences d'un bon air et d'un bon goût supérieur. Et, en effet, on voit, dans toutes ses démarches, les influences d'une femme, d'une beauté passée et oubliée, ancienne coquette malsaine, éloquente, dédaigneuse et vindicative, d'une haute extraction, et qui n'a jamais été pliée par la raison ni rectifiée par les principes, car quelle éducation que celle d'une jolie femme ! Or, voilà celle que mon frère s'est donnée. Cette compagnie dont je parle, après avoir traité le décri de mon frère, conclut qu'il n'arriverait jamais en place qu'en un seul cas, qui serait si je l'y attirais, moi dont on avait si peu parlé, au prix de lui, jusqu'à cette heure, et à qui ces messieurs croyaient qu'il avait joué les plus mauvais tours. » — Mais le marquis d'Argenson ne parvint pas au ministère tant que vécut le cardinal, et le comte ne fut déclaré ministre d'État que tout à la fin de cette vie. Aussi, les prétendus *Mémoires* de Richelieu ne se trompent pas cette fois : « Le Roi assujetti, la Reine humiliée et dépendante, les princes écartés du gouvernement, il restait encore au cardinal de Fleury à éloigner des affaires tout ce qui avait du génie. » Il craignait un « ministère historique ». Le *Siècle de Louis XV* ne brillera que quand Fleury sera au tombeau.

La médisance, et même les calomnies les plus perfides n'avaient pu ébranler sérieusement la situation de la duchesse de Gontaut. Nous verrons aussi qu'elle n'était pas toujours « méchante ». Ses lettres prouvent sa bonté gracieuse et sa constance d'amie. Atteinte d'une maladie qui ne pardonne pas, et sans espoir au fond d'elle-même, pas un instant son courage ne se démentit. L'amour s'était changé en affection inébranlable ; elle avait su transporter son sentiment dans ce domaine où les vicissitudes d'un monde menteur ne devaient plus l'atteindre. Peu à peu, elle se détachait des choses de la vie, vouée encore uniquement aux intérêts de l'associé qu'elle avait choisi. Toujours ambitieuse pour lui, elle épiait, prête à le faire surgir, l'événement qui allait assurer sa gloire. Son propre témoignage s'opposera, nous le verrons, à la malveillance de Besenval :

« M^{me} de G., » continue celui-ci à la fin de son chapitre, « toujours belle (car elle l'a été jusqu'au dernier moment), mais parvenue à ce point où les plaisirs et la foule d'adorateurs abandonnent les femmes, sans qu'elles perdent le désir d'occuper et de dominer, M^{me} de G., dis-je, prit le seul parti qui reste aux femmes galantes pour être encore remarquées : elle quitta le rouge et se mit dans la dévotion. Ce nouveau genre de vie la rapprocha de M. le duc d'Orléans, fils du Régent, qui, après avoir débuté dans le monde comme tous les jeunes gens, donna l'exemple d'une conversion outrée, qui le conduisit à abandonner le Conseil, et à remettre au Roi la charge de colonel général de l'infanterie, pour se retirer à Sainte-Geneviève. Ce prince, sans s'en douter, devint amoureux de M^{me} de G., et y passait la plupart de ses soirées avec le comte d'Argenson, alors son chancelier, depuis ministre de la Guerre ; et comme la vie réglée qu'il menait exigeait qu'il se retirât de bonne heure, il lui arrivait assez souvent en s'en allant de dire à M^{me} de G. : *Mon chancelier vous dira le reste* ; commission dont M. d'Argenson s'acquittait très ponctuellement ; car il y avait déjà du temps qu'il vivait avec elle, et très dévotement elle l'a eu jusqu'à sa mort, qui fut occasionnée par une maladie de poitrine ; fin assez commune, dans ce temps-là, des femmes qui avaient vécu comme M^{me} de G. »

Cette conversion, pourtant, semblait sincère, et quelles fautes n'eussent été expiées par ces longues douleurs ? Le 11 juin 1737, la mort de sa fille, Louise-Antoinette, mariée à François-Michel Le Tellier, marquis de Montmirel, puis de Courtanvaux, et frère du futur maréchal d'Estrées, avait été pour elle un cruel avertissement. Son fils aussi, deux ans plus tard, devait la précéder dans la tombe. A cette femme si jeune encore, si comblée de privilèges et de faveurs, le poids de la vie, elle l'assurait à son plus cher confident, semblait bien lourd. Une telle maladie permet, de loin en loin, des sursauts d'énergie suivis d'abattements. Heures d'illusion, parfois, où l'amitié s'efforce de cacher les réalités fatales. Le groupe anxieux qui entourait la duchesse, savait lui dissimuler, par sa tendresse et ses soins, les progrès du mal. Et puis, aux saisons de l'amour succédait celles de la dévotion Les *Mémoires* que la duchesse de Brancas vieillie dictait à son fils, expriment si bien une telle évolution : « Dans ce temps, une jeune femme de la Cour ne manquait guère de se donner une certaine considération en recevant les assiduités des courtisans distingués par les bontés du Roi, et que leur âge rendait plus capables de soins que d'entreprises. La duchesse de Tallard disait qu'il en fallait passer par là : c'était établi. Avait-on environ trente ans, formé par conséquent quelques liaisons plus intimes ; enfin, était-on parvenue à quelque chose, parce qu'on était de tout, c'est-à-dire des soupers, des bals, des spectacles, des voyages, on commençait à vivre un peu pour soi..... Mais quand on avait poussé cette vie aussi loin qu'elle pouvait aller, et qu'il fallait s'apercevoir qu'allant encore partout on commençait pourtant à n'être de rien ; qu'enfin les cérémonies avec lesquelles vous étiez reçue, les compliments qu'on vous faisait, les égards dont vous ne pouviez pas vous défendre, vous avertissaient que, pour rester à la Cour, il fallait pourtant quitter le monde,..... il n'y avait pas d'autre parti à prendre que de se faire dévote, en attendant qu'on le devînt peut-être..... Si tout cela n'était pas un dédommagement, c'était du moins une compensation. »

Ces nuances étaient parfaitement bien marquées, surtout dans la société intime des Brancas, qui se composait, dit M. L. Perey dans son livre sur *Le président Hénault et M^me du Deffand*, des Maurepas, des Flamarens, des La Vallière, du duc de Nivernais, sans compter les Brancas eux-mêmes : « Ce groupe remarquable était plein d'esprit, de finesse et d'agrément. » Hénault était là, pour la vie de M^me de Gontaut, un témoin bien précieux. Peut-être s'est-il montré trop discret, ce confident de M^me de Gontaut et de M^me de Villars, qui savait, à peu près seul, tous les secrets qui liaient ces deux dames et le comte d'Argenson. De légères allusions dans ses lettres, et la correspondance de la duchesse de Villars nous ont permis d'en surprendre quelques-unes. Nul du moins ne fut, plus que le président, sensible au charme de Marie-Adélaïde de Gramont. Il aurait pu lui attribuer ce que le prince de Ligne dira plus tard de la maréchale de Mirepoix : « Elle avait cet esprit enchanteur qui fournit de quoi plaire à chacun. Vous auriez juré qu'elle n'avait pensé qu'à vous toute sa vie. » Quand le mal lui laissait quelque répit, elle se reprenait à vivre. Parfois, elle espère que des saisons d'eaux lui rendront la santé. Le président aidait de son mieux cette énergie souriante. « Elle alla à Forges », écrit-il dans ses *Mémoires*, « où je lui envoyai ces couplets :

> *Quoi vous partez sans que rien vous arrête,*
> *Pour aller plaire en de nouveaux climats !*
> *Pourquoi voler de conquête en conquête ;*
> *Nos cœurs soumis ne suffisaient-ils pas ?*
>
> *Père du jour, éclaire son voyage,*
> *Et peins les cieux des plus belles couleurs.*
> *Mais ne la vois qu'à travers un nuage*
> *Et laisse-lui deviner tes ardeurs.*
>
> *Vous trouverez deux sources dans ces plaines,*
> *Leurs claires eaux arrosent ce séjour,*
> *Deux Déités gouvernent ces fontaines,*
> *L'une est Hébé, l'autre le tendre Amour.*
>
> *L'une pour plaire offre une eau salutaire,*
> *L'autre, plus pure, a le don d'enflammer :*
> *Ne boirez-vous que celle qui fait plaire ?*
> *Goûtez de celle au moins qui fait aimer.*

Cependant, la maladie s'aggravait, et la duchesse était obligée d'abandonner son service chez la Reine. Aux fêtes du mariage de Madame Louise-Elisabeth de France, fille aînée du Roi, avec Don Philippe, infant d'Espagne, elle ne paraît pas. Le *Journal* du duc de Luynes (août 1739), citant les dames du palais appelées à suivre la Reine, ajoute : « Il n'en manquera qu'une, qui est Mme de Gontaut. » A l'entrée du Roi et de la Reine dans Paris, la Reine avait mené dans ses carrosses la dame d'honneur, la dame d'atours (MMmes de Luynes et de Mazarin), « et les douze dames du palais (car M^{me} la duchesse de Gontaut ou plutôt de Biron n'en fait plus aucune fonction depuis longtemps par sa mauvaise santé) ». De même, au souper de la Reine avec Madame (2 septembre), auquel les deux dames de Madame et M^{me} de la Tournelle eurent l'honneur d'assister, ainsi que « les trois dames du palais de semaine, M^{me} de Gontaut ne servant point. » Enfin, la duchesse avait obtenu de se retirer. Des négociations longues et pénibles, sans cesse traversées par le cardinal, étaient en cours au sujet de la vente de sa charge à la duchesse de Fleury. Nous verrons combien elle eut à en souffrir ; ces peines renouvelées ont contribué certainement à assombrir ses derniers jours et peut-être même à abréger cette vie fragile. Elle se plaignait même de la comtesse de Toulouse qui s'impatientait parfois, tout en la servant de son mieux dans cette affaire délicate : « Quelque envie que j'aie, Monsieur, » écrivait la comtesse au comte d'Argenson, « de faire ce qui est agréable à M^{me} de Gontaut, je sens comme vous toute la difficulté de faire un bon usage de sa nouvelle idée... Je m'en tiens à ce que je vous ai mandé ce matin ; il est bien fâcheux que M^{me} de Gontaut s'agite comme elle fait sur des nouvelles publiques..... » M^{me} de Toulouse ajoutait, il est vrai, dans la même lettre : « Vous connaissez, Monsieur, ma tendre amitié pour M^{me} de Gontaut et la sincérité de mes sentiments pour vous. » Mais « le trait particulier de la comtesse de Toulouse, » dit M. Pierre de Nolhac dans *Louis XV et Marie Leczinska*, « c'est qu'elle aime gouverner les affaires et les hommes, mener chacun où il lui plaît, soutenir des ambitions et se faire des créatures. » Enfin, Luynes peut écrire : « *Du samedi* 12 (*septembre* 1739), *Marly*. La nouvelle du jour est que M^me de Fleury a été déclarée dame du palais surnuméraire. La Reine l'a envoyé quérir ce matin à 9 heures pour lui apprendre cette nouvelle. Tout le monde a été faire des compliments à M. le cardinal. » Depuis longtemps d'ailleurs, M^me de Gontaut, loin des petits soupers, avait reçu, auprès de la Reine, ces leçons de gravité et de décence que la maladie fera fructifier. D'après Richelieu, « souvent M^me de Mailly envoyait à sa place M^me de Gontaut, qui n'était pas de semaine, pour se trouver au coucher de la Reine, tandis que M^me de Mailly allait à celui du Roi. D'autres fois la Reine renvoyait elle-même aux petits soupers des cabinets, ses dames qui y étaient invitées ; et lasse de multiplier les permissions, à cause du fréquent retour des demi-orgies nocturnes, elle donna enfin une permission générale », privilège dont M^me de Gontaut ne devait guère profiter. Dans la société intime de la Reine, au contraire, « ces dames faisaient avec elle des lectures spirituelles, vivaient fort modestement dans la piété, et méritaient bien, par leur vertu, d'être tournées en dérision par la cour secrète et libertine du Roi qui les appelait *la semaine sainte*. » Cependant la duchesse, devenue indifférente à bien des cabales, resta toujours passionnée pour ses amis ; elle s'associait jusqu'à la souffrance à leurs inquiétudes. Nous la voyons partager avec angoisse les craintes de la comtesse de Toulouse dans une maladie du duc de Chartres. Ainsi chaque jour avait détaché M^me de Gontaut des anciennes folies et des rêves ébauchés. Bientôt M^me de Mailly, abandonnée, trouvera, elle aussi, une consolation à ses épreuves. De telles femmes sauront expier jusqu'à la fin leurs succès ou leurs ambitions.

Du moins l'amitié du comte d'Argenson demeura toujours fidèle. Il vit s'éteindre peu à peu cette âme toute pleine encore des sentiments d'autrefois, et tout attachée à la pensée de sa gloire future. Elle avait appelé la mort comme une délivrance. Dans ce cœur naguère si troublé, l'espérance chrétienne venait adoucir l'amertume de la séparation. Ce fut le 25 août 1740. « M^me la duchesse de Gontaut mourut hier à quatre heures du matin; elle n'avait que quarante ans, » lit-on dans la brève notice que lui consacre le *Journal* de Luynes, rappelant en quelques mots les deuils qui l'avaient atteinte, la perte de ses deux enfants. Sa mère, la maréchale de Gramont, et sa grand-mère, la maréchale de Noailles, devaient lui survivre longtemps encore. Son « génie » inquiet et ses desseins audacieux avaient souvent effrayé sa famille. Ce fut la comtesse de Toulouse, qui éprouva ces regrets plus profonds que la tendre confiance de sa nièce avait mérités. Elle s'unit au comte d'Argenson pour partager discrètement cette douleur avouée : « On ne peut être, Monsieur, plus touchée que je le suis, de la perte que vous venez de faire. Vous savez comme l'amitié fait penser. Je vous prie de croire que celle que j'ai pour vous est bien sincère et qu'elle durera autant que ma vie. »

Le cardinal de Tencin, à son tour, écrivait de Rome : « J'ai pleuré pour vous et pour moi Mme la duchesse de Gontaut. Ses maux étaient sans remède dès qu'ils n'ont pu être guéris par la joie que lui avait causé le changement de votre situation. » Une faveur nouvelle accordée au comte, destiné bientôt à la charge de ministre d'État, avait été, en effet, sa dernière joie.

Au fond de sa retraite, le duc d'Orléans, « l'esprit un peu échauffé, ou par ses austérités, ou par des dispositions naturelles, » ne voulait pas croire à la mort de Mme de Gontaut, pas plus qu'à celle de Mme d'Alincourt : « Il avait », dit le marquis d'Argenson, qui tenait cette anecdote de l'abbé Omelane, précepteur du duc de Chartres (juillet 1741), « un fond d'amour pour ces deux dames, que la religion captivait contre la nature et le penchant. » Besenval ajoute ce trait d'illusion touchante : « Jusqu'à la mort de ce prince, qui arriva longtemps après celle de Mme de G., M. d'Argenson fut obligé de porter sur les états qu'il lui remettait, une pension qu'il faisait à Mme de G., comme si elle vivait encore. »

La duchesse de Gontaut disparaissait avant l'heure des grandes intrigues qui allaient transformer la Cour et le royaume lui-même. Témoin des premières larmes de la Reine, elle ne verra pas les maîtresses dont le triomphe l'eût étonnée, ni les gloires de Fontenoy dont elle eût pris sa part. Les jours qu'elle attendait n'ont pas lui pour elle. Elle s'est résignée. Ses lettres des dernières années sont le journal de sa longue épreuve. La plainte y est contenue, et la souffrance essaye de se taire pour faire place aux conseils de l'amitié. Résignation en effet, courage dans la maladie, vigilance, fidélité. Voilà le témoignage qu'elles rendront.

### La duchesse de Gontaut au comte d'Argenson.

Ce samedi à minuit.

Ma santé est de même sans aucune diminution à toutes mes souffrances, il faut espérer un heureux changement dans les remèdes que je compte faire de la poudre de..... Comment s'est passé votre voyage ? Je souhaite que vous trouviez dans celui que vous allez faire tous les différents amusements que vous pouvez désirer.

On dit bien des nouvelles ici, mandez-moi si on en dit où vous êtes (¹).

Ce vendredi à midi.

Je reçus hier de vos nouvelles, ce fut une surprise agréable pour moi, je n'en attendais qu'aujourd'hui. Je n'ai pas craché le sang depuis hier matin, mais je tousse toujours beaucoup malgré une pilule d'opium que Silva a enfin obtenu de me donner. Je ne me trouve pas trop bien, voilà deux jours que j'en prends et je trouve que cela m'irrite plutôt que de me calmer. J'ai passé mal la nuit, un mauvais sommeil et beaucoup de sueurs, il faut espérer que les Eaux-Bonnes raccommoderont tout cela. Il fait un temps affreux, je souhaite que vous ayez un plus beau temps à

---

1. Le comte d'Argenson se trouvait fréquemment à Fontainebleau auprès du duc d'Orléans. Ces lettres datent en général de 1738 à 1740.

Fontainebleau. Voilà une lettre que je viens de recevoir de M. de Gesvres, je vous demande en grâce de faire ce qu'il désire, d'autant plus qu'il me semble en effet que vous aviez accordé ce qu'il demande. J'espère comme lui que c'est une méprise du concierge, grondez-le donc et faites rendre la chambre. M. de Gesvres est si obligeant qu'il mérite assurément qu'on le soit pour lui. Je sais bien que pour moi je ne pourrais rien lui refuser. Ecrivez-moi une lettre que je puisse lui montrer et dont il puisse être content, je vous en aurai toute l'obligation du monde. Je vous souhaite continuation de bonne santé et d'amusement.

Ce jeudi matin.

Je m'y prends de bonne heure pour vous écrire parce que, l'après-dîner, cela m'est impossible. J'allais hier à Saint-Ouen, je ne pus pas entrer dans la maison parce que la maîtresse y était, mais je passais devant la porte qui était ouverte, et j'en vis assez pour voir qu'en effet cela est joli, mais que cela ne me convient pas. La maison est grande du reste, mais la terrasse, quoique très en belle vue, est en plein couchant et d'une aridité qui fait que vous ne pourrez pas profiter de cette belle vue, surtout ne pouvant pas prendre l'air tard. Enfin il me paraît que ce n'est pas ce qu'il me convient. En revenant de la promenade je toussais beaucoup, ce que j'avais fait toute la journée, et enfin en présence de Silva je crachais du sang, pas mes grands crachements, toute la soirée cela continua, j'en ai craché encore un peu ce matin. On attribue cela à du mauvais cresson que j'avais pris le matin qui, en effet, m'avait un peu écorché la gorge, tant il était âpre, je n'ai pris que de l'ortie aujourd'hui et du trifolium, je sortirais sauf qu'il fait un temps affreux. M. de Villars et moi nous vous prions en grâce de ne pas manquer d'écrire à M. le maréchal de Noailles et à Mesdames ses filles à toutes trois. N'y manquez pas, ne craignez pas de nous importuner, et comme vos lettres arriveront un peu tard, on attribuera cela à votre séjour à Fontainebleau. J'ai bien de l'impatience de recevoir de vos nouvelles, je vous souhaite une bonne santé.

Vous devriez aussi écrire à M^me la maréchale de Noailles, dire que vous avez passé à sa porte. Elle vous aime, vous lui devez des attentions. Je me charge de vos compliments pour ma mère et M^me de Beaumanoir.

Vous penserez à M^me de la Vallière.

Ce lundi, 3 heures après-midi.

Le début de mes eaux ne m'est pas fort favorable. J'ai toussé hier tout le jour et le pis c'est que cela m'a continué une grande partie de la nuit, et depuis ce matin je n'ai pas cessé. J'avoue que par toutes sortes de raisons je regrette mes jus d'herbes et mon lait qui était le seul moment de p'aisir que j'eusse dans ma journée, si bien que ce nouveau remède et l'assoupissement et l'inaction où il faut être fait une dose de plus de tristesse. Mais on dit qu'il faut qu'elles me guérissent, en conséquence je les avale avec plus d'obéissance que d'espérance. Voilà un détail plus long que ma tête ne le permet, ainsi je finis.

Il fait un temps affreux ; s'il est de même à Fontainebleau, je vous plains d'avoir à passer les cours et les balcons.

Le président m'a priée de vous dire mille choses de sa part, M. de Villars de même.

Ce samedi.

Je me doutais bien qu'il y aurait du changement dans ce que m'avait annoncé mon laquais et j'étais bien étonnée que vous puissiez être libre de si bonne heure, mais vous ne pouviez vous dispenser de recevoir tant de marques d'amitié et il faut les recevoir avec toute la reconnaissance nécessaire. Vous avez tort de me remercier d'entrer dans mes misères, car c'en est une à vous assurément d'avoir peur de ne pas bien faire une harangue. Mais comme je ne peux avoir d'autre département auprès de vous que celui-là, j'en saisis les occasions avec vivacité parce qu'elles sont rares. Il me semble que les harangues du P. (¹) sont infiniment au-dessus de celles qu'on vous envoie. A votre place je m'y tiendrais, je dirais que je les sais déjà presque toutes, je les copierais dans l'instant afin qu'on les voie de votre écriture et je dirai que sans cela j'aurai pris les autres, en un mot je n'y changerais plus rien parce que, comme disent les bonnes gens, l'ennemi du bien c'est le mieux. Je vous donne d'autant plus aisément mes conseils que je sais que vous avez le bon esprit de ne les suivre que quand ils sont conformes à vos pensées. J'avais raison de dire l'autre jour que la Tencin me regarde bien comme

1. Du président Hénault.

morte, j'ai envoyé ce matin chez elle et chez son frère faire un petit compliment d'amitié, ils m'ont répondu qu'ils étaient bien fâchés de ne pouvoir pas me venir voir. Vous pensez bien que quand ils m'ont cru en vie ils en trouvaient les moments, et qu'assurément ils vous auraient donné rendez-vous chez moi. Mais tel est l'avantage des maladies de longueur, on voit, on éprouve pendant que l'on respire encore tout ce qui arrive après la mort. N'allez pas vous aviser de leur faire aucun reproche de ma part, ne leur nommez point mon nom, je vous conjure, et si ils voulaient venir chez moi par hasard, empêchez-les pour aujourd'hui, parce que je ne douterai pas que cela ne vint de vous et cela me déplairait souverainement. Je pense que vous croirez peut-être que je n'approuve pas leurs harangues, parce que je crois qu'ils me croient morte. Non, car je ne mets jamais de mon humeur ni de mes idées quand il est question des personnes que j'aime. Ainsi c'est parce que très réellement je trouve les autres infiniment mieux. J'imagine que vous ne serez guère libre avant huit heures, j'espère que vous voudrez bien partir de chez moi.

Mandez-moi, je vous prie, si vous avez pris la hárangue que je vous donnais hier au soir de Moncrif ; je l'ai cherchée et ne l'ai point trouvée.

Co vendredi.

J'ai envoyé savoir ce matin des nouvelles de M. le cardinal de Tencin et de Mme de Tencin. Le cardinal m'a mandé qu'il était bien fâché de ne m'avoir pas dit qu'il n'avait pas eu un moment à lui, que le seul jour qu'il aurait de libre ce serait dimanche prochain, que si je voulais bien lui donner à dîner avec vous qu'il viendrait. J'ai pensé répondre que vous seriez à Versailles, cependant j'ai voulu savoir avant votre réponse et votre volonté. Je n'ai pas fermé l'œil de la nuit, j'ai craché ce matin un peu de sang. M. Sidobre prétend que ce n'est que de l'écorchure de la superficie du poumon et que ce n'est rien. Mais quoi qu'il en soit, je souffre infiniment et je tousse assez, je vais reprendre du lait.

Vous êtes trop heureux, je vous fais mon compliment de tout mon cœur, mais comme cela est inouï, je ne voudrais point tant de ménagement ni de secret, il ne faut point que l'on croie que vous avez voulu le quitter, il faut que toute l'infamie de ce vilain homme-là soit à découvert. Je me flatte que vous n'avez laissé ignorer aucune de ces ciconstances à M. le cardinal. Si vous ne l'avez pas fait, faites-le au plus tôt, ceci ne peut que vous mettre encore mieux avec lui. Je voudrais pouvoir avoir la force d'en dire davantage, mais je suis d'une faiblesse horrible. J'ai parlé à M<sup>me</sup> de la M. pour votre appartement, il faut la voir et vous l'aurez vraisemblablement. Cette lettre est pour vous et pour M<sup>me</sup> de Villars, je vous aime tous deux de tout mon cœur.

[Mercredi, 22 octobre 1738].

M<sup>me</sup> de Boufflers me dit hier que pendant sa dernière semaine, cela fait environ quinze jours, la Reine conseillée par tous les ministres envoya prier le Roi de venir chez elle, ce que le Roi fit. Elle lui demanda en grâce de faire M^me la duchesse de Fleury treizième dame du palais. Le Roi lui répondit qu'elle savait bien qu'il serait toujours bien aise de faire plaisir à M. le Cardinal, et il s'en retourna chez lui sans dire autre chose. L'affaire est donc restée sans décision, je voudrais bien que vous me fissiez bien le plaisir de dire tout cela à M^me la comtesse de Toulouse. Je ne lui écris point de peur de l'importuner, elle sait mes intentions sur tout cela, et connaît mon attachement pour M. le Cardinal. Elle saura mieux que personne ce qu'il faut faire dans cette circonstance, et elle sait encore une fois mes intentions. Accusez-moi, je vous prie, la réception de cette lettre. Quand vous verrez M^me de Boufflers, ne lui parlez point de ce que je vous mande, ni du souper qu'elle fit hier chez moi. Je viens de recevoir des nouvelles d'ici, Barjac me mande que S. E. se porte au mieux, mais qu'elle ne partira que vendredi pour arriver samedi à Fontainebleau. Je crois que vous serez bien aise de la voir, je voudrais bien être à portée d'avoir cette même satisfaction.

Si en vous écrivant je ne vous ai pas parlé de ma santé, ce n'est point par la raison que vous dites, c'est qu'une demi-heure avant j'avais dit que j'étais comme hier, mais j'avais assez bien dormi quoique réveillée de bonne heure. Je vous ai envoyé ensuite mon billet au grand conseil, et je n'ai pas imaginé de reparler de ma santé parce qu'il n'y avait aucun changement. J'ai pris ma pilule il y a environ une heure et demie, elle m'a apaisé ma toux, mais je suis engourdie et assoupie au point que mes yeux se ferment en vous écrivant et que j'ai repris à trois fois pour lire votre petit billet. Je suis bien aise que vous vous portez bien, je suis fâchée que vous retourniez encore à votre vilain grand conseil.

Silva n'est point content de votre santé, il trouve votre sang dans un très mauvais état. Quoique évanouissante j'ai été en sortant de la messe pour vous voir ; on m'a dit que vous étiez au grand conseil. J'ai cru pouvoir y aller espérant que vous viendriez me rendre une petite visite à la porte ; vous m'avez mandé que cela vous était impossible, j'ai attendu pendant longtemps, moyennant quoi je suis revenue chez moi. Faites-moi dire de vos nouvelles, et comme le désir que j'avais de vous voir n'était que pour vous dire que Silva pense que vous devez manger sagement et vivre de régime. Mon billet suppléera à ma visite, mais j'imagine que vous ferez peu de cas de mon conseil, cependant j'y joins la connaissance que j'ai par expérience du malheur affreux d'être malade, et en vérité vous seriez plus à plaindre que personne si vous l'étiez.

Puisque M. le Chancelier ne vous a point donné d'heure fixe pour aller chez lui, comme je ne peux pas vous donner à dîner, vous devriez aller dîner chez lui, finir le plus promptement que vous pourrez vos affaires, et si cela pouvait être fait à quatre heures et demie, venir chez moi et nous partirions d'ici pour aller à Passy. En ce cas, je le manderais où vous le feriez dire à Moncrif et nous le mènerions. Mais comme vous n'êtes pas diligent et que moi je n'aime pas à attendre, si vous prévoyez que M. le Chancelier vous retient jusqu'à cinq ou six heures, mandez-le moi parce qu'en ce cas vous viendriez me trouver à Passy où j'irai vous attendre, et nous reviendrions ensemble en nous promenant dans le bois de Boulogne.

Vous êtes bien heureux d'avoir bien dormi cette nuit, mais je persiste dans mon opinion, qu'il faut que je me couche de très bonne heure et que parler m'est pernicieux, par conséquent il faut que j'évite tout tête-à-tête ; c'est dans cette idée que j'irai me promener seule au bois de Boulogne. J'espère que je n'y penserai point du tout, car les idées agréables ou tristes me font également de mal. Je vous souhaite toutes sortes de divertissements.

Ce samedi.

Je crains à la fin de vous importuner et M^me la Comtesse (*de Toulouse*). Voilà une lettre que je reçus hier au soir de M. le Cardinal. Il me semble qu'elle n'est point susceptible de réponse. Je m'en rapporterai à ce que pensera M^me la Comtesse à laquelle je vous prie de la faire voir. Voilà les nouvelles que l'abbé Sallier m'envoya hier au soir de M^me de Rupelmonde, elles sont très mauvaises, mais non seulement cette circonstance est fâcheuse, mais si tout ce que l'on dit dans Paris est vrai, je ne suis plus étonnée des difficultés du Cardinal et du changement du contrôleur général. Vous savez sans doute le mariage que l'on dit de M. le Dauphin et de Mesdames ; on m'assura hier tenir de bon lieu qu'on allait faire la maison de l'Infante qui va arriver. On me nomma hommes et femmes qui doivent la composer : M. le duc de Fleury, dit-on, sera premier écuyer, M<sup>me</sup> sa femme dame du palais ; on dit qu'il y en aura six. Si tout cela est vrai, cela fera tomber celles de la Reine. Toutes ces circonstances ne sont pas avantageuses pour moi, ma santé dépérit chaque jour, mais il est inutile d'entrer dans les réflexions de ma santé,; il est question du parti que je dois prendre dans tout ceci. Mon cerveau ne me représente qu'une confusion désagréable et je ne me sens de ressources et de consolations que dans ce que pensera M<sup>me</sup> la Comtesse. Je n'ai plus aucune idée à moi ni de désir fixe que celui de m'en rapporter à elle entièrement, à ses bontés et à ses lumières. Elle pourra mettre au nombre de ses bonnes œuvres celle de me secourir ; je rassemble, ce me semble, dans ma triste personne tout ce qui peut exciter la compassion et la charité. Assurez-la de toute ma reconnaissance et de mon tendre attachement, vous connaissez aussi toute l'amitié que j'ai pour vous.

Un gros paquet que Moncrif m'a priée de vous envoyer.

J'oubliais de vous dire, et c'est depuis plusieurs jours, que la Reine aime M<sup>me</sup> de Fleury plus que jamais ; elle m'a cependant fait faire des amitiés et envoyer des étrennes qui sont aussi maussades que d'ordinaire.

Je n'ai jamais pu prendre sur moi d'écrire à la Reine, j'ai chargé M^me de Villars de tous mes remerciements, je suis si malade que je ne puis me contraindre à ne pas dire ce que je pense et assurément je ne suis pas contente de la Reine. On m'a dit ce qu'elle avait donné à la duchesse de Villars.

Il me semble que ce présent m'aurait beaucoup mieux convenu ; réellement elle est bien étonnante.

Ce samedi à 3 heures.

Il y a bien lieu d'espérer à la continuation du bon état de M. le duc de Chartres, si demain se passe aussi heureusement que tous ces jours-ci je n'aurai plus légère inquiétude, car quoi qu'en disent les maîtres de l'art, qu'il faut attendre les neuf jours, ils poussent cela jusqu'au 14 ; mais j'ai mes petites connaissances à moi qui réellement sont presque toujours justes. Le grand danger communément est du 6 au 7, quand les petites véroles sont de petites espèces, quoique celles de M. de Chartres ne soient pas accompagnées jusqu'à présent d'aucun accident, les médecins la qualifient de mauvaise espèce. Une chose de vous à moi m'effraye, c'est son sommeil et son extrême tranquillité ; il doit souffrir horriblement et malgré sa douceur habituelle je crains, je l'avoue, qu'il n'y est quelque chose de surnaturel, quelque engourdissement dans le cerveau, enfin j'aurai peur jusqu'à lundi cinq heures du matin. Cependant, mes craintes sont mêlées de grandes espérances. Que l'exemple de M. de Soissons dont vous me parlez ne vous alarme point, du premier moment il a été frappé à mort à ce que j'ai ouï dire, et il a eu des accidents. Dieu merci, M. de Chartres n'a rien eu d'approchant.

Continuez, je vous prie, à assurer M. le duc d'Orléans de l'occupation où je suis de sa peine.

J'ai mal dormi cette nuit, je souffre toujours, mais je n'ai point de fièvre. Dans les exemples de poitrine dont Sénac vous a parlé, je voudrais savoir si il y en a une accompagnée de douleurs et d'impossibilité de parler comme moi. Mais que ces questions paraissent venir de vous, car mon petit docteur serait fâché si je parlais à d'autres, et il ne peut rien ajouter réellement aux soins qu'il a de moi. Sénac est ami intime de La Peyronie, et vous savez qu'il y est brouillé. Les nouvelles que vous me manderez ce soir commenceront à être bien essentielles. Je les attends avec impatience, mais ne faites repartir mon homme que vers les dix heures.

On ne m'a envoyé qu'une lettre de chez vous, les autres étaient parties.

J'oubliais de vous dire que M. le duc de Gesvres m'a chargée de vous dire qu'il ne vous écrivait point, peur de vous importuner, mais il vous prie de dire tout ce que son respect et son attachement pour M. le duc d'Orléans lui fait penser en ce moment.

Ce lundi, à 1 h. d'après-midi.

Quoique la nuit ait été un peu agitée, je compte M. le duc de Chartres hors de danger. J'ai eu une peur horrible jusqu'à aujourd'hui, mais, selon mes règles qui se sont presque toujours trouvées justes aux petites véroles de l'espèce qu'est celle de M. de Chartres, le danger n'est que du 6 au 7, et la suppuration une fois établie ordinairement la suite en est heureuse. Je le souhaite assurément de tout mon cœur.

Je suis dans une colère et une impatience que je ne puis exprimer, je ne puis m'empêcher de vous faire part du sujet, et de vous prier de le mander à M<sup>me</sup> la Comtesse. Un ami que j'ai et qui l'est de M. le duc de Fleury, dîna vendredi avec lui ; cet ami sort de chez moi et vient de m'avertir de la conversation qu'ils eurent ensemble. Une personne du dîner dit : Eh bien, on va faire, dit-on, quatre nouvelles dames du palais, dont M<sup>me</sup> la duchesse de Fleury sera. — Non, répondit-il, c'est une vieille nouvelle et on n'en fera point. — Mais, dit la personne qui m'a parlé, quand aurez-vous donc la place de M<sup>me</sup> de Gontaut ? Il y a si longtemps que l'on dit qu'elle la cède en faveur de M<sup>me</sup> la duchesse de Fleury. — Oh non, dit le duc de Fleury, elle en veut trop. — Mais, dit la personne, pouvez-vous trop donner pour une chose aussi essentielle pour vous ? — Non, encore une fois, répondit-il, elle en veut trop. — Mais, répondit encore la personne, il n'est pas étonnant qu'ayant une place dont elle ne veut pas se défaire et ayant un fils à qui son intention est peut-être de la céder quand il se mariera. Ce ne serait qu'un marché très avantageux qui pourrait la déterminer en ce moment. — Bon, répondit le duc de Fleury, vous êtes dans l'erreur, il y a plus de deux ans qu'elle meurt d'envie de se défaire de sa place ; elle l'a mise à l'encan, elle l'offre à tout le monde et personne n'en veut. — Vous me surprenez, dit la personne, car je sais, à n'en pouvoir douter, qu'elle a refusé plusieurs propositions très avantageuses, et quand vous me chargeâtes il y a six mois de la sonder sur cela et de savoir ses intentions, je ne trouvai jamais qu'une résistance très déterminée, et vous savez que je vous le dis dans ce temps. — Eh bien, répondit le duc de Fleury, elle vous a trompé, convenez qu'elle est au plus offrant enchérisseur. Voilà la conversation mot à mot dont les termes ne sont pas nobles, mais, en récompense, bien injurieux pour moi. Je ne doute pas que tout cela n'ait été dit devant et peut-être par S. E. Si cela revient à la Reine comme il n'est pas douteux, cela me donne des torts avec elle, au lieu que c'était elle qui en avait avec moi. Si le Roi sait ces propos, comme je n'en doute point non plus, quelle opinion aura-t-il de moi ? En un mot, je ne puis vous dire combien mon amour-propre souffre de tout cela, combien j'en suis peinée. Dans l'état où je suis l'augmentation de peine est dangereuse. Je me dis tout ce que je dirai à un autre en pareil cas, mais je n'en suis pas la maîtresse et avoue que j'en suis outrée. Si je suivais mon premier mouvement, sûrement je ferai toutes sortes de sottises. J'ai recours à vous, que pensez-vous, que me conseillez-vous ? Consultez Mme la Comtesse, elle a conduit cette affaire jusqu'à présent à merveille, elle a parlé tout au mieux, personne à mon gré ne sait mieux qu'elle et le parti qu'il faut prendre. Ses bontés pour moi m'assurent qu'elle aura pitié de tout le trouble que ceci cause dans ma tête et dans ma poitrine, qui, par parenthèses, me fait un mal horrible. Pour moi je pense qu'il ne faut point cependant diminuer les conditions, parce que j'en aurais de même le démérite et l'argent de moins. Cependant je vois que je ne puis plus me défaire de ma place, non seulement pendant la vie du C., mais même après sa mort. Il est tout capable d'avoir prévenu le Roi en disant que cela serait de mauvais exemple si on laissait vendre les places des dames du palais. Que faire ? Je vois que des inconvénients à tout. Ma pensée la plus consolante est de penser que je mourrai bientôt, mais malgré cela mon amour-propre est choqué horriblement. Encore une fois il n'y a que M^me la Comtesse qui puisse me tirer de là, je lui devrai la vie. Je vous montrerai avant votre départ la lettre que Barjac m'avait écrite de la part de S. E. Depuis cela, il charge mon fils tous les jours de me faire bien des amitiés de sa part. Cela me fait voir un peu de fausseté, mais cependant cela me persuade qu'il a toujours envie d'arriver à ses fins. Il y a quatre mois que malgré toutes ces agaceries je n'ai pu me résoudre à lui écrire ; voilà le jour de l'an, je ne pourrai guère m'en dispenser, je crois. Comment pensez-vous que je doive lui écrire ? Sera-ce en plaisanterie comme à l'ordinaire ? Je pense que non, j'imagine que le mieux est une lettre courte sérieuse, car je crois ne devoir entrer dans rien. Consultez encore sur cela M^me la Comtesse, recommandez-lui le secret sur la conversation du petit Fleury parce que je trahirai peut-être celui qui m'en a averti et je lui dois fidélité. Je vous demande pardon de ma longue lettre, si je ne comptais pas autant que je le fais sur votre amitié, je n'oserais pas assurément au milieu de toutes les occupations et les agitations où vous êtes. Mais l'amitié sincère que j'ai pour vous me donne la confiance que vous n'en serez point importuné. Réponse, je vous en conjure, et que Mᵐᵉ la Comtesse soit instruite ; ses conseils et ses bontés peuvent seuls me soutenir.

Ma lettre est si griffonnée que je crains que vous ne puissiez la lire, mais quand je suis dans l'impatience je ne puis pas écrire autrement.

Ce dimanche à trois heures après-midi.

La journée d'aujourd'hui m'a toujours paru cruelle à passer ; cependant les nouvelles que vous me mandez sont aussi bonnes qu'elles peuvent être ; si demain matin les choses vont comme aujourd'hui, je le tiendrai absolument sauvé ; j'ai toujours remarqué à moins d'exemples infiniment rares, qu'aux petites véroles de l'espèce de celle de M. le duc de Chartres, le passage du 6 au 7 était le temps critique. Dieu veuille le faire passer selon mes souhaits. J'ordonne à mon laquais de ne repartir qu'à dix heures afin que j'aie des nouvelles de toute l'après-dîner ; je ne sais pas où vous avez pris que je ne vous avais pas mandé des nouvelles de ma santé et de mon régime ; le tout était très détaillé, mais dans la situation et l'agitation où vous êtes je ne suis pas étonnée que vous ayez des distractions ; je n'ai point craché de sang ; je souffre cependant toujours, mais Sidobre prétend que je sentirais toujours de la douleur, jusqu'à ce que je sois guérie, parfaitement guérie ; j'ajouterai à cela : ou morte et ce dernier me paraît plus vraisemblable.

Le duc de F. (*Fleury*) a dit que je demande trop de ma place. « Il y a plus de deux ans, a-t-on ajouté, « qu'elle a mis sa place à l'encan et qu'elle l'offre à tout le monde. » Voilà la conversation mot à mot dont les termes ne sont pas nobles, mais fort injurieux pour moi. Réellement mon amour-propre souffre, cette tournure est cruelle et imaginée par quelques bons amis de cour, elle est injurieuse pour moi de toutes façons. Cela me donne une vilaine réputation ; cela me donne des torts avec la Reine qui, jusqu'à présent, sentait qu'elle en avait avec moi ; si cela parvient jusqu'au Roi cela lui donnera la plus mauvaise opinion du monde de moi ; j'avoue que cela me trouble à un point que je ne puis exprimer. Vous ne pouvez pas voir M^me la Comtesse ; faites-lui savoir du moins tout ceci ; elle seule est ma ressource et ma consolation ; qu'elle ait pitié de moi, car réellement tout ceci ajoute encore à mes maux et je n'ai pas besoin d'augmentation. Vous sentez bien la conséquence du secret pour le pauvre P. que je serais fâchée de commettre.

Votre montre n'est point accommodée, à ce que m'a dit H... ; je vous envoie la mienne en attendant ; ne la gâtez pas ; H. cherche ce que vous désirez pour M. de Villars ; jusqu'à présent il n'a que deux jattes.

Ce dimanche.

Je reçois votre lettre, et j'approuve infiniment le parti que vous avez pris de manger chez vous,

sans quoi vous vous seriez sûrement crevé. Je
crains bien même que malgré cette sage précau-
tion votre arrivée à la fin d'un bon souper d'une
bonne compagnie ne vous fasse oublier tous les
régimes que je vous ai prescrits. Je ne me porte
pas trop bien aujourd'hui. J'ai, cependant, bien
dormi, mais j'ai l'âme triste et ma poitrine douloureuse. Le président soupera avec moi ce soir et
Mme du Deffand, nous boirons à votre santé.

Je viens de faire vos compliments à Mme de
Boufflers dans la lettre que je viens de lui écrire.

Ce jeudi.

Je n'ai point reçu de lettre de vous aujourd'hui,
c'est cependant celles sur lesquelles je compte davantage et n'ai pas tant de confiance dans les
nouvelles qui me viennent d'ailleurs. On m'a
envoyé le bulletin dont je suis assez contente, et
je ne puis m'empêcher d'espérer que cela se tour-
nera heureusement. Je voudrais bien pourtant
que la petite vérole ne fut pas confluente. Au
reste j'ai été occupée toute la nuit de ce que je
vous mandais hier. Si vous n'en avez point parlé,
n'en dites mot, quoiqu'assurément que les remèdes proposés par moi ne doivent pas être suivis,
je trouve une imprudence horrible à imaginer
seulement d'en parler. Si vous l'avez dit, dites
combien je m'en repens. Le motif de mon imprudence est assurément un attachement bien tendre
et bien sincère, mais cela ne fait rien et je conviens que j'ai eu tort. Vous m'allez trouver dans
mes grands radotages, mais ne m'en grondez pas,
je vous en prie. Je suis inquiète de M. le duc d'Or-

léans ; dans le billet que j'ai reçu on mande qu'il souffre des douleurs horribles de sa goutte. Voilà trop de maux à la fois. Mandez-moi de ses nouvelles, je vous prie, et si vous trouvez occasion de lui parler de mon inquiétude vous me ferez plaisir. Je suis toujours à peu près de même, mais plus excédée mille fois de mon régime de garder ma chambre que de tous mes maux.

J'ai envoyé chez vous savoir si il y avait quelque chose à vous envoyer, voilà des lettres et des paquets.

Faites rendre cette lettre à M^me de Mazarin par mon laquais pendant que vous me ferez réponse.

Ce samedi.

Voilà les trois lettres que vous m'avez envoyées, que je n'ai point brûlées, aimant mieux vous les remettre. J'ai une peur horrible d'importuner à la fin M^me la Comtesse, et plus je réfléchis sur cette affaire, plus je vois qu'il faut attendre des circonstances et des événements les succès que j'en puis désirer. Mais n'en reparlons plus, et sur toute chose attendez que M^me la Comtesse vous en reparle. Il est trop tard pour que je puisse répondre à ces lettres, vous me rassurez beaucoup sur la lettre que je croyais perdue. Ne faites pas attendre mon homme, j'ai besoin de lui à mon réveil, je souhaite qu'il m'apprenne que vous êtes en bonne santé. Il fait bien froid pour être dans une chambre sans cheminée, ce lieu ne serait pas commode pour y être malade, mais vous êtes sage et vous n'aimez pas les conseils. M^me d'Armagnac est venue me voir tantôt, elle me paraît très occupée de vous, elle vous aime infiniment.

Vous devez juger sur ce que je vous dis hier qu'il n'est plus temps, mais si pour faire valoir l'amour de M. votre neveu, vous en parlez, paraissez ignorer tout ce que je vous ai dit. Il me paraît comme Hippolyte, ce sont des vœux mal exprimés. Comme il y a encore des demoiselles de Mailly il pourrait trouver de quoi se consoler (*), surtout avec M^lle de Moncavrel qui est jolie. Mais si il croit que c'est M. de Maurepas qui a fait le mariage, il a tort car il n'en savait pas le mot. Bonjour, j'espère vous voir ce soir.

Je suis très contente de ce que vous me mandez pour mon procès. Je suis toujours souffrante, mais le plus désagréable je viens encore de cracher du sang, cela me paraît fort vilain. Mes œufs m'ont empoisonnée hier, j'en mangerai pas si tôt. Je serai ravie de vous voir de bonne heure, ne dites pas que j'ai craché du sang.

Ce dimanche, à 1 heure d'après minuit.

Vous voulez donc absolument que je vous mande de mes nouvelles et si d'avoir été aux fiançailles ne m'a point fait de mal, j'y ai eu fort chaud, mais je ne sens rien d'extraordinaire et je n'ai ce soir que mes souffrances accoutumées , le petit docteur cependant ne me paraît pas du sentiment que j'aille demain à la noce. Cela dépendra

---

1. Il est probable qu'il s'agit du mariage de M^lle de Nesle avec M. de Vintimille (28 septembre 1739.)

comment je me trouverai et si la noce se tiendra
dans la grande galerie ou dans l'appartement, si
c'est dans la galerie sûrement je n'irai pas, car il
fera froid. Voilà je crois vous faire un assez grand
détail surtout avec une plume aussi mauvaise que
celle que je possède. A demain, j'espère vous voir
à votre retour.

Ce samedi.

C'est de la plaisanterie de vous écrire aujour-
d'hui, mais n'importe, vous m'en avez priée. Vous
voilà engagé à me tenir aussi la parole que vous
m'avez donnée de me mander toutes les nouvelles
et celles de votre santé, la mienne est de même.
Bonjour, puisque ma lettre ne vous sera rendue
que demain matin. J'espère que vous n'oublierez
pas toutes mes commissions pour M^mes de Villars,
de Mazarin et M^me la comtesse de Toulouse.

Ce samedi.

Je reçois une lettre dans ce moment d'une personne instruite et sûre, M. le Cardinal est plus
mal. Il va à Versailles aujourd'hui, de là à Issy,
sa marche étant secrète on est très persuadé que
son intention est de ne plus revenir, je m'empresse
de vous mander cette nouvelle afin que vous en
fassiez part à M. le duc d'Orléans. La personne
qui m'écrit me parle de beaucoup de propos qui se
tiennent et qu'il lui trouble l'esprit, sans me
mander quels ils sont. Suppliez M. le duc d'Orléans de me garder le secret, et gardez-le moi
inviolablement aussi. Si j'apprends autre chose,
je vous le manderai.

Ce mardi.

Vous verrez par la lettre ci-jointe de quoi il est question. Comme j'ai imaginé que M. d'Orléans étant à Sainte-Geneviève vous lui enverriez peut-être ma lettre, j'ai pensé qu'il était plus prudent de mettre à part ce que je désire et ce que je pense que vous devriez faire. Vous savez bien que l'année passée nous allâmes avec M^me d'Armagnac voir les maisons de Saint-Cloud et qu'elle désirait beaucoup en avoir une. Ce serait là une belle occasion, elle est cependant embarrassante, mais vous avez de l'esprit et il tire de plus grand embarras. Ces dames m'ont marqué tant d'amitiés à l'occasion de la Reine, que j'avoue que je serais comblée de pouvoir trouver celle de leur marquer ma reconnaissance, et qu'elles peuvent compter sur moi. Voilà ce que je pense pour moi, et pour vous ; je crois que vous devez par les mêmes raisons être occupé de ce qui les regarde. Elles m'ont toujours paru s'intéresser à vous, elles sont bonnes amies, et je pense que vous devez leur donner des marques d'amitié ; je vous donne d'autant plus volontiers ce conseil que je sais que vous y êtes très porté J'espère aussi que vous le pardonnerez à l'amitié bien sincère et bien tendre, je vous assure, Monsieur, que j'ai pour vous. L'occasion est d'autant plus à saisir promptement qu'il y a quelque temps que sans le dire même à ces dames je fis parler à M^me de Graville sans nommer personne pour tâcher de faire un marché pour avoir sa maison ; elle le refusa net.

Venez me voir si vous pouvez aujourd'hui, sinon demain je vous prie.

Ce lundi, à 2 heures.

Je n'ai point encore reçu de vos nouvelles aujourd'hui, j'espère cependant que la journée ne se passera pas sans que j'en aie. J'ai dormi dix heures cette nuit, mais malgré cela mes douleurs de poitrine sont extrêmes, et je vais reprendre du lait, ayant eu sans en prendre les mêmes souffrances que je lui attribuais. Je n'en ai pas été fâchée, aimant beaucoup à en prendre. Je vous mandais hier de boire à ma santé avec P., (¹) je le croyais à Fontainebleau, mais il vint souper avec nous ; il nous fit la chouette à M^me du Deffand et à moi et perdit encore. Je gagnai pour ma part seize louis, moyennant quoi je voudrais pendant votre absence en user de même tous les jours. M^me du Deffand voudrait que vous m'envoyassiez demain un billet pour votre loge ; elle voudrait aller jeudi à l'Opéra. Je voudrais que vous fissiez les choses honnêtement, et que vous m'envoyassiez une permission pour deux fois. Je compte que M^me de Boufflers viendra ce soir souper avec moi, P. est venu ce matin me dire adieu pour cette fois, il partait pour Fontainebleau ; comme je ne faisais que de m'éveiller, je n'ai pas pu vous écrire par lui. Vous voyez combien je suis régulière à vous mander de mes nouvelles ; soyez-le aussi à me donner des vôtres.

Ce vendredi.

Je viens de recevoir votre lettre. Elle m'ap-

---

1. Il s'agirait de Moncrif.

prend que vous êtes revenu en bonne santé à Fontainebleau, et que votre voyage s'est parfaitement bien passé. J'en suis ravie ; je suis bien aise que vous ne soyez point encore décidé pour le jour de votre retour. Je ne conçois pas comment ayant là-bas M. le Chancelier vous n'aimiez pas mieux finir toutes vos affaires. A Paris on ne finit rien et j'ai éprouvé par moi-même que quand on est tous assemblés dans le même lieu on fait plus de besogne en un jour qu'ici en dix. On dit que S. E. reviendra lundi et que le Roi le suivra de près. Vous me souhaitez la santé de Sancho, je la préférerais à son bon sens, mais j'ai plus de disposition à avoir l'un que l'autre, et son bon sens, j'espère, m'aidera à supporter la mauvaise santé qui est un état qu'il faut avoir éprouvé de suite pour le comprendre. Je suis dans le moment critique et dans l'attente de ce qui me fait cracher le sang, je me sens très souffrante. Ainsi je finis ma lettre parce que malgré moi je tomberais dans l'inconvénient des plaintes. Quand donc revien-'~a Moncrif ? A-t-il oublié qu'il était engagé demain à souper avec les *Serments indiscrets* et la *Surprise de l'amour*, cela veut dire M. de Marivaux ?

Ce dimanche à onze heures du soir.

Silva m'a trouvé un peu de fièvre tantôt ; cependant il m'a fait sortir pensant que cette fièvre n'étant que d'accident, ma chambre était le lieu le plus pernicieux pour moi. Je n'ai été qu'aux allées du Roule. A mon retour, M. Sidobre m'a trouvé de la fièvre encore ; dans ce moment qu'il me quitte elle est sur sa fin ; tous les deux médecins se sont accordés pour me défendre de prendre du lait demain ; il m'a fait un effet bien prompt en mal aujourd'hui et il est bien fâcheux de n'avoir pas ce secours avec mal à la poitrine ; je reviens à ce qui m'occupe le plus dans ce mo- ment : c'est la conversation de B. et de F. (¹) ; j'y ai pensé tous les jours, j'y vais penser toute la nuit ; je ne saurais vous dire combien elle a re- nouvelé en moi le désir d'aller à Notre-Dame de Lorette ; il me semble que cette solitude me pro- curerait tous les bonheurs ensemble ; elle me rendrait la santé. Je souhaite que vous pensiez de même que moi pour cette heureuse philoso- phie, mais le monde chaque jour me devient plus à charge et plus haïssable ; il n'y a de vrai bonheur que dans la solitude dont je parle. Vous voyez que je suis régulière à vous mander de mes nouvelles.

Ce mardi matin.

Joseph, mon commissionnaire favori, me de- mande la permission d'aller à Versailles pour voir le feu. Je profite de son départ pour vous écrire et vous envoyer votre provision d'eau des carmes pour laisser à Versailles dans votre appartement. J'eus un vomissement hier au soir qui me fit beaucoup souffrir par les efforts et les angoisses ; je ne vomis rien de mon dîner ni même je ne le sentis pas, ce n'était que des gaz, ce qui me fit assurer par M. Sidobre, qui était présent, que c'était un vomissement convulsif ; il est bien

1. Le duc de Fleury et Barjac, valet de chambre du Cardinal.

incommode d'être aussi sujette aux convulsions ; cela influe sur tous et cela rend malade l'âme et le corps. J'ai dormi cette nuit, mais je suis levée à sept heures ; actuellement je suis souffrante comme à l'ordinaire ; je compte dîner avec M. de Villars ; nous boirons à votre santé ; cette après-dîner j'irai promener avec lui et le père De la Borde ; nous vous souhaiterons à notre promenade et vous ne penserez point à nous. On dit que le feu sera demain avant le souper du Roi moyennant quoi vous pourrez revenir plus tôt vous coucher pour le grand conseil jeudi. N'oubliez pas ma commission pour M^me de Boufflers et bien des compliments pour M^mes d'Armagnac et de Villars. Je crache du sang encore ce matin ; M. Sidobre m'a défendu de manger et veut que je sois au bouillon et au lait ; le père De la Borde ne peut pas venir dîner, moyennant quoi il me semble qu'il vaut mieux remettre à un autre jour le dîner que vous vouliez faire chez moi ; au reste je ne vous en refuse pas, mais songez qu'à peine puis-je parler.

Vous me mandez que Silva n'a point d'inquiétudes essentielles sur mon état et qu'avec de la bonne conduite on m'en retirera ; mais je voudrais que vous me mandassiez quelle est l'inquiétude qu'il a ; mandez-le moi tout à l'heure je vous prie ; j'ai passé une mauvaise nuit privée de sommeil et beaucoup de souffrance ; comme ce matin je tousse beaucoup, Sidobre m'a empêchée d'aller à la messe et désire cependant que si le temps se remet au beau je sorte cette après-midi ;

aucun temps ne m'arrêterait s'il était question d'aller à Lorette, mais en attendant je ne veux plus veiller avec vous le soir, parce que cela me fait mal. Comment Silva a-t-il trouvé votre santé ?

Ce vendredi au soir 26.

Il me fut impossible de vous écrire le dernier ordinaire. M. de Villars voulut vous mander de mes nouvelles ; je n'y consentis que dans la croyance où vous m'aviez mise que vous en aviez chargé Valentin, et comme ces gens-là ordinairement ne disent point les choses comme elles sont je craignais qu'il ne me fît plus mal que je n'étais. J'ai su depuis qu'il était à la campagne ; si je l'avais cru vous n'auriez su mon crachement de sang qu'aujourd'hui. M$^{me}$ la maréchale de Noailles prétend que c'est parce que vous êtes parti un vendredi et, comme sa petite-fille le vendredi influe sur moi ; elle a empêché en dernier lieu M. de S..... de partir un vendredi parce qu'elle prétend que cela influe sur elle, quand les autres ne le craignent pas. Je reviens à l'impossibilité où je fus de vous écrire ; je n'ai point encore craché autant de sang ni avec autant d'effort et de douleur ; cependant comme cela s'arrêta au bout d'une heure je demandai en grâce à M. Sidobre de n'être point saignée, ce qu'il m'accorda aux conditions d'une diète si grande que la faiblesse extrême m'empêcha de vous écrire. Depuis ce jour il n'y a eu que de tous petits points de sang dans mes crachats et aujourd'hui même il n'y en avait point. Ainsi tout ira bien ; je n'ai point de fièvre ; je ne me nourris que de bouillie de semoule, gruau, potage ; cette nourriture douce m'ôtera, j'espère, mes douleurs et me rendra le sommeil. Voilà vous faire un long détail de ma santé, mais je ne puis douter aucunement de l'intérêt que vous y prenez. On avait dit que M. le Cardinal s'était trouvé incommodé, mais on m'a annoncé qu'il se portait fort bien, dont je suis très aise ; je ne sais aucune nouvelle. Mme de Lixin est allée à Vienne épouser M. de Mirepoix qu'elle a déjà épousé par procureur à Commercy. On dit que tous les Lorrains sont furieux ; pour moi je la plains seulement d'aimer d'assez bonne foi pour perdre sa liberté et s'exposer à n'être plus peut-être bientôt aimée. Mais voilà une longue lettre pour une malade. J'espère recevoir demain de vos nouvelles ; elles m'apprendront que vous êtes en bonne santé. Je le souhaite, je vous assure, de tout mon cœur. Mille compliments à tous vos compagnons de voyage.

A Paris, ce 14 octobre.

Vous n'aurez pas grand chose de moi ce soir, je suis encore enrhumée, et vous savez que vous n'êtes pas de trop bonne humeur quand vous l'êtes. Ainsi j'espère que vous me passerez dans cette occasion ma mauvaise humeur. Il fait un temps affreux et froid comme au mois de janvier, mais les vilains temps sûrement respectent les Ormes et j'imagine qu'un beau soleil les éclaire le jour et que la lune embellit par sa douce clarté les nuits charmantes que l'on y passe. Je voudrais avoir l'éloquence de Fontenelle pour parler de ma bonne amie en la mettant ainsi que lui fort au-dessus du soleil. Je suis surprise dans ce moment ; il me semble que mon écriture ressemble prodigieusement à la vôtre, au moins ce soir, parce que j'ai une bonne plume, car ne croyez pas que je sois assez vaine pour ne pas sentir en tout votre supériorité sur moi ; j'ai envoyé chercher à Versailles la musique que vous me demandez, mon premier ministre a exécuté mes ordres, et la voilà dans le plus petit volume qu'il a été possible de faire. Les paroles sont très convenables à la vie innocente et tranquille que vous menez là-bas, et je vous vois d'ici être nonchalamment le berger qui chante la douceur de son loisir. J'y ai ajouté un trio pour vous faire endormir tous les soirs ; comme vous vous couchez de très bonne heure et que vous n'êtes pas dans cette habitude, vous avez besoin de secours ; si vous avez des gens assez habiles pour l'exécuter vous le trouverez très harmonieux. Peut-être joindrais-je encore un Noël que Moncrif avait trouvé joli, dont le refrain m'a fait venir une idée. Les deux premiers couplets sont faits et mis sous la musique ; si je puis finir les autres vous les aurez, mais je n'en suis pas sûre. Je ne me sens ce soir que des sentiments et point d'esprit, et ce n'est pas cela qu'il faut. Vous me faites encore les plaintes de Moncrif, mais croit-il me persuader que c'est moi qui ai tort avec lui ? Réellement ce serait par trop présumer de ma simplicité et abuser du penchant extrême que j'ai à excuser mon prochain en m'appropriant souvent ses fautes. Mais plus on me connaît cette bonté d'âme et moins en vérité on devrait me prêter des paroles, car je suis assez *instruite* pour y répondre après avoir fait une médiocre défense. J'ai dîné hier avec l'abbé Sallier, c'est lui qui a un bon cœur, aussi je l'aime beaucoup. Il eut la complaisance hier de s'amuser avec moi comme il aurait fait au milieu de la plus belle bibliothèque. M. le duc d'Orléans est venu me voir, il n'y a nulle nouvelle, sinon que le bruit se renouvelle que Mme la maréchale de Boufflers va quitter. Cela veut dire qu'elle est ici incommode et, on dit beaucoup et je le crains, que Mme de Mazarin ne sera pas dame d'honneur, j'en serai très fâchée. J'ai eu une grande conversation avec le président Hénault ; il m'a dit qu'il vous avait écrit, cependant vous vous plaigniez de son silence. Il est allé à Grosbois, je ne sais quand il reviendra. J'espère recevoir demain de vos nouvelles ; malgré tous vos défauts je m'intéresse à vous, voyez quel est le fond de ma duperie, et je suis très aise d'apprendre que vous êtes en bonne santé. Je ne vous envoie pas le duo, il n'est pas fait pour des profanes et des mauvais cœurs comme vous (¹).

Ce samedi, à minuit.

Comme j'envoie demain matin à Versailles pour savoir des nouvelles du comte de Gramont qui est malade, je charge mon laquais d'aller chez vous vous porter de mes nouvelles. Ma journée a été souffrante à mon ordinaire malgré le beau temps et la promenade ; j'ai été voir des maisons de campagne ; je n'en trouve point à ma fan-

---

1. Cette lettre semble dater de 1785.

taisie. Je serai demain dans la mienne de bonne heure, à moins qu'il ne m'arrive accident ; j'y mènerai Moncrif ; je souhaite que vous puissiez nous y venir rendre visite.

Ce mardi au soir.

Quoique je croie que vous revenez demain, je ne puis m'empêcher de dire à mon laquais, que j'envoie à Versailles pour savoir des nouvelles de M. de Saint-Florentin, de passer chez vous pour savoir des nouvelles de votre rhume et s'il n'y a rien de changé à votre marche. On m'a dit que M. de Chartres avait encore de la fièvre ; mais c'est une suite assez ordinaire dans pareilles maladies et qui ne doit nullement effrayer. Ainsi j'espère que cela ne retardera pas M. le duc d'Orléans ; j'ai un grand besoin de vous pour tout mes affaires ; je suis dans l'impatience et l'ennui ; vous allez vous moquer de moi, me trouver comme de raison peu en état de voyager, mais de ma vie je n'ai eu tant d'envie d'aller à Lorette ; je m'y trouverai encore mieux qu'à Clairvaux ; vous trouverez ma tête bien *augmentée* (?) tout quasiment insupportable et sans plaisanterie je ne trouverai de bonheur que de pouvoir voyager.

Ce mardi.

Je suis raviė que S. E. retourne à Fontainebleau puisque ce nous est une preuve certaine du parfait rétablissement de sa santé ; je viens d'envoyer d'ici lui souhaiter un bon voyage. Je vous crois très content d'avoir enfin gagné M. le duc de Gramont ; cela me paraît une grande victoire.

Moncrif devait souper hier avec moi, mais comme j'avais gens qu'il ne connaît guère, je le priai de remettre à aujourd'hui. Il me dit qu'il ne le pourrait que jeudi et qu'il allait à la campagne ; je serais très fâchée que ce dérangement de souper eût pu lui déplaire car je l'aime beaucoup. Je ne sais quand il ira à Fontainebleau ; j'imagine que vous n'en reviendrez pas sitôt et vous ferez très bien d'y finir à l'aise toutes vos affaires ; ma santé serait assez bonne sans mes douleurs qui sont continuelles dans la poitrine ; j'avoue que j'en suis excédée ; envoyez-moi donc les billets pour votre loge et n'oubliez pas les absents.

Ce mercredi à 4 heures.

Il fait un temps affreux aujourd'hui, il pleut, il fait sombre aussi dans mon âme. Avez-vous du soleil à Fontainebleau ? Je vous envie bien si cela est. Je n'ai pas dormi de la nuit, j'ai toujours mes douleurs de poitrine, elles me feront devenir folle. Heureusement mon docteur revient aujourd'hui, je l'attends pour dîner, j'espère qu'il me donnera quelque chose pour me soulager. Moncrif n'est pas fâché, du moins j'en juge par un petit billet qu'il m'écrivit hier. Ainsi je vous prie de ne lui point parler de mes soupçons. Je reçois votre lettre dans ce moment, je vous remercie des billets, je les donnerai au président. Vos amis ne vous oublient point, et c'est de ma faute si je ne vous ai pas fait les compliments de M. de Villars, car il m'en a chargée plus d'une fois. Pour moi je vous donne mon souvenir.

Dimanche à minuit.

Je suis assez souffrante ce soir, mais comme je n'ai point soupé on m'assure que je dormirai bien. Je vous donne le bonjour puisque ma lettre ne vous sera rendue que demain matin, et un quelqu'un d'aussi aimable que vous ne doit pas recevoir un bonsoir à son réveil. C'est M. de Moncrif qui m'a ordonné de vous mander moi-même de mes nouvelles, sans quoi je ne me sentais pas fort en disposition d'écrire. Ce n'est pas cependant que je ne sois très contente de votre lettre, mais je remets à demain à vous y répondre quand je vous verrai.

Ce dimanche à 10 heures.

Je profite du mieux où je me trouve dans ce moment pour vous écrire. M. de Villars m'apporta hier au soir la lettre de M<sup>me</sup> la Comtesse. J'en suis on ne peut pas plus contente ; je ne parle point de ma reconnaissance, elle est extrême ; mais je trouve qu'elle a parlé tout au mieux. J'ai pensé cette nuit, et c'est pour cela que je vous envoie mon homme, que la raison que M. le Cardinal donne pour s'opposer aux dix mille écus pourrait être combattue par ce que je vais dire. Il prétend que cela ferait un mauvais effet dans le public que le Roy achetât si cher une place pour sa nièce. Il me paraît au contraire que le public trouverait vilain à lui, cardinal, qui s'est toujours donné pour être de mes amis de prendre ma place, et très sot à moi de la céder pour rien à sa nièce, quand surtout c'est la Reine qui le désire. Comme ma tête est un peu faible ce matin je ne dis pas trop bien ce que je veux dire. Tâchez cependant de m'entendre. Voici à quoi je voudrais que M. le Cardinal pût répondre : m'aime-t-il ? S'il m'aime, il doit être ravi de me faire plaisir et d'effectuer bien des promesses qu'il m'a faites anciennement. En peut-il trouver une occasion plus belle quand la Reine veut lui en faire à lui-même. En prenant ma place, ce n'est donc point un marché que je fais ni qu'il fait faire au Roi. C'est une grâce que le Roi me fait et à sa nièce, je ne sais si je m'explique bien, mais je voudrais qu'on put lui faire comprendre cette réflexion qui détruit toutes les raisons et les obstacles qu'il trouve. A cela le public ne peut qu'approuver ; il n'y a rien que d'agréable dans ce marché, pour sa nièce et pour moi, rien qui puisse blesser ni être condamné. Par conséquent le contrôleur général pourrait agir sans lui auprès du Roi, et quand le Roi fera des grâces à M<sup>me</sup> de Fleury et à M<sup>me</sup> de Gontaut, il n'y aura rien que de bien à cela. Je finis mes raisonnements parce que je suis très faible ; faites part de ma lettre à M<sup>me</sup> la Comtesse, et dites-lui mieux que je ne l'écris ma pensée dont elle fera encore un meilleur usage si elle l'approuve. Je me soumets assurément avec grande confiance à ce qu'elle pensera et fera, car à mon gré personne ne sait mieux ce qu'il faut dire et faire qu'elle et personne ne connaît mieux les caractères. Assurez-la de tout ce que je sens pour elle ; si je retrouve la santé elle verra si je suis capable de reconnaissance. J'ai bien dormi c  te nuit ; je n'ai point du tout craché de sang, mes douleurs sont passées, ce qui confirme M. Sidobre à dire que c'est par convulsion

que je crache le sang et que c'est là le principe de
tous mes maux. Je suis seulement un peu faible
des souffrances que j'ai eues et de ma grande
diète. J'espère vous voir demain à votre arrivée.
Brûlez ma lettre je vous prie.


**Ce dimanche à deux heures après-midi.**

Je ne vous écrirai qu'un mot, je suis dans un
abattement affreux aujourd'hui ; j'ai toute la
tête en disposition de fluxion. La journée d'hier
m'a accablée, je ne cessai pas un instant de tous-
ser et de cracher ; cela m'a continué assez avant
dans la nuit. M. Sidobre qui a été témoin d'une
partie m'a défendu de rien prendre aujourd'hui ;
il attribue cette fièvre aiguë et Silva aussi au sirop
que j'ai pris hier qui apparemment a agacé mes
nerfs. On dit ici que l'on parle beaucoup à Fontainebleau de MM. de Séchelles et de la Grandville
pour la place de M. d'Angervilliers dont on dit la
santé mauvaise. Mais il est plaisant que je vous
mande des nouvelles. Je devrais bien plutôt vous
en demander. Celles qui me paraîtront le plus intéressantes seront celles de votre santé qui j'espère
est bonne.

J'envoyai chercher hier au soir le président, je
lui donnai votre papier ; il vient de m'envoyer
celui-ci. Il me semble qu'il a rempli votre idée, et
je trouve le début fort bien ; mais mon avis serait
de reprendre la fin de l'autre à l'endroit : *toute
l'Europe...*, etc. Vous étiez si occupé de votre
harangue que j'oubliai de vous demander à quelle
heure vous comptez venir chez moi, afin que je

m'arrange sur cela. Mon laquais m'a dit que vous aviez à me parler.

Ce jeudi.

Le bruit courait hier dans Paris que, quoi que S. E. fût en bonne santé, elle partirait aujourd'hui de Fontainebleau pour arriver demain à Issy, et que le Roi en reviendrait incessamment. Je serais fort aise que cette nouvelle fût véritable, car on dit que Fontainebleau est plein de mauvais air, et il est bien à désirer que Sa Majesté ne s'y expose pas. Je vous compte de retour à la Cour, vous y aurez trouvé de mes nouvelles en arrivant. Je vous répète encore de ne point revenir le lundi ; ce jour est pour moi comme le vendredi de M<sup>me</sup> la maréchale de Noailles. C'est le jour des morts ; ordinairement, il est le lendemain de la Toussaint, et c'était pour cela que d'abord je vous avais prié de ne point venir le dimanche. Mais j'ai appris qu'à cause du dimanche on avait mis la fête au lundi. Voilà pourquoi j'exclus le lundi. Je vous fais cette explication parce que j'aime mieux que vous me croyiez faible d'esprit que de chercher par raisonnement raisonnable à approfondir ce qui me faisait vous prier de ne point arriver ce jour-là. Ma santé est toujours la même. Je m'imagine que si mon sang pouvait se porter sur quelqu'un de mes membres, cela soulagerait à la fin ma poitrine. Qund me renverrez-vous Moncrif ? Je l'attends avec impatience.

Ce samedi à midi.

Le reste de ma journée se passa aussi misérablement que le commencement dont vous aviez été témoin. J'eus une soif et un désir si grand de boire de l'orangeade que M. Sidobre consentit à mon envie. J'eus un plaisir extrême à la boire, ce qui m'a empêchée d'être fâchée du mal qu'elle m'a fait, non à la poitrine, mais à l'estomac. Je n'ai pas trop bien dormi ; je suis ce matin à mon ordinaire, cela veut dire souffrante ; je compte aller promener cette après-dîner. M. Silva et Sidobre sortent de chez moi ; ils m'ont trouvé le pouls bon ; voilà un grand détail de ma santé ; vous me le demandez, c'est une marque de votre amitié à laquelle je suis très sensible. J'espère que demain vous me viendrez voir à Passy.

### ORDONNANCE DE SILVA *(jointe à la lettre)*.

L'état de M<sup>me</sup> la Duchesse ne me ferait pas grande peine si je n'étais que son médecin, car c'est un orage dont nous triompherons bientôt ; mais mon sincère attachement pour elle fait que je suis fâché de tout ce qui peut la décourager et l'abattre. Je suis flatté de l'approbation que M. Sidobre a donné à mon ordonnance. La situation où M<sup>me</sup> la Duchesse se trouve m'engage à la prier de n'en pas différer l'exécution : elle prendra donc deux des nouvelles pilules et un grain de celles de S..... avant son chocolat ; elle en prendra autant avant dîner sans oublier les trois anciennes ni celle de S..... J'aurai l'honneur de voir M<sup>me</sup> la Duchesse dans le cours de l'après-midi ; je souhaite qu'elle se loue du nouveau remède et du nouveau chocolat ; il serait important pour son estomac qu'elle put prendre le matin tout autre chose que du lait, qui dans la disposition où elle est d'avoir le ventre libre, lui donnerait enfin le dévoiement. · SILVA.

Ce dimanche.

Il me fut impossible d'écrire hier ; mon oppression et mes douleurs étaient extrêmes ; je ne suis guère mieux aujourd'hui ; je prendrai ce soir de la poudre ; je suis excédée de mon état ; faites rendre je vous supplie cette lettre à M^me de Mazarin et envoyez l'autre à l'hôtel de Luynes à Versailles afin qu'elle soit envoyée à Dampierre. J'espère vous voir demain. J'ai grand besoin de l'amitié des gens que j'aime dans la situation importune, insupportable, des souffrances où je suis. Je finis, car ma lettre ressemblerait à une leçon de Jérémie. Je sais bien gémir.

Mille tendres respects, je vous supplie, à M^me la comtesse de Toulouse.

Je ne suis point en état d'aller dîner chez vous ; hors l'abbé Sallier, je ne sais pas qui y dîne, mais vous avez toute votre famille et quand même je serais moins faible que je ne suis, cette raison m'en empêcherait ; comptez que la solitude ne m'est point contraire ; elle seule me calme et apaise mes douleurs ; mon avis serait que vous profitassiez de votre loisir pour aller à l'Opéra, vous dissiper, car réellement vous menez une vie affreuse ; si cependant vous persistez à vouloir venir promener avec moi, ce n'est qu'à une condition que je l'accepte, c'est que vous amènerez quelqu'un avec vous ; nous irons voir des maisons de cam-

pagne à Asnières ou à Puteaux, mais ce quelqu'un
que vous amènerez ne peut-être que l'abbé Sallier ou Moncrif, tout autre me serait odieux et je
ne sortirai pas. Mandez-moi votre réponse : cinq
heures est une très bonne heure ; il faudrait tâcher
que ce ne fut pas plus tard ; je souhaite que vous
trouviez mes perdreaux bons.

J'ai reçu votre lettre en m'éveillant dont j'ai
été fort aise. Je suis fâchée cependant que vous
ayez mal à la gorge ; il faut peu manger et surtout
point de salade aux œufs durs, parce qu'elles ont
causé toutes les morts subites de cette année. Vous
me demandez de mes nouvelles. J'ai passé une
journée et une nuit terribles, une toux continuelle,
des battements affreux, point de sommeil. J'ai cru
mourir toute la nuit. M. Sidobre n'a pas voulu
que j'allasse à la messe. Je me sens extraordinai-
rement faible, mais ma toux est arrêtée ; je ne
sais pas si elle reviendra, mais c'est bien cruel
d'être dans une souffrance continuelle. J'espère
avoir de vos nouvelles demain et vous voir à votre
arrivée.

Ce dimanche à trois heures.

C'est la plus grande marque d'amitié que je
puisse vous donner que d'écrire surtout pour
mander de mes nouvelles ; cela m'est devenu insupportable, mais vous me l'avez demandé et je
vous l'ai promis. Ma soirée se passa dans une
souffrance extrême, la nuit a été de même. Vers
les neuf heures je me suis endormie et ne me suis
réveillée qu'à deux heures tout aussi souffrante ;
il y a un petit point de sang dans mes crachats. Je

vous souhaite une bonne santé, c'est le premier de tous les biens et que vous n'éprouviez jamais le malheur affreux d'être malade.

———

Ainsi, ces lettres attristées répondent d'elles-mêmes aux insinuations d'une malveillance trop longtemps acharnée. Ni le marquis d'Argenson, aux utopies généreuses et à l'imagination aigrie, ni le duc de Richelieu vieilli et faussement moraliste des *Mémoires* suspects, ni Barbier le nouvelliste ou même les *Chroniques de l'Œil-de-Bœuf*, le fâcheux roman qui garde l'écho de toutes ces rancunes, n'ont pu ternir la gracieuse image. Destinée malheureuse, à la fois brillante et obscure, il semble qu'autour d'une telle figure se soient épaissies des ténèbres traversées de beaux reflets. Destinée incomplète et inachevée, qui pourtant ne périra pas tout entière. Son souvenir vécut toujours dans la mémoire de l'homme d'État qui l'admira ; puissant ou exilé, il songeait à elle avec reconnaissance, ·l· ·rs deux noms sans doute ont mérité d'être unis. Les ombres familières du duc d'Orléans, le pénitent de Sainte-Geneviève, et du président Hénault, le vieil amant converti de Mme du Deffand, applaudiraient à un jugement que leur constante affection rêvait d'inspirer. Si les « eaux salutaires » de Forges n'ont pas su accomplir le miracle de la guérison espérée, leur gracieuse amie, en buvant à la source plus rare « qui fait plaire », a goûté aussi de « celle qui fait aimer ».

———

# LE ROMAN DE LA « SAINTE DUCHESSE ».
## LETTRES DE LA DUCHESSE DE VILLARS

———

Ce sont des lettres d'amour. Elles expriment beaucoup de souffrances et tous les troubles d'une âme tourmentée. L'excès de la joie et celui de la douleur, l'admiration et le mépris, l'attachement et la haine elle-même, ces lettres contiennent tout cela. Et pourtant celle qui les a écrites a connu l'apaisement. L'heure du calme n'a pas lui trop tard, et d'ailleurs la dame d'atours, vieillie dans les cabales de Versailles, avait su garder l'estime générale, et s'épargner, sans effort, les irréparables égarements. Figure noble et gracieuse, amie de la pénombre, nous la voyons glisser à travers les galeries du château, allant de la Reine aux ministres, souvent heureuse dans ses desseins, presque toujours applaudie et aimée. Elle enferme au fond de son cœur les amertumes et les tristesses d'un amour orageux. La religion jamais oubliée entièrement allait, seule, consoler un jour cette ardeur que la tendresse humaine n'avait pas contentée. L'amoureuse est devenue la « sainte duchesse », et elle a mérité que ce nom demeure. Pauvres lettres, souvent mouillées de larmes, qui racontent son

roman ! Quelques-unes même sont à demi-brû-
lées ; la même main qui voulait les détruire les a,
dirait-on, pour nous les faire connaître, arrachées
à la flamme. Plus tard ce sont des billets discrets,
où l'on n'entrevoit plus qu'un faible sourire pâle
et désabusé, où la torpeur d'un cœur à jamais
endolori ne cède qu'à la pieuse passion d'une autre
conquête, celle des âmes.

Toute la vie de la duchesse de Villars est résu-
mée peut-être par cette phrase de Saint-Simon :
« Le maréchal de Villars maria son fils unique à
une fille du duc de Noailles, extrêmement jolie et
depuis dame du palais, et après dame d'atours de
la Reine, femme de beaucoup d'esprit et d'agrément, devenue dévote à ravir et dans tous les
temps intrigante et cheminant à merveille. »
Honoré-Armand, né le 4 octobre 1702, devenu duc
de Villars à la mort de son père le 27 juin 1734,
avait épousé, le 5 août 1721, Amable-Gabrielle de
Noailles, née le 18 février 1706. L'élévation
d'Adrien-Maurice, duc de Noailles, maréchal de
France en 1734, et ministre d'État, était due à
son mariage avec M$^{lle}$ d'Aubigné, nièce de M$^{me}$ de
Maintenon. Saint-Simon a fait de lui un portrait
effrayant et célèbre. Certes, sa fille n'héritera pas
de « cette perfidie naturelle accoutumée à se jouer
de tout », de « cette fausseté à toute épreuve » ;
elle ne sera pas « la copie la plus exacte... du serpent qui tenta Ève ». « Jamais d'humeur », continue l'ennemi implacable du maréchal, « égalité
parfaite, insinuation enchanteresse ». Et aussi,
« toutes sortes de ressources dans l'esprit, mais
toutes pour le mal, pour des noirceurs excogi-

tées et pourpensées.....» Rien de tout cela, sans doute, chez M{Mlle} de Noailles ; mais plutôt la « maladie incurable » des « changements d'idées », celle de « toujours poursuivre un objet nouveau ; et aussi l'art « des récits charmants, le don de créer des choses de rien pour l'amusement ». M{Mme} de Villars, entourée de ses « beaux esprits » saura diriger des entretiens délicieux.

Le marquis d'Argenson parle de « ces familles de cour », si bien établies « parce qu'elles ont toujours cheminé par la souplesse, l'assiduité, la complaisance, l'utilité aux plaisirs et la dévotion, suivant l'âge de nos rois ». Aussi cette *gent* Noailles, disent d'après lui les Goncourt dans leur *Duchesse de Châteauroux*, « pour toutes les révolutions morales qui arrivent chez les souverains, .....avait des libertins, des athées, des dévots et des dévotes qu'elle tirait comme d'un magasin d'accessoires et qu'elle produisait sur la scène de Versailles tour à tour. » Chez les Villars, de même, l'ambition était héréditaire. Le portrait du vainqueur de Denain est à peine moins noir que celui du vaincu de Dettingen : « Le maréchal voulait toutes les dignités, tous les honneurs, toutes les richesses, et il en fut comblé sans en être ni rassasié ni ennobli. » Son père aurait « plu à M{Mme} Scarron, qui sur le trône où elle sut régner longtemps depuis, n'a jamais oublié ces sortes d'amitiés si librement intimes ». Le maréchal avait fait un riche mariage ; « il épousa M{Mlle} de Varangeville, belle et de fort grand air », dont le père était « moins que rien ». L'exemple de la maréchale semblait permettre à sa jeune belle-fille une carrière où l'amour n'excluait pas l'estime du monde. Avait-elle figuré en habit de capucine, dans une bizarre galerie de portraits, à côté de M<sup>lle</sup> de Charolais en récollette et des autres maîtresses de M. de Richelieu revêtues du costume des divers ordres religieux ? Malgré son historien Ch. Girard, écrit M. Paul d'Estrée dans le *Maréchal de Richelieu*, « l'amour du grand séducteur fut une des erreurs » qu'on lui reprocha. Et cependant le président Hénault écrivait, en rappelant dans ses *Mémoires* la mort de la Maréchale (1763) : « Sa vieillesse fut honorable ; elle tenait un grand état, sa maison fut toujours remplie de la meilleure compagnie. C'était une attention qu'elle avait eue toute sa vie et qui la garantit de la dégradation de ses galanteries..... Figure admirable, grande, de bon air, et de ton qui se prenait à la Cour et que l'on reconnaît aujourd'hui dans celles qui en ont été. » La jeune marquise connut ce monde brillant à l'hôtel de Villars, rue de Grenelle, et ces « nuits de Vaux », où s'empressaient Voltaire, Richelieu, le président Hénault et Vauréal, l'évêque de Rennes, l' « amant mitré » de Mademoiselle, disait le marquis d'Argenson. Nous l'imaginons, très belle, vêtue de cette robe faite d' « une pièce d'étoffe d'or » dont parle Buvat dans son *Journal de la Régence*, pièce « que les consuls de Marseille envoyèrent à M. le maréchal de Villars, gouverneur de Provence, étoffe estimée à raison de 300 livres l'aune, qu'ils avaient fait fabriquer à Lyon pour M<sup>me</sup> la marquise de Villars, sa bru, avec une lettre des plus respectueuses par laquelle ils priaient ce maréchal de vouloir bien accepter ce présent. »

Citons aussi la lettre de Villars à Voltaire, du 28 mai 1722 : « Nous avons ouvert un théâtre ; la marquise l'a entrepris avec une ardeur digne de ses père et mère... » Le régime du château de Villars était un peu, dit Sainte-Beuve, « celui de l'abbaye de Thélème. »

Si l'union des deux époux ne fut jamais intime, le lien ne s'était pas entièrement brisé. Nous verrons quel sentiment sut occuper non sans déchirements l'âme profonde et passionnée de la jeune M^{me} de Villars. Le nouveau duc sera reçu à l'Académie française en 1734. Il résidera surtout dans son gouvernement de Provence ; il fera le voyage d'Espagne pour rapporter la Toison d'or du Maréchal et viendra en conter à la Reine de curieux récits (1736) ; il accompagnera Madame Infante et saura la recevoir avec pompe. Parfois sa femme lui fera partager la faveur de Marie Leczinska. Il sera, lui aussi, l'ami du président Hénault, de Voltaire, (qui le récompensera, dit-on, par une allusion odieuse), même du comte d'Argenson. Au temps de *Rétima*, nous le verrons donner à la favorite une excellente preuve de dévouement, puisque le duc de Luynes, racontant un souper dans les cabinets de Fontainebleau (13 octobre 1740), avec M^{mes} de Mailly et de Vintimille, ajoute : « Le duc de Villars soupa aussi..... Il est fort bien avec M^{me} de Mailly, on prétend qu'il lui prête de l'argent. »

M^{me} de Villars avait été nommée dame du palais de la Reine en décembre 1727, au moment où sa belle-mère s'était démise de cette place. La duchesse de Mazarin (Françoise de Mailly) étant morte le 10 septembre 1742, la Reine, sur le refus de M^me de Tonnerre, désigna pour lui succéder la duchesse de Villars ; « mais il s'agissait », raconte Luynes, « d'obtenir son consentement, et à la première proposition qu'on lui fit, elle refusa. » Sur les instances de la Reine, elle finit par accepter. « Elle est dans une affliction continuelle depuis cette grâce, parce que la vie retirée qu'elle mène depuis quinze ans, et qui est dans son goût, s'accorde mal avec les devoirs et la charge de dame d'atours. » Le brevet accordé devait être analogue à celui de 1725, accordé à M^me de Mailly (Sainte-Hermine), « pour par elle en jouir et user aux honneurs, autorités, privilèges, fonctions, gages, pensions, états, droits, profits, revenus et émoluments..... » Aussi, le 15 septembre, Luynes peut écrire : « Aujourd'hui, au retour de la messe, M^me de Villars a prêté serment ; la Reine était dans son fauteuil, dans sa chambre....., le dos tourné à la cheminée. M^me de Villars était à genoux, sans carreau, devant la Reine ; elle a ôté ses gants, et a mis ses mains dans celles de la Reine. M. de Balagny, secrétaire des commandements de la Reine, a lu le serment, qui est fort court. Immédiatement après, on a apporté le dîner de la Reine ; M^me de Villars a présenté la serviette, et a servi le dîner. »

Les années de retraite avaient été remplies d'abord par ces orages du cœur que M^me de Villars appelait et craignait à la fois. Une grave crise morale l'avait atteinte, elle avait vécu un roman douloureux. Puis cette âme, lasse des choses du monde et des sentiments qui trompent, fatiguée

de chercher le bonheur, aspirait à cette paix que
la pensée chrétienne finira par lui donner. Barbier, dans son *Journal* (septembre 1742), semble
cette fois bien renseigné : « La duchesse de Villars
a infiniment d'esprit ; elle s'est mise depuis deux
ou trois ans dans la dévotion, avec M^{me} la princesse d'Armagnac, sa sœur. Elle était auparavant
comme toutes les femmes de la Cour. » Le goût
des lettres ne l'avait pas abandonnée quand elle
s'était rapprochée des choses divines. Et Barbier
ajoute l'année suivante (juillet 1743) : « On badine
M^{me} la duchesse de Villars sur son académie de
beaux esprits, et surtout sur le sieur de Moncrif
qui en est le tenant. Cet académicien n'est pas
aimé ; on le dit fourbe et scélérat ; on le plaisante
beaucoup sur les saintes cantates qu'il compose
pour la Reine, parce que les gens de la Cour
n'ignorent pas qu'il y a longtemps qu'il s'est voué
au profane. » Ainsi, dans cette vie de Versailles, ce
sera sans cesse le mélange du « profane » et du
sacré.

L'intrigue du Cour était une nécessité perma-
nente. Et comment ne pas adopter les intérêts
d'une faction ? Luynes, comme d'Argenson, dis-
tingue, ces années-là, plusieurs partis : celui « de
Bachelier et de toute la chambre du Roi ; et celui
de MM. de Noailles qui en forment un considérable qui tient auprès du Roi par le père, les deux
enfants, et M^{me} la comtesse de Toulouse, et même
auprès de la Reine par MM^{mes} de Villars et d'Armagnac. » (Leur sœur, la comtesse de la Marck,
tentera même peut-être de succéder plus tard à
la duchesse de Châteauroux.) Mais M^{me} de Villars

ne semble pas si dévouée au parti des Noailles, et
on la trouve souvent du côté du cardinal, le
vieillard tyrannique dont la Reine a eu tant à
souffrir, la Reine qui ne peut même choisir ses
dames librement, et qui doit demander la permission de souper avec elles à Trianon. Amie de
M^me de Gontaut, M^me de Villars figurait aussi
parmi ces « femmes d'esprit » dont l'étrange cabale
eût amené le duc d'Orléans au pouvoir, et qui,
croyait d'Argenson, avaient « tant de soif de la
disgrâce de M. Chauvelin (mars 1737). » Ou plutôt,
M^me de Villars manœuvrait entre les Noailles et
le parti de Chauvelin ; celui-ci était lié avec
MM^mes de Mailly et de Vintimille, les Condé et
Bachelier ; exilé à Bourges, il gardait ses fidèles,
Et la dame d'atours *cheminait*, avec douceur et
sûrement.

Mais le comte d'Argenson sera le grand amour
de sa vie. Vraiment M^me de Villars et M^me de Gontaut étaient destinées à exercer leur influence
amoureuse et morale sur les mêmes admirateurs.
Il semble d'ailleurs qu'il n'y eût pas là une vraie
rivalité et la seconde devait disparaître si jeune
encore. D'après le marquis d'Argenson, la pensée
de M^me de Villars hantait l'esprit du duc d'Orléans, ce prince pieux enseveli à Sainte-Geneviève,
plongé dans d'austères études et dont l'exemple,
comme celui de la Reine, ne sera pas sans pouvoir : « M. de Balleroy m'a encore raconté (juillet
1741) qu'il avait entendu le duc d'Orléans soutenir à M^me de Villars l'avoir vue dans une église
où elle n'avait seulement pas été, et, de plus, y
avoir eu une longue conversation avec elle ; ce

qu'il croyait fermement et de bonne foi... « J'ai tremblé, » m'a encore dit M. de Balleroy, « quand j'ai su l'extrémité où était M. le duc de Villars, car j'ai craint que M. le duc d'Orléans ne voulût épouser sa veuve. C'est son goût dominant depuis la mort de Mme de Gontaut. »—«Cette Mme de Villars a toute la légèreté et l'habileté possibles pour conduire une tête folle. Elle obéit aveuglément aux conseils de sa sœur d'Armagnac, qui est une femme à projets autant qu'il en existe au monde. » D'ailleurs il suffit que Mme de Villars ait été favorable au cardinal de Tencin pour que le marquis d'Argenson la traite en ennemie, comme d'ailleurs Mme de Gontaut ; ce sont les « folles » qui suivent le « chef prudent », ce chef « prêt à se réunir à quel que soit le parti qui triomphe, fût-ce même le Chauvelin. » Elles ont également, suivant lui, le tort d'écouter le « radotage » de Fleury ; le vieux ministre les malmène, il s'impatiente même contre Mme de Villars le jour où elle lui annonce la mort de M. le Duc, son adversaire humilié d'autrefois. Sécheresse de cœur, inimitié sans grandeur, que ces dames, qui flattent pourtant le Cardinal, connaissent chaque jour à leur dépens.

« 5 *novembre* 1742. — Grande nouvelle ! » s'écrie d'Argenson. « Le Roi a congédié Mme de Mailly pour prendre sa sœur, Mme de la Tournelle. » La situation de Mme de Villars va devenir plus délicate, d'autant plus que nous voyons, en 1743, figurer parmi les dames du palais, MMmes de Flavacourt et de la Tournelle. Il ne faudra pas, tout en restant attachée à la Reine, s'attirer la « mortelle aversion » du Roi, pour avoir, comme a fait Mme de Mazarin, « appris à la Reine les amours du Roi avec Mme de Mailly », et imprudemment « tenu un conseil dont était le cardinal de Tencin, afin de disposer les choses en cas d'une régence. »

Après la duchesse de Luynes, dame d'honneur depuis 1735, la duchesse de Villars tenait la première place dans cette cour de la Reine, où l'étiquette traditionnelle s'unissait à la plus charmante simplicité. Ce fut d'abord le cours des années heureuses, la naissance de Mesdames, celle du Dauphin (4 septembre 1729). C'étaient les fonctions journalières auprès de la Reine, les pompes somptueuses à la chapelle, la cène du Vendredi-Saint, la cérémonie du Saint-Esprit à laquelle la Reine et les Dames assistaient dans la tribune, les voyages à Choisy, Fontainebleau et Compiègne, ou à Luciennes chez la comtesse de Toulouse. Nous voyons, à travers le récit de Luynes (juin 1744), passer le cortège de la Reine allant à la grande paroisse (Saint-Louis) : « Elle avait deux carrosses du corps sans compter celui des écuyers ; ils étaient tous à huit chevaux..... Elle était en grand habit, à cause de la procession..... La Reine avait un grand parasol porté par un de ses valets de pied... elle avait sa robe portée par un page, et Mesdames avaient la leur portée par des pages du Roi..... Toutes les dames avaient des parasols comme elles l'ont jugé à propos ; il y en avait un grand nombre de cramoisi et une frange d'or..... Mme de Villars en avait un de taffetas vert, sans aucune frange, qu'elle portait elle-même. Presque toutes les dames titrées avaient des carreaux ; M^me de Villars n'en avait point fait porter, par esprit de dévotion..... » Parfois la dame d'atours se montre à Paris. Elle assiste au triomphe de *Mérope* (20 février 1743). Le parterre enthousiaste demanda, pour la première fois, l'auteur à grands cris. Porté en triomphe dans la loge de la maréchale de Villars, Voltaire, aux applaudissements de tout le public, dut être embrassé par la jeune duchesse. M^me de Villars n'oublie pas non plus Moncrif ; elle obtient de faire créer pour lui la charge de lecteur de la Reine. Quand il est reçu à l'Académie française elle inspire son discours, où se placent des louanges que la modestie de Marie Leczinska ne permet pas de prononcer.

C'est dans les *Mémoires* du président Hénault qu'il faut retrouver le tableau de la Reine dans son intérieur : « Je ne la peindrai pas, écrit-il, « par des éloges vagues, ce sera en la suivant dans toutes les actions de sa vie. La Reine ne vit point au hasard ; ses journées sont réglées et remplies au point que, quoiqu'elle en passe une grande partie toute seule, elle est toujours gagnée par le temps. La matinée se passe dans les prières, des lectures morales, une visite chez le Roi, et puis quelque délassement..... L'heure de la toilette est à midi et demi, la messe et puis son dîner. J'y ai vu quelquefois une douzaine de dames, tout ensemble ; aucune n'échappe à son attention ; elle leur parle à toutes ; ce ne sont point de ces généralités que l'on connaît. Ce sont des choses personnelles qui sont les seules qui flattent. Son dîner fini, je la suis dans ses cabinets ; c'est un autre climat : ce n'est plus la Reine, c'est une particulière. Là on trouve des ouvrages de tous les genres, de la tapisserie, des métiers de toutes sortes ; et, pendant qu'elle travaille, elle a la bonté de raconter ses lectures..... » Il faut relire tout ce passage qui se termine par le rappel des aumônes répandues avec profusion : « J'ai reproché bien souvent à M<sup>me</sup> la duchesse de Villars qu'elle la réduisait à la mendicité. » Nous savons de même par Luynes que la Reine a des dettes ; si elle gagne souvent au jeu, la charité et les présents ne lui laissent rien. Beaucoup d'aumônes ne passent pas par M<sup>me</sup> de Villars ni par M<sup>me</sup> de Saint-Florentin : « Ce que l'on sait positivement, c'est qu'elle n'a pas d'argent. »

Mais, continue Hénault, « ce qui ne s'allie pas d'ordinaire, c'est que cette même princesse, si bonne, si simple, si douce, si affable, représente avec une dignité qui imprime le respect, et qui embarrasserait si elle ne daignait pas vous rassurer..... Elle est sur la Religion d'une sévérité bien importante dans le siècle où nous sommes ; elle pardonne tout, elle excuse tout, hors ce qui pourrait y donner quelque atteinte. » Aussi ne faut-il pas s'étonner des cantiques que la Reine et ses dames font composer au président. Il est plaisant de voir le vieil épicurien devenu austère, chanter, mieux encore que Moncrif, la « *Vanité des créatures* », traiter les beaux jours comme « *une ombre légère* », et passer du *temple des chimères* au grave sanctuaire de la Vérité.

Pourtant, la causerie intime était enjouée, toute pleine d'une gaîté malicieuse ; on goûtait tout le charme du *cercle de la Reine*, si bien décrit par M. Pierre de Nolhac, dans *Louis XV et Marie Leczinska*, « Jamais », raconte le marquis d'Argenson, « la Reine ne peut veiller dans sa chambre. Il faut qu'elle aille causer chez quelque dame du palais, surtout chez la duchesse de Villars. Là se trouvent le cardinal de Tencin, souvent mon frère, toujours le sieur de Moncrif..... On y médit assez joliment ; la conversation est même fort gaie, à en juger par le propos qui y fut tenu l'autre soir. » Et c'est l'anecdote des *houssards* qui font des courses dans nos provinces, et le mot de Tressan sur le chien qui défend mal le dîner de son maître. « Joli et galant propos si l'on veut, d'égal à égale ; mais, de Tressan à la Reine, il me semble que cela est à jeter par les fenêtres. » Mais Tressan était un protégé de M^me de Villars, un ami de son frère le duc d'Ayen, et compromis avec lui dans une affaire de chansons.

La Reine soupe très souvent chez la duchesse de Luynes ; la scrupuleuse exactitude du duc, dans son *Journal*, nous permet de suivre ces vies jour par jour : « Voici mes soirées », écrit la Reine à M^me de Luynes absente de Versailles, « je vais chez Papette, et quand elle a mal à la tête, je fais un triste piquet..... J'ai passé hier ma soirée en très petite compagnie ; nous n'étions que huit, et toutes à travailler autour d'un grand feu. Cela tenait de la veillée beaucoup. » D'autres fois, quand M^me de Villars doit venir causer avec la Reine, « la conversation est préférée au jeu ». Vie heureusement partagée entre l'intimité et l'étiquette. Dîner en public, en grand habit, où l'on sert vingt-neuf plats, ou petit repas dans la petite maison de Sèvres chez M^me d'Armagnac avec la seule M^me de Villars, pendant que les dames, fatiguées d'attendre sans souper, demandent à se faire servir au cabaret. Cérémonies grandioses, *Te Deum* à Notre-Dame, ou pieuses distractions comme ces visites chez les Carmélites de Compiègne, toujours en compagnie de M^me de Villars.

Cette vie serait douce sans les peines que la conduite du Roi inflige à la Reine chaque jour, sans les affronts qu'elle reçoit de l' « insolent trio ». Aussi, pendant les semaines de M^me de Mailly se montre-t-elle « d'une humeur affreuse ». L'orgueil de M^me de Châteauroux cause à la Reine plus d'une blessure : « L'autre jour elle était chez M^me de Villars », écrit d'Argenson le 27 novembre 1742, « on parla du mauvais état de nos affaires en Allemagne. La Reine s'écria que ça allait être bien pis *par la colère du ciel*. M^me de la Tournelle demanda ce que cela voulait dire. M^me de Montauban gronda fort la Reine..... qui avait promis de se bien conduire au sujet des nouvelles amours du Roi. » La seule consolation de la souveraine délaissée, c'était la présence de ses « honnêtes gens ».

Le roman de la duchesse de Villars, à l'heure où le comte d'Argenson était déclaré ministre d'État, puis ministre de la Guerre, avait eu déjà son dénouement. Elle le revoyait d'ailleurs chaque jour ; car pour tout le cercle de la Reine, dit M. Pierre de Nolhac, « M. d'Argenson est un oracle », comme il est l'homme le plus « charmant » de la Cour ; c'est le mot qui l'accueille chez la Reine, dès qu'il franchit le seuil. L'amant d'autrefois était resté un ami sincère, et la duchesse pouvait compter, du moins, sur son fidèle appui. Un instant peut-être, lors de la maladie du Roi à Metz (août 1744), après l'éloignement de la duchesse de Château-roux, le parti de la Reine se crut le plus fort. Déjà M^me de Luynes avait fait placer deux oreillers sur le lit préparé. Le Roi n'avait-il pas demandé pardon à la Reine et même aux dames, n'avait-il pas fait réveiller M^me de Villars dans la nuit pour s'excuser auprès d'elle des scandales de sa vie ? (Ce que le marquis d'Argenson appelait le *jargon du Roi*). C'est aussi chez M^me de Villars, qu'au retour du maréchal de Noailles, son père, se tenait le *comité*, chargé des futures opérations militaires. Hélas ! après la rentrée triomphale du Bien-Aimé à Paris, viennent le rappel de la maîtresse exilée, l'oubli de toutes les promesses. Il semble que le goût d'action politique, chez M^me de Villars, emporté avec les chances du *parti dévot* et du duc de Châtillon, n'ait pas survécu à ces jours-là. Mais la faveur de la Reine ne se démentit jamais. Et quand le duc de Boufflers meurt de la petite vé-role à Gênes où il commandait (2 juillet 1747), la dame d'atours console discrètement le chagrin muet de la Reine. Elle connut l'émotion profonde et cachée apportée par la mort du héros charmant qui aimait la souveraine d'un respectueux et loin-tain amour. Ce fut à M^me de Villars que M^me de Boufflers écrivit pour faire obtenir à son jeune fils les grâces royales. Et nous pouvons conclure avec le duc de Luynes : « M^me de Villars est ce que la Reine, après ses enfants, aime le mieux. »

La duchesse, toujours habile, sera mêlée à toutes les cabales qui amusent ou troublent le règne de M^me de Pompadour. La présentation de la nouvelle maîtresse (14 septembre 1745) était attendue avec un peu d'anxiété par les dames du palais. Le président Hénault raconte que M^me de Villars servit bien la favorite en maintes circonstances, surtout quand celle-ci, plus tard, fut nommée elle-même dame du palais surnuméraire, « en laissant voir un grand air de réforme. La duchesse de Villars comptait bien d'acquérir une âme à Dieu ». Elle resta docile à la pensée de la Reine qui n'avait jamais eu à se plaindre de la marquise et disait souvent que « puisqu'il faut une maîtresse, mieux vaut M^me de Pompadour qu'une autre. » La reine dîne même à Choisy avec la favorite, en compagnie de MM^mes de Luynes et de Villars, et quand la naissance du duc de Bourgogne est l'occasion d'un vrai rapprochement avec la famille royale, M^me de Pompadour écrit à M^me de Lutzelbourg (29 septembre 1751), qu'elle s'est évanouie dans l'excès de sa joie, et que, poussée derrière un rideau, elle n'a eu heureusement pour témoins que M^me d'Estrades et M^me de Villars. Ainsi la dame d'atours s'accommodait fort bien de celle que d'Argenson appelait « la maîtresse roturière et tyrannique », et que Voltaire saluait du titre de « jeune dame du plus haut rang ». Mais cette bienveillance vis-à-vis de la marquise ne fit jamais de la duchesse l'adversaire d'un amant qu'elle n'oubliait pas. Il n'est donc pas vraisemblable, comme le croit le marquis d'Argenson, qu'elle prit part à un complot tramé

par M^me de Saint-Florentin, « maîtresse déclarée »
de Machault, contre le ministre de la Guerre.
« J'ai été à la Cour où j'ai appris ceci, » écrit l'ancien secrétaire d'État (19 décembre 1750) :
« M^me de Saint-Florentin gouverne la Reine.....
elle est réunie avec la duchesse de Villars, ancienne amie de mon frère ; on crie dans la Cour,
on déclame, on étale au Roi mille raisons po.r
congédier ce ministre, on y engage ceux qu'on
peut. » *Papette*, au contraire, avait depuis longtemps pardonné au comte ; leurs lettres étaient
redevenues affectueuses et indifférentes. C'est
*l'aîné* qui ne pardonne pas à la duchesse d'avoir
aimé ce frère cadet, qui sera toujours un rival au
pouvoir. Aussi bien cette ligue du parti de la
Reine avec celui de M^me de Pompadour est assez
inexplicable. Et nous savons la douleur profonde
que la Reine éprouva lors de la disgrâce du comte
d'Argenson. La duchesse de Villars, que le marquis traite d' « ancienne coquette aujourd'hui
bigote », est tour à tour accusée par lui de favoriser le clergé ou de lui être hostile, puisque le
clergé haïssait Machault. Rancune de ministre,
imaginations d'un politique ingénieux et déçu.

Tous les auteurs de *Mémoires* qui ont parlé de
M^me de Villars emploient à son sujet le mot de
dévotion, et nul, sauf d'Argenson, n'a douté de sa
sincérité. Voltaire, effrayé par la parodie de
*Sémiramis*, s'adresse à la Reine pour la faire inter-
dire et a intéressé « à sa cause la piété de la duchesse de Villars ». Le duc de Croy, racontant
l'audience de M. de Witzthum, ministre du roi
de Pologne, chez le Roi, ajoute : « La Marquise

reprocha à la jolie M^me de Tessé de faire des grimaces en causant d'amitié, et d'une espèce de ton de conseil avec sa tante M^me de Villars, grande dévote. Il y avait de bonnes remarques à faire à tout cela, en philosophe. » A la fin même, M^me de Villars était devenue très sévère. Une comédie jouée à Fontainebleau, le *Mercure galant*, contenait, d'après Luynes (octobre 1753), « beaucoup d'indécences..... » « La Reine en a été choquée... M. de Richelieu l'ayant su et faisant semblant d'attribuer ce mécontentement aux conseils et réflexions de M^me de Villars, a fait la plaisanterie de faire copier sur des billets séparés les endroits de cette comédie qui avaient été désapprouvés, et de joindre à ces billets une aumône pour les pauvres, plus ou moins considérable suivant le plus ou moins d'indécence des expressions. » Pourtant, la duchesse n'était pas arrivée du premier coup à accepter ce frein de la religion. L'amour avait tenu une trop grande place dans cette vie, et, longtemps, quand elle revoyait le comte d'Argenson, elle se disait avec un mélange de crainte et de regret, qu'elle l'avait trop aimé.

Elle avait trop souffert de leurs querelles intimes. Le président Hénault, l'éternel confident, le dépositaire de tous ces secrets, courait de l'un à l'autre avec une ardeur affectueuse. Il avait vu tant de choses dans les grands et les petits appartements. Il présidait aux ruptures et aux réconciliations. Parfois il s'irrite, et s'indigne des torts trop graves ; presque toujours, il intervient avec une grâce indulgente, dont témoignent ses lettres au comte d'Argenson :

« Je vis hier P., » écrit-il vers 1740, « je ne puis vous dire quelle est mon indignation : cela flétrit le cœur. Où en seriez-vous si vous aviez besoin de cela pour vivre ! Et que cela justifie bien le parti que vous avez pris en dernier lieu ! Les hommes font horreur, mais en même temps il faut convenir que cela vous tire de servitude, et vous sert merveilleusement pour l'avenir. Le moyen est violent, mais enfin il sera utile vous devez reconnaître votre étoile..... Adieu, portez-vous bien, et ne mettez pas votre bon cœur à pleurer des ingrats. »

Mais combien le Président préfère les heureuses nouvelles et la paix rétablie : « Vous avez su que je vis P. en vous quittant ; je la trouve comme vous me l'avez dit, mais je suis sûr que vous l'avez trouvée comme je vous l'avais promis. J'ai intérêt à vous faire valoir les personnes qui vous aiment pour vous-même, et assurément elle et moi sommes bien dans ce cas-là. Nous avons éprouvé les mêmes traverses, nos fortunes étaient les mêmes, vous nous avez fait souffrir l'un et l'autre, et c'est un lien de plus qui m'attache à elle. »

Voici maintenant les lettres de la duchesse. Passion profonde, angoisses toujours renouvelées, avec les impatiences subites, les colères et les soupçons, qui emplissent ces pages où la tendresse revient. Souvent la mélancolie domine : « Je ne sais aimer que tristement. » Ou bien, c'est le découragement, le désespoir, et elle invoque la mort. La maladie l'abat, on craint pour ses jours ; puis, elle retrouve des sursauts de vie. Ce sont des messages secrets. Les amants s'appellent *Tibulle* et *Délie*, comme pour se mieux lier par une chaîne gracieuse que le monde ignore. (Délie, ce surnom qui était un vrai nom pour la duchesse de Nivernais, dame du palais de la Reine, elle aussi, à qui son mari écrivait de si charmantes lettres en vers.) Pas de signature, chez notre Délie mystérieuse ; pourtant l'écriture n'est nullement déguisée. Pas d'armoiries, des cachets de fantaisie, des têtes grecques, parfois le profil de Socrate qui semble sourire à cette folie. Pas de dates (les années 1738 à 1741). Parmi tant de cris douloureux, le ton des dernières lettres, peu à peu, s'est apaisé.

*La duchesse de Villars au comte d'Argenson.*

Je suis hors de moi, je vous importune, je vous fâche, cher Tibulle ; pardonnez-moi, je vous aime à la folie. Faites tout ce que vous voudrez, supportez-moi seulement. Je fonds en larmes en vous écrivant, je pense avec horreur à la résolution que j'avais prise de ne vous plus voir, je ne puis supporter cette idée plus longtemps. Venez donc, cher Tibulle, après votre visite de M. Hérault ; ne l'abrégez pas même à cause de moi ; non, je ne veux point vous contraindre, je vous jure. Je vous aime à la folie, et voilà ce que vous appelez faussetés et comédie, pouvez-vous avoir la cruauté de me le dire. Venez réparer cette faute, venez me voir ce soir, je perds l'esprit, je crois, je sens un égarement dans le cerveau affreux.

Je mourais d'envie de vous écrire, cher Tibulle,

je n'osais de peur de vous importuner, je vous aime à la folie. Je suis toute malade ce matin, cependant comme j'ai quelque chance, j'espère qu'il ne m'arrivera pas d'accident ; mais, cher Tibulle, si vous ne ménagez pas Délie dans ce moment, vous la tuerez. Cette pauvre Délie, est-ce qu'elle ne vous attendrit pas ? Aimez-la, cher Tibulle, comptez qu'elle vous aime plus que l'on a jamais aimé.

Cher Tibulle, faites-moi un petit mot de réponse, j'en ai besoin, et ne me faites point de niche d'ici à quelques jours.

Pardonnez, cher Tibulle, si je réponds à votre lettre, mais je ne puis m'empêcher de vous en remercier, je l'ai baisée mille fois. Ne me faites point de réponse à celle-ci, je vous le défends absolument ; cela me redonnerait du repentir de l'avoir écrite. Nous allons essayer du vin de Champagne que je voudrais bien qui se trouvât bon, afin que mon cher Tibulle fût tenté quelquefois d'en venir boire. Cher Tibulle, je voudrais que vous ne trouvassiez que chez moi toutes les choses qui vous sont agréables. Que ne suis-je votre femme, j'aurais le plaisir du moins dans ce moment d'être dans une chambre à côté de vous. Que ne pouvez-vous voir, cher Tibulle, toutes mes pensées, tous mes désirs, et sentir tous mes plaisirs quand nous sommes ensemble.

Aujourd'hui, vous savez l'état où je suis. Si vous n'en avez pas pitié par des marques d'attention, du moins ne venez pas, ne renouvelez pas

par vos injustices mes peines. Je vous demande
pardon de ma lettre, de sa longueur ; j'espère que
vous ne la lirez pas ; c'est une triste consolation
que je prends là, mais j'étouffe.

Je voulais aller chez vous depuis ce matin. Un
mot dans mon carrosse m'aurait suffi, mais la
compagnie chez vous est nombreuse, et votre
conseil vous attend ; moyennant quoi je n'irai
point. Vous me faites dire que si je veux vous
n'irez point à votre vente de livres, que si je veux
vous viendrez chez moi, que si je veux nous irons
quelque part ensemble. Je ne peux mieux reconnaître, je crois, toutes ces propositions complaisantes et polies, qu'en vous disant que je ne veux
rien, sinon que vous fassiez tout ce qui vous amuse
et que vous vous êtes proposé de faire. Allez
acheter des livres, il y a plusieurs jours que vous
n'y avez été, et cela vous amuse. A l'égard des
endroits où nous aurions pu aller ensemble, si
vous en aviez eu effectivement envie, vous ne
m'auriez pas fait de proposition vague, vous
auriez retenu quelqu'un pour venir avec nous ;
de plus, il y a plusieurs jours que je vous avais
prié de demander la permission à M. de Font-
pertuis d'aller chez lui, c'est ce qui m'aurait
amusée davantage, d'autant plus que j'ai envie de
faire copier quelque chose chez lui, mais vous
l'avez oublié, je lui ferai demander par quelqu'un.
Je vous ai dit mille fois qu'il y a des occasions où
une lettre de vous serait nécessaire, non seulement pour ma consolation, mais pour ma vie. J'ai
envoyé exprès ce matin chez vous pour voir si

cela ne vous y ferait point penser, mais non, vous n'avez ni mémoire, ni pitié, ni sentiment. J'aurais bien envoyé cent fois chez vous qu'il n'en serait pas sorti une ligne d'écriture, et malgré vos affaires, ce que je vais écrire au bas de cette lettre ne vous aurait pas beaucoup embarrassé :

*Ma chère Délie, je suis outré de ne vous avoir pas vue hier ni presque de toute la semaine, j'ai un besoin extrême d'être avec vous. Soyez libre, je vous conjure, à six heures, qui est la fin de mon conseil, afin que je puisse être avec vous.*

De votre écriture, cela ne ferait pas deux lignes ; je vous l'ai dit plus de mille fois, cela me comblerait de plaisir. Hier je vous avais prié si tendrement de ne me pas affliger dans le moment où je suis ; il n'y va pas moins en vérité que de ma vie. Mais vous êtes sans pitié et vous me connaissez trop parfaitement pour ne pas juger que des propositions que vous me faites faire qui ont toujours l'air de sacrifice, ne peuvent non seulement être acceptées par moi, cela n'est pas dans mon goût et me serait bien reproché par vous, mais me mettent au désespoir, et me confirment dans les idées où je suis. C'est au désir, au plaisir, à la nécessité que je voudrais que vous eussiez de me voir, et point à des sacrifices, à des étiquettes de bons procédés, que je voudrais devoir les moments où je suis avec vous. Mais bientôt, aucun motif ne m'en procureront ; chaque jour vous les abrégez, et non seulement je n'aurai pas mon jour, mais je n'aurai pas un quart d'heure. Je ne m'en plains point, c'est sans humeur que je vous écris. J'aurais mieux fait de garder le silence, mais vous me demandez une réponse, et ayant commencé de vous la rendre, il ne m'a pas été possible de me taire, parce que je suis en convulsions depuis la tête jusqu'aux pieds. Je vais sortir, je ne sais où j'irai, car je ne suis pas en état de faire des visites. Adieu, ne vous contraignez pas à me venir chercher ce soir, cela vous ennuierait, je le verrais ; pour vous en dépiquer vous me diriez des choses dures, et réellement je ne serais pas en état de les soutenir.

Mon cher Tibulle, j'ai été vous chercher trois fois aujourd'hui, j'ai un besoin de vous voir, je suis dans mes grands attendrissements, et Tibulle dans ses grandes froideurs. Tibulle, aimez-moi. Je me suis flattée que vous étiez allé ce matin où vous deviez aller ce soir. Je ne sortirai qu'environ une heure cette après-midi, je ne me porte pas trop bien ; je reviendrai attendre mon cher Tibulle ; je le prie d'être de bonne humeur, de ne point froncer le sourcil, et paraître du moins aimer sa Délie s'il ne l'aime pas en effet.

Je résiste depuis ce matin à vous écrire, et c'est malgré moi que je succombe. L'état où vous me laissâtes hier pouvait exiger d'un ami à venir savoir celui où j'étais ce matin. ...Mais non, il n'est plus de raison pour vous, pour me donner des marques d'amitié ; vous ne conservez des soins pour moi que pour me les reprocher et me dire que j'ai des torts. Si vous saviez comme vous me faites les propositions de me voir, elles sont plutôt offensantes qu'obligeantes. Tous les carrosses qui ont passé dans ma rue ce matin m'ont tous donné des battements de cœur ; à tous moments je pensais que c'était vous. Mais non, c'est ce que vous n'avez jamais su faire ; tous vos procédés et vos visites sont réglés, les occasions ne les dérangent en rien. Pardonnez-moi cette lettre, c'est un soulagement que je prends, n'ayant personne à qui confier mes peines ; je meurs, et je ne vois d'autres fins à mon état que quand je serai morte tout à fait. La façon dont je crois que vous pensez pour moi m'embarrasse l'esprit à un point que je ne me reconnais plus moi-même sur tous les événements de ma vie. Je devrais être heureuse, mais je ne puis l'être que par vous ; mes maladies augmentent mes peines, et mes peines mes maladies. Le peu que j'ai dormi cette nuit, je vous ai vu cruel pour moi, je me suis réveillée en larmes, et je n'ai cessé depuis que je suis levée de pleurer. J'aurais donné toutes choses au monde pour passer ma journée avec vous ; vous me direz que c'est moi qui n'ai pas voulu vous donner à dîner, cela est vrai, mais vous ne me le proposiez que pour une préparation à me quitter, et à ne point me voir demain ni après. Enfin, je vois clairement combien je vous suis à charge. Si vous étiez venu ce matin, vous aurais-je refusé ? Mais pourquoi dis-je tout cela ? Vous le sentez aussi bien que moi. Je vous embarrasse pour tout, pour vos amis, pour votre politique. Vous ne me parlez plus avec confiance. Je vais sortir pour que ma mère ne me trouve point chez moi, je serais embarrassée d'être dans l'état où je suis. Je ne sais où aller ni que

devenir ; sans la religion, je me tuerais. Pardonnez-moi encore une fois ma lettre, ne la lisez pas
si vous voulez ne me répondre point. Je ne suis
pas en état de supporter une réponse comme celle
que vous me fîtes l'autre jour. Que la pitié vous
engage à ce que l'amour ne peut faire ! Hélas !
Mon seul tort avec vous est de vous aimer folle-
ment et d'avoir désiré que vous m'aimassiez de
même. Ne venez point ce soir chez moi, j'aurai la
même personne que j'avais hier. L'état où je suis
vous attristerait ; je sentirais encore plus vivement que je vous importune. Ne venez point.
Adieu donc, celui qui fait ma mort et par qui seul
je voudrais et je pourrais vivre.

A minuit.

Quoique je sois inquiète de votre commencement de rhume, j'aime cependant bien mieux que
vous me disiez la vérité. Je souhaite qu'il n'y ait
pas de changement à votre retour mercredi, mais
je craindrai toujours jusqu'au moment où je vous
verrai entrer dans ma chambre. Sancho Pansa
avait raison, il n'y a rien de si difficile à écorcher
que la queue, et plus j'approche du temps où je
dois vous voir, plus il me paraît long à passer.
Vous vous plaignez de la lettre que je vous écrivis
hier, vous dites que je ne vous donne jamais de
marques d'amitié qu'en vous montrant vos torts.
Vous me dites encore sur cela bien de belles
choses, je ne sais aimer que tristement. Enfin
vous me dites bien des vérités qui me prouvent
ma maussaderie, que je connais fort bien, et vous
prouvez ce que je vous mandais hier, c'est l'op-

position extrême qu'il y a dans nos caractères.
Que faire à cela ? Il nous est plus aisé de tâcher
de nous y accoutumer que d'en changer. Pourvu
que votre santé soit bonne, tous mes vœux seront
remplis. Que j'aie de vos nouvelles, je vous conjure, demain matin, et si il se joignait de la fièvre
à votre rhume, je voudrais bien que vous n'atten-
dissiez pas à mercredi à revenir. Mais c'est inutilement que je vous fais cette prière, et cette lettre
aura le même sort que les autres. Elle vous pa-
raîtra bien triste, bien maussade, mais que faire ?
Je ne puis m'empêcher cependant de finir qu'en
vous appelant Tibulle, mais je suis trop maussade
pour vous dire, cher Tibulle. Il faut être enjouée
pour oser se servir de ce terme, et Monsieur Tibulle
est la seule façon convenable à mon caractère.

Ce mardi.

Je reçois votre lettre, vous avez mieux dormi,
mais vous avez mal à la gorge, cher Tibulle. Ne
mangez point, buvez beaucoup. Est-il bien vrai
que j'aurai le plaisir de vous voir demain ? Je
n'ose le croire. S'il y avait quelque dérangement,
je ne sais pas ce que je deviendrais. Cher Tibulle,
on m'interrompt, je vous aime à la folie.

Ce mercredi à minuit.

Vous souhaitez la bonne année à tout le monde,
hors à moi, cher Tibulle, et vos souhaits sont les
seuls que je désire. Il est vrai que mes idées sont
noires, mais croyez qu'elles augmentent beaucoup en noirceur toutes les fois que je suis séparée
de vous. Et comment le suis-je dans ce moment ?

Avec toutes sortes d'agitations et d'inquiétudes ? Je suis indignée contre S. A. R. (¹) Comment se peut-il qu'elle ne vous regarde que comme une garde-malade, comment n'a-t-elle pas imaginé de vous faire ordonner par son fils, puisqu'il n'y pensait pas, de vous défendre d'entrer dans la chambre de M. de Chartres ? A quoi pouviez-vous lui être bon ? Je passe, et encore pas trop, qu'il vous ait gardé auprès de lui, car votre perte pour lui devrait lui paraître plus fâcheuse et le serait en effet plus que celle de son fils, car en se remariant tout serait réparé. J'ai même des idées sur cela qui ne sont pas éloignées du bon sens, au lieu que vous, cher Tibulle, vous êtes son conseil, et d'une nécessité pour tous la plus grande, et avec tout cela le résultat de toutes vos peines, vos fatigues, la façon insoutenable dont vous êtes logé, vos affaires que vous avez abandonnées, l'ennui, votre santé que vous exposez, le remerciement de tout cela est de vous dire d'y rester quand réellement il n'y a plus de nécessité. Si, cela est infâme ; je suis indignée contre tous ces gens-là. Ce n'est pas que je vous conseille de venir avant M. d'Orléans. Non, il faut achever avec la même grâce que vous avez commencé. Bien entendu cependant que si vous aviez la moindre incommodité, un rhume de cerveau, il faut revenir, cher Tibulle, sans quoi vous désespéreriez votre Délie, vous la tueriez. Cher Tibulle, je vous aime à la folie, je m'attendris jusqu'aux larmes en vous le disant. Accusez-moi la réception de cette lettre.

1. La duchesse d'Orléans (Mlle de Blois).

Ce jeudi.

Je vous répète encore, cher Tibulle, que je vous souhaite une bonne année, et assurément tout ce qui peut vous être agréable. Je ne vous parlerai plus de mes noirs, cher Tibulle. Je ne veux ni vous ennuyer ni vous attrister, mais comptez que votre absence serait la source de bien des maux. Pour moi, je reviens à ce que je vous mandais hier au soir, si votre santé continue à être bonne comme je l'espère. Il ne faut point que vous reveniez qu'avec M. d'Orléans, mais à votre place je ne lui conseillerais point de rester, quand réellement sa présence n'est pas nécessaire. Je ne lui dirais pas : allons-nous en, mais je ne lui dirais pas : restons, voilà mon avis qui est très raisonnable, cher Tibulle. J'ai une impatience extrême de vous voir. L'avez-vous de même pour moi ? Donnez-moi de vos nouvelles le plus souvent que vous pouvez.

Ce vendredi.

Je ne comptais pas vous écrire aujourd'hui, je vous avais fait dire hier que si vous étiez dans le désir d'avoir de mes lettres et de m'écrire par une voie sûre, que je me servirais de Picard qui est revenu de sa campagne, craignant que la voie dont je me suis servie jusqu'à présent ne devînt suspecte. Comme vous ne m'avez rien répondu sur cela, je juge que mes lettres vous fatiguent, et en effet vous en avez tant que cela est tout naturel ; ne soyez donc point surpris si vous n'en recevez plus, et regardez mon silence comme ménagement.

Je ne suis plus inquiète ni fâchée que pour moi de votre séjour à Versailles ; j'imaginais que vous y aviez toutes sortes de fatigues et d'incommodités, mais je vois par votre lettre que je me suis trompée et que les bontés singulières que S. A. R. a pour vous, vous dédommagent de tout. J'en suis ravie, c'est une grande peine de moins pour moi. Comme il y aura trois semaines quasi de la petite vérole quand vous reviendrez, bien des gens n'auront plus peur de vous, et vous pourrez aussi, je pense, commencer votre Grand Conseil, moyennant quoi vous n'aurez pas beaucoup (je ne dis pas de jours), mais de moments à me donner pour me dédommager de toutes les nouvelles peines que j'ai éprouvées pendant tout ce temps ici. Je me retrouverai toujours à ma place ordinaire, c'est-à-dire après vos devoirs, vos affaires, vos amis et amies, vos connaissances, vos amusements, vos sociétés, car il faudra bien quelques soupers politiques et galants après ceci. Enfin, dans quelque place que ce soit dans votre cœur et dans votre esprit, je serai toujours celle qui vous aimera davantage, et sûrement celle qui évitera avec le plus de soins de vous être à charge. Je voudrais être carmélite ou morte. Je vous demande pardon de cette lettre, mais j'étoufferais si je ne vous l'avais pas écrite. Hélas ! Je n'ai personne avec qui me plaindre ! Je passe mes jours et mes nuits à pleurer.

Si vous saviez, mon cher Tibulle, combien votre petite lettre m'a fait plaisir ! Elle m'a fait oublier tous mes maux. Cher Tibulle, je vous chanterais, hélas ! si je le pouvais ; mais je vous le dis, *un geste, un regard de vos yeux fait mon bonheur ou mon martyre ; c'est vous qui m'animez et par vous je respire,* etc..... Oui, cher Tibulle, même en me tuant vous me donnez de la vie. Si j'étais un Roger Bontemps, votre amour-propre devrait en être moins flatté. Vous me donnez tout ce que je n'aurais point sans vous, ce que je n'ai jamais senti avant vous. Que ne puis-je vous rendre les plaisirs que je tiens de vous, cher Tibulle, mais An..... revient, et me dit qu'il vous a trouvé de mauvaise humeur. Ne boudez point. Délie n'est-elle point assez malheureuse de ne pouvoir jouir de tout ce qu'elle sent pour vous ?

Ce lundi après minuit.

*Un quelqu'un vous prie de n'avoir plus de poêle dans votre chambre, surtout la nuit. On n'est point étonné que vous ayez eu mal à la tête, cela est plus dangereux que vous ne pensez, et cela peut fort bien tuer. On vous prie d'oublier que vous avez l'esprit fort parce qu'on a l'esprit faible.*

Ayez égard, je vous prie, à tout ce qui est dit ci-dessus. Ma tête, ou pour mieux dire mon esprit, n'est point en bon état, cher Tibulle ; je ferai tout ce que vous m'ordonnez, mais ce ne sera que quand je me retrouverai avec vous. Je finis, je vous écrirai demain plus au long. Les nouvelles que vous me mandez ne sont pas bonnes, mais, cher Tibulle, je ne puis être occupé que de vous, je ne vois, je ne pense et je n'aime que mon cher Tibulle.

Ce samedi.

Je reçois votre lettre dans ce moment, je suis bien aise que vous ayez reçu ce matin celle que je vous écrivis hier au soir ; j'en étais en peine, et mes inquiétudes ne diminuent pas, sur la réception de mes lettres par de pareils commissionnaires, puisqu'il est très vrai que je n'ai point reçu du tout celle que vous m'assuriez avoir écrite hier. J'en suis dans une inquiétude horrible. Vous souvenez-vous de ce que vous me mandiez ? Redites-le moi, je vous prie ; vous devez vous apercevoir à mon style et à toutes les ratures qui sont dans mes lettres du trouble où est mon cerveau. Je ne sais ni ce que l'on me dit ni ce que je dis. Par exemple, je juge par votre lettre que vous avez reçu ce matin celle que je vous écrivis hier au soir ; dans un moment je croirai que non, et cela m'inquiètera. Ayez donc la charité de m'assurer ce soir par la lettre que vous m'écrirez, que vous l'avez reçue. J'espère avoir assez de force sur moi dorénavant pour ne vous en plus écrire dans ce goût-là. Je vous en demande pardon, je sens toute l'importunité dont cela doit vous être. Le motif n'est pas désobligeant, ainsi vous devez avoir de l'indulgence ; mais j'espère encore une fois ne vous plus mettre à portée d'en avoir, et si je n'ai pu faire votre bonheur, du moins je ne veux pas faire votre importunité. Vous pouvez faire votre arrangement pour jeudi tel qu'il vous plaira. Très réellement, j'ai fait une partie pour ce jour-là, avec des personnes de votre connaissance qui vinrent hier chez moi.

A minuit et demi.

Ce n'est point les bons procédés de S. A. R. pour vous qui me fâchent, c'est mal expliqué ce que je dis, mais c'est le peu d'impatience que vous me marquez de me revoir. On m'avait dit, et c'est pis, que M. d'Orléans devait revenir lundi et que même d'abord il avait voulu revenir aujourd'hui, mais qu'on lui avait fait entendre que cela n'était pas honnête, et tout de suite on me dit que c'est M. d'Argenson. Je conviens que vous avez très bien fait, mais mettez-vous pour un moment à ma place, est-ce avoir de l'humeur que d'en être blessée, surtout quand vous me mandez le contraire ? Votre lettre me parut fausse, et toutes vos protestations d'amour un persiflage. Le second point qui me mit en colère, ce fut votre silence sur ma prière de vous donner la consolation de pouvoir au moins nous écrire ; la preuve que ce n'en est point une pour vous, c'est que par exemple aujourd'hui vous n'avez pas imaginé de m'écrire. Hélas ! Etais-je assez bête pour en être inquiète, et si je ne vous avais pas écrit, je n'aurais pas eu de vos nouvelles, et j'en serais hors de moi actuellement. Hélas ! je vous l'ai demandé si tendrement. Vous vous levez de bonne heure, je pourrais recevoir deux lettres par jour ; cela me soutiendrait dans mes peines, et je joindrais au plaisir d'avoir de vos nouvelles celui de penser que cela vous fait autant de plaisir qu'à moi, que cela vous est nécessaire. Quand je ne vous écris pas deux fois par jour, c'est que cela est impossible pour une raison que je vous ai dit. A l'égard de ce que je vous annonce pour votre retour, vous verrez si j'ai eu tort. Tout ce que vous ferez sera toujours nécessaire, indispensable, mais je ne vous la serai pas, et quoique je ne vous trouve aucun tort, je me trouve malheureuse d'être incessamment séparée de ce que j'aime. Si je vous en voyais fâché, je le serais la moitié moins, et que nous nous retrouverions plus souvent ; mais au lieu d'être affligé de me quitter, vous me trouvez injuste seulement quand j'ose vous faire des questions sur le temps où nous nous retrouverons. Je souffre ce qui ne se peut comprendre depuis votre départ. Il faudrait bien des choses pour réparer tout le mal que m'a fait votre absence. Vous revenez, dites-vous, mercredi ; je parie que dès jeudi, si on n'a point peur de vous, vous irez passer votre soirée chez celle pour qui vous avez plus d'amitié que pour moi. Mercredi vous prendrez sur ma visite, comme de raison et de nécessité, celle de S. A. R., et le lendemain vous me direz : « Ma chère Délie, je viendrai vous voir après M^me de G. (¹) » Je vous aime plus que ma vie, je donnerais ma vie pour vous, et si je vous réponds : « Il y a si longtemps que je ne vous ai vu, j'ai tant besoin de vous voir, » vous me répondrez d'un air embarrassé, vous me trouverez injuste, et vous irez. Je compte si bien sur tout cet arrangement que j'ai fait une partie pour ce jour-là, afin de m'épargner le chagrin d'une querelle avec vous. Vous me mandez que c'est mes chagrins qui font que je vous trouve des torts, mais que vous m'aimez tant qu'au lieu de me trouver déraisonnable

1. La duchesse de Gontaut.

vous me trouvez triste seulement. Oui sans doute, vous me la trouvez, et je sens tout le poids de l'ennui que je vous cause. Voilà pourquoi je vois arriver sans peine ce qui finira toutes celles que je sens ; ma mort est ma seule pensée consolante. Je vous demande pardon si je vous écris cette longue lettre, mais je ne puis m'en empêcher. La vôtre remplie de protestations me laisse voir la mauvaise foi avec laquelle vous voulez me faire entendre que j'ai des torts. Non, Tibulle, vous ne m'aimez point comme je vous aime, et vous connaîtrez un jour à quel point je vous aime, et vous sentirez la différence que vous trouverez, que c'est cependant un bien, un bonheur, que d'avoir quelqu'un sur lequel on puisse plus compter que sur soi-même. Je vous aime de si bonne foi, si véritablement, si uniquement, Tibulle ; croyez-moi, cela est rare à trouver. Je vous demande de me faire mander de vos nouvelles ; si vous ne pouvez pas m'écrire, que j'en aie au moins à trois heures. Cela m'est nécessaire. Vous en aurez des miennes l'après-dînée. Pardonnez ma longue lettre, j'ai la tête troublée à un point que je ne trouve aucune expression pour dire ce que je veux dire.

Ce dimanche à une heure après minuit.

Je reçois votre lettre, vous me mandez que vous avez mal à la tête. Me voilà dans une inquiétude affreuse. De grâce, pour peu que vous soyez incommodé, revenez, quittez votre vilaine petite chambre, où vous vous échauffez le cerveau à penser noir et à écrire. Je voudrais que tous vos

princes fussent bien loin, et que vous vous por-
tassiez bien. De vos nouvelles tout le plus promptement, je vous conjure.

Ce lundi.

Votre lettre de ce matin m'a un peu calmée.
Mais que la crainte de m'agiter ne fasse pas que
vous me cachiez rien de votre état, vous me met-
triez dans une bien plus grande inquiétude. Cher
Tibulle, que je hais tout ce qui vous éloigne de
moi ! De grâce, à la plus légère incommodité,
revenez ! Vous avez fait trop de preuves de zèle
et d'attachement. Ceci est pour moi bien pis
qu'un voyage des Ormes. Cher Tibulle, je n'en
peux plus, écrivez-moi le plus souvent que vous
pourrez. Je suis fort contente de votre régime,
hors que je voudrais que vous ne fussiez pas si
enfermé dans une chambre que vous dites être
petite et chaude et où vous écrivez continuellement. Je voudrais aussi que vous rentrassiez point
à jeun dans la chambre de M. de Chartres, et en
tout je voudrais que vous n'y fussiez guère. J'ai
peur, cher Tibulle, que mes lettres et mes petits
soins ne vous importunent. Cher Tibulle, je ne
puis m'en empêcher, je vous en demande pardon,
je vous aime à la folie.

Ce dimanche.

Tout ce que vous me mandez ne m'étonne point,
je comprends tout le désagrément, et surtout le
découragement où cela jette. L'amitié, la reconnaissance peuvent seules satisfaire ceux qui en
sont capables, mais qu'il est rare de la trouver,
cette amitié, et plus rare encore de s'en contenter

10

quand on l'a trouvée ! On devrait tout quitter pour elle, elle seule devrait suffire à notre bonheur. On le dit, on le croit, je crois, quand on le dit ; mais l'expérience nous fait voir qu'au lieu de tout quitter pour elle, on la quitte pour tous. Sûr d'elle, on court après tout ce qui se présente. Les plaisirs la mettent totalement dans l'oubli ; les peines, les contrariétés ramènent à elle, mais pour des instants. On se soulage avec elle, mais elle ne fixe guère, et ne remplit guère le cœur. Voilà le général, il y a des exceptions, et je me flatte que vous en êtes une preuve. N'allez pas prendre mes réflexions pour des reproches. Non, cher Tibulle, je ne vous en fais point ; au contraire, je voudrais que mon cœur que vous occupez uniquement pût vous être de quelque consolation. Cher Tibulle, vous le trouverez toujours tendre, fidèle ; rien, je vous jure, que ma mort ne pourra vous l'ôter. Je ne puis vous exprimer la consolation dont vos lettres me sont ; cependant je me reproche le temps que vous êtes à les écrire. Vous êtes accablé d'affaires ; quelque plaisir que je sente en les ouvrant quand elles sont longues, je crains que cela ne vous fatigue. Un mot d'amitié me suffira. Quand je vois dans vos lettres : « Ma chère Délie, » et que cela me semble dit de bon cœur, je ne puis vous dire la joie que j'en ressens, et l'attendrissement. Mon cher Tibulle, aimez-moi toujours, je vous aime à la folie. Je suis fort contente de votre régime ; continuez-le, et revenez dans l'instant à la plus légère indisposition.

Vous m'avez tuée, je n'ai point de plaisir à vous

le dire, ainsi que vous m'en soupçonnez quelquefois. C'est seulement pour vous prier, cher Tibulle, de rester à ne me donner ni plaisir ni chagrin, si ma vie vous est chère. Je ne puis plus supporter ni l'un ni l'autre.

*Ce mardi.*

Je ne puis vous dire, cher Tibulle, combien l'idée du poêle que vous avez dans votre chambre m'a fait mal. Savez-vous qu'il n'y va pas moins que de la vie ? De grâce, ne le laissez pas allumé surtout la nuit. Je me flattais de recevoir de vos nouvelles par un pot de chambre ce matin, mais je n'en ai pas eu. Cela m'inquiète. Cher Tibulle, quand nous retrouverons-nous ensemble ? Je ne puis vivre sans vous. Pourquoi ne suis-je pas votre femme ? Je vous aime à la folie.

*Ce mercredi.*

Mon cher Tibulle, je commence par vous souhaiter la bonne année, et vous jugez que c'est de tout mon cœur. Comme vous savez qu'il faut que je craigne toujours quelque chose pour vous, à la peur du poêle a succédé celle de vous voir enrhumé. Je pense qu'il faudrait laisser votre feu allumé jusqu'à neuf heures et l'éteindre avant de vous coucher, d'avoir soin de vous bien couvrir la nuit. Cher Tibulle, revenez donc bientôt, sans quoi je deviendrais folle.

Je rouvre ma lettre. Cher Tibulle, ne me menacez point, je n'ai point de tort, et je suis outrée que votre retour se diffère autant.

Ce samedi.

Je consens, puisque vous le voulez, à vous laisser changer d'habit, mais pourvu que votre toilette ne dure qu'un quart d'heure, je vous le pardonne. A quoi je m'oppose absolument, mais absolument, c'est au bain dans un temps de mauvais air. J'en ai un exemple terrible. Ainsi, que votre esprit fort ne donne point au mien qui est faible aucune augmentation d'inquiétude, j'en ai ma suffisance. Je vous jure que je n'ai pas la moindre peur de vous, vous ne voulez jamais me croire. Mon cerveau est tout autrement fait que celui des autres ; ce que j'aime ne doit jamais être obligé de rien ; il n'y a point de bons procédés, de courage, de sacrifice, dans rien de ma conduite avec eux. Voilà pourquoi je suis si blessée quand on veut avoir tous ces grands mérites-là avec moi, je suis mon goût, et je voudrais qu'on fît de même pour moi. Je pense aussi tout haut comme les fous ; cela fait que je montre souvent mille misères que les autres gens ont le bon sens de cacher. Avez-vous mangé beaucoup de poisson hier ? Cela m'a occupé tout le jour. Heureusement c'est gras aujourd'hui. De grâce mangez peu, ne buvez pas de vin pur et dormez davantage. Mandez-moi, je vous conjure, les choses qui vous déplaisent là-bas, cher Tibulle, vous ne pouvez les confier à personne qui vous aime plus tendrement. Je trouve que vendredi est bien tard si les choses vont bien. Je vous recommande encore au nom de l'amour le plus tendre de venir dans l'instant pour peu que vous eussiez seulement le moindre mal de tête ou la plus légère indisposition. Vous avez assez donné de preuves de votre zèle et de votre attachement ; on est bien obligé souvent de semer des marguerites, mais la trop grande quantité est déraisonnable. Cher Tibulle, faites, je vous conjure, tout ce que je vous recommande ou je suis morte, et vous désirez ma vie.

Ce dimanche à une heure après minuit.

Cher Tibulle, je reçois votre lettre, et vous ne m'y parlez pas de ce qui m'intéresse davantage, c'est votre santé. La tête m'en tourne, je ne vois, je ne pense qu'à cela. Je ne puis vous souffrir logé comme vous êtes ; tantôt je vous vois une fluxion de poitrine, ensuite je vois votre poêle qui vous porte à la tête, je me redis trois cent mille fois que vous avez eu la petite vérole, je me fais répéter sans cesse qu'elle ne se gagne point, je compte les moments, les jours que je serai sans vous voir. Voilà, cher Tibulle, principalement le sujet de mes larmes. Je désire sans doute être aimée de vous, mais je consentirais à recevoir de vous les plus grandes marques de haine, même de mépris, à condition que vous ne seriez jamais malade, que je mourrais avant vous, et que vous eussiez tout ce qui pourrait vous rendre heureux, tant du côté de l'ambition que celui de l'amour. Cher Tibulle, je n'étale point là des sentiments imaginaires, ils sont tous dans mon cœur. Ma vie non seulement pour sauver la vôtre, mais pour quelque chose que je croirais qui pourrait vous être agréable, vous rendre heureux, je la donnerais avec joie. Je pense tout cela, peut-être ne le croyez-vous pas ; je conviens que cela est fou, mais aussi je conviens que je vous aime à la folie. J'ignore si je penserai toujours de même, mais je le crois ; puisque je n'ai point cessé de vous aimer dans trois occasions que je ne rappellerai point, je juge que je vous aimerai toujours. Je ne trouve rien de si aimable que vous ; votre figure, votre esprit, tout me plaît en vous, et j'ai très bonne opinion de vous. Vous avez un attrait pour moi, et cela du premier moment que je vous ai connu, que je ne peux expliquer, car je ne connais point de caractère si opposé au mien que le vôtre. Sur rien nous ne pensons de même ; j'en excepte sans doute les choses essentielles, mais avouez que jusques à la façon de nous dire que nous nous aimons, rien n'est plus différent. Absent ou présent, vous me mettez dans des impatiences qui me surprennent toujours. Je ne comprends pas d'où cela vient, cela me rend folle. Je crois que nous avons, comme dit M. (*Moncrif*), des âmes qui viennent nous faire des niches. Cher Tibulle, que mercredi est loin ! C'est vous qui avez pris ce jour-là. Par exemple, cela ne doit-il pas transporter de colère ? Mais ne nous querellons plus. Le N. (*Le Normand*) m'est venu dire de vos nouvelles ; il m'a parlé de votre logement, il m'a dit que vous ne dormiez point. Cher Tibulle, ne tombez point malade, ou je meurs. A quelle heure arriverez-vous mercredi ? Je veux vous voir la première en arrivant, sans quoi nous revoilà brouillés si vous m'allez encore faire quelque infamie. Venez dîner, mandez-moi demain matin de vos nouvelles, que j'en aie en m'éveillant. Accusez-moi la réception de cette lettre ; si elle est trouvée, on n'aura pas bonne opinion de la tête dont elle part.

Ce jeudi.

Je suis ravie que vous ayez été content de mes deux lettres, je l'ai été beaucoup de la vôtre. Je vous répète encore, et je vous demande en grâce, mangez peu, buvez peu, point de vin pur, point de liqueurs tant que vous serez dans l'inquiétude. J'ai encore une autre chose à vous demander, c'est de ne point laisser prendre de tabac dans votre tabatière par tous ceux qui entrent chez M. de Chartres, et surtout par les médecins qui touchent continuellement le malade. Par conséquent je vous défends aussi de prendre du tabac dans leurs tabatières. Voilà un petit flacon ; c'est mon vieux, car je n'ai pas pu trouver hier un neuf. Si tout ceci se tourne bien, ce que je ne crois pas trop, quand prévoyez-vous que celui pour qui vous y êtes revienne ? Mandez-le moi, je vous prie. Croyez que Délie aime Tibulle plus que l'on a jamais aimé.

Suivez toutes mes ordonnances de point en point, je vous conjure.

Ce mercredi.

Je suis dans une inquiétude que je ne puis vous exprimer. Vous savoir dans le mauvais air, fatigué, attristé, importuné, est pour moi la peine la plus cruelle. J'ai ouï dire bien des fois à des habiles gens que cette maladie ne se gagnait pas, et en effet il y a beaucoup d'expériences qui le prouvent ; cela seul me console. Je vous demande en grâce de ne guère manger pendant tout ce temps ici, de ne point boire de vin pur, d'être dans votre lit le plus que vous pourrez, d'entrer dans la chambre du malade le moins qui se pourra, de ne point approcher de son lit surtout pendant la suppuration, afin de ne pas respirer l'air. Voilà un flacon que je vous envoie pour le sentir quand vous serez dans la chambre, et si par malheur vous vous sentiez ou la goutte ou quelques mouvements de fièvre, revenez ici dans l'instant. Mais vous n'en feriez rien, je vous connais, et c'est ce qui m'agite toujours si prodigieusement quand je suis éloignée de vous. Une fièvre gardée vingt-quatre heures sans rien faire devient quelquefois une maladie incurable. En un mot, si je croyais que vous suivissiez mes conseils, cela me rendrait plus tranquille ; mais je sais le cas que vous en faites. Vous me dites bien que vous m'aimez, mais tout ce qui pourrait me le prouver, vous n'en faites rien. Ma tête est perdue, cher Tibulle, sans vous rien ne m'attache dans ce monde.

Je vous enverrai demain un plus petit flacon qui se tiendra dans la main sans être vu.

Ce vendredi.

Je commence par ce qui m'intéresse davantage. Quoi ! Vous imaginez d'aller faire un repos à Saint-Cloud avant de venir ici ! Je vous avertis que si vous suivez ce projet, je ne vous le pardonnerai de ma vie. Je ne crains nullement le mauvais air, je suis pleinement convaincue qu'il ne se porte point, et pour moi rien n'est tant à craindre que d'être éloignée de vous. Si ma situation et la bienséance ne me forçaient point à rester ici, j'irais vous voir. Si vous aviez une maladie de venin, rien hors que je ne l'eusse en même temps ne m'empêcherait de vous voir, et si vous vous y opposiez, vous me tueriez. Si vous ne venez donc pas me voir d'abord que vous le pouvez, bien éloignée de prendre cela comme un ménagement et une attention, je le regarderais comme le plus grand manque de votre amitié. Je penserais que vous n'avez point besoin de me voir, je regarderais tous vos propos d'amitié comme une fausseté horrible. L'idée seule, le projet m'a mise dans une peine extrême et m'a fait mal. Rassurez-moi donc sur ce point, je vous conjure, assurez-moi que vous ferez ce que je désire, et faites-le en effet, sans quoi vous me ferez un mal affreux. Je n'ai de bien, de bonheur que de vous, que par vous ; je passe presque ma vie à en être séparée ; du moins récompensez mes peines et ma tendresse par me donner les temps où vos affaires et vos devoirs vous laissent libre. Celui-ci en est un dont je voudrais profiter moi seule ; je voudrais que vous en eussiez le même désir. Mais non, je ne le verrai plus que partagée avec d'autres. Vous me direz que vous m'aimez, et vous serez étonné que ce mot seul ne me suffise pas ; il devient offensant quand les actions ne le prouvent pas. Je ne puis vous parler d'autres choses dans ce moment, j'ai la tête toute troublée. Rassurez-la, cher Tibulle, brûlez cette lettre, je vous conjure ; quoique l'écriture, je pense, en soit inconnue, il vaut mieux la brûler.

La peur me prend que vous n'avaliez ce que vous devez avoir reçu de ma part dans un flacon. Cela n'est fait que pour sentir, on appelle cela du vinaigre des quatre voleurs. On dit que c'est un préservatif contre le mauvais air, mais ce n'est qu'à le sentir, car ce serait du poison à avaler.

Accusez-moi la réception de cette lettre, j'en suis en peine.

Ce lundi à trois heures.

Je viens de recevoir votre lettre. Vous me dites que vous vous portez bien ; je veux le croire, mais je ne serai point tranquille que je ne vous voie ici. Au moins il faudra prendre quelques jours pour vous reposer. Est-il bien sûr que vous reveniez mercredi ? Je meurs de peur que non. Mais si je suis assez heureuse pour qu'il n'y ait point de retardement, à quelle heure arriverez-vous ? Mandez-le moi. Les amitiés et les bouderies de S. A. R. m'indignent également : je trouve tout cela de même ton, et je la hais à un point que je ne puis exprimer. Cher Tibulle, que ne puis-je être votre femme ! Avez-vous reçu ce matin une lettre de moi par un pot de chambre ? Mandez-le moi, je vous prie. Jamais, cher Tibulle, vous ne répondez aux choses que je vous écris. On croirait que vous ne lisez pas mes lettres. Cher Tibulle, mandez-moi l'heure, le moment que vous viendrez ; je m'en sens une impatience extrême. Au vrai, vous portez-vous bien ? Vous ne me mandez point si vous avez dormi. Cher Tibulle, je vous aime de tout mon cœur.

Je me suis éveillée à peu près aussi gaie qu'hier

au soir, c'est-à-dire pleurant. J'ai pris des pilules qui n'ont point arrêté mes larmes, mais elles les ont augmentées. Dans cet état, souffrante, mourante, étouffante, je reçois un coffre rempli de sachets parfumés, des fleurs, des bronzes charmants, ornés de guirlandes de fleurs, des vers galants, touchants, charmants. L'Asie m'envoie ses trésors, à moi, à moi qui suis fanée, fripée, hideuse ; Bacchus veut servir à mes amusements, moi qui ne bois que de l'eau chaude ; l'amour vole sur mes pas. Hélas ! Cher Tibulle, il n'est que dans mon cœur ; je ne puis vous exprimer tout ce qui s'y passe en ce moment, mais vous m'aimez donc, cher Tibulle, puisque vous êtes occupé de moi, comme si je n'étais pas moi, car il n'est pas possible que vous ne me voyez telle que je suis. Par quel enchantement êtes-vous pour moi comme Don Quichotte était pour Barbe la balafrée, quand il la prenait pour la belle reine Zénobie ? Cher Tibulle, je vous aime, et c'est à la folie, et tant que je vivrai je penserai de même.

Véritablement toute cette famille (1) m'est odieuse. Le seul temps où je pourrais vous voir, voilà un empêchement. Je n'avais pas besoin de ce surcroît de peine. Venez me voir avant votre départ, je vous conjure, je serai rentrée chez moi à cinq heures et demie. Je vous demande en grâce de venir, je n'irai point à ma maison de campagne. C'est ici à Paris où je vous demande de me venir voir.

1. La famille du duc d'Orléans dont le comte d'Argenson était alors chancelier.

Ce samedi au soir.

Il y a un peu de folie à moi de vous écrire ce soir, cher Tibulle, mais je ne puis m'en empêcher. Je suis outrée que tout ce que j'imagine pour votre amusement tourne si mal. Est-ce qu'il serait écrit que vous devez vous ennuyer avec Délie ? Cela serait bien affreux pour elle, cher Tibulle ; vous ne penseriez pas à me donner de vos nouvelles si je ne vous en demandais pas, deux jours d'absence vous paraissent un divertissement, et à moi un chagrin. Ecrivez-moi, je vous conjure, mais point comme à Délie, parce que j'aurais peur que votre lettre ne me vînt pas sûrement. Faites-moi entendre que vous m'aimez, dites-moi que vous voudriez que nous fussions en état d'aller à Lorette. Quel bonheur ce serait pour moi ! Je me sens dans mes grands attendrissements.

Vous êtes bien heureux d'être aussi gai et aussi tranquille que vous l'êtes, je suis toute seule, accablée de vapeurs, de tristesse et de souffrance, et vous préférez un tric-trac peu intéressant à venir me consoler. Est-ce là aimer ?

Ma lettre ne méritait pas, ce me semble, celle que je viens de recevoir. Je n'avais point d'humeur en vous l'écrivant, et il me semble que ce qu'elle contenait n'était point des injures. A l'égard de ce que l'on m'a rapporté de votre part, je n'y ai pas ajouté un mot, et Picard peut vous dire que je lui ai fait répéter devant lui par mon laquais. Vous ne pouvez certainement trouver un meilleur moyen de vous venger de toutes mes injustices et de tous mes torts qu'en vous donnant une fluxion de poitrine ; vous ne pouvez rien faire qui me pique plus que cela. Cher Tibulle, c'est vous qui avez de l'humeur, moi je suis maussade, mais je vous aime. En relisant ma lettre, je trouve que j'ai mis « mon cœur » au lieu de « mon laquais ». Voyez si ma tête est en bon état. J'irai vous voir, mais de grâce ne faites pas la folie de sortir.

Il ne me manquait plus que de vous voir malade et de ne pouvoir aller chez vous. Mandez-moi, je vous prie, comment vous êtes, et si vous avez vu Silva. S'il n'a pas été chez vous, envoyez-le chercher, je vous prie, et mandez-moi comment il vous aura trouvé. J'ai besoin de cette marque de complaisance de votre part. Je suis comme hier, un peu mieux qu'avant-hier, j'ai eu du dévoiement cette nuit, mais on ne le regarde pas comme fâcheux. Si vous étiez malade, ce serait pour moi le plus grand de tous les maux. Avez-vous de la fièvre ?

Vous me faites un grand plaisir d'envoyer chercher Silva. Je vous en remercie, cela me tranquillisera. Je vous demande en grâce de ne vous point forcer pour venir chez moi. D'imaginer que je serais cause que vous eussiez l'augmentation de la plus légère souffrance me ferait mourir. Je n'ai de besoin que de vous savoir heureux et en bonne santé et de croire que vous avez de l'amitié pour moi. N'ayons en effet qu'une même pensée, ne vous opposez point à ce que je crois qui me donnera de la consolation et de la tranquillité, et soyez bien sûr que tant que je vivrai rien ne diminuera tous les sentiments que j'ai pour vous. Je vous aime uniquement, vous seul intéressez mon cœur, vous êtes ma pensée, vous êtes ma vie ; je ne l'aime qu'à cause de vous, je ne crains de la perdre que pour vous. je ne me console d'en voir la fin que quand je crois que vous ne vous souciez plus de moi et que je vous suis à charge. Voilà ce que je pense et ce que je penserai tant que je vivrai. Soyez donc d'accord avec moi sur tout ce que je désirerai.

Quand vous aurez vu Silva, mandez-moi comment il vous aura trouvé.

Venez me voir le plus tôt que vous pourrez, mais j'aime mieux vous voir plus tard et que vous fassiez toutes vos affaires avant. Soyez ma consolation, puisque je suis trop malade pour que vous fassiez tout mon bonheur. Si vous saviez tout ce que j'ai souffert hier au soir, dans un autre genre de souffrance qu'avant-hier ! Cher Tibulle, que vous me faites éprouver de tourment ! Je vous aime à la folie.

Ma sortie m'a moins incommodée qu'un mal -d'estomac que j'ai eu toute la nuit, et par-dessus lequel j'ai avalé toutes mes drogues ; la faiblesse est jointe au dévoiement que j'ai toujours. Mais tout cela est peu de chose ; il n'y a que le tonnerre qui puisse m'empêcher de sortir, parce que j'ai un grand étouffement, que j'espère que l'air et la solitude me fera passer. Ma maison m'est

devenue odieuse, je frémis quand je vois arriver
des compagnies, je suis devenue totalement inso-
ciable. Quelques plaisirs que j'eusse à vous voir,
n'imaginez pas de venir me troubler dans ma
retraite. La première raison est que cela vous
ferait sortir trop tôt et que cela vous incommode-
rait, la seconde est que cela me gênerait. Je ne
compte pas aller dans ma maison, je compte seulement me promener en carrosse, et j'ignore de
quel côté ma mélancolie me mènera. Je ne puis
m'empêcher de vous demander pardon de ce que
je vous ai dit hier ; je fus injuste, brutale dans
tous les points, je ne pense rien de tout cela. De
l'avoir dit est de l'humeur causée par la maladie
et les souffrances. Oubliez-le, je vous conjure ; je
compte sur votre amitié, vous m'en donnez trop
de preuves pour en douter, conservez-la moi toujours. Vous savez si mon cœur le mérite ; tout ce
qui est dans ce monde lui est indifférent, vous
seul l'occupez. Portez-vous bien, travaillez à rétablir votre santé, mettez tout en usage pour cela,
fuyez tout ce qui peut vous attrister, soyez heureux, et je vous jure que je mourrai contente.

J'espère que vous viendrez passer la soirée
avec moi, vraisemblablement je rentrerai à la
nuit. J'aurai M^me d. D. (*M^me du Deffand*) à souper, et apparemment le P. (*le président Hénault*).

Je suis un peu mieux, cependant il y a encore
un peu de sang, mais beaucoup moins que ces
jours passés, et je me sens moins de douleurs. De
grâce ayez pitié de moi ; vous seul faites impression sur mon âme. Ne cherchez ni à m'attendrir ni

à m'affliger. Je vous aime à la folie, et ne me dites point que je vous aime moins. Je ne puis vous écrire une longue lettre ce matin. Aimez-moi, et ne faites plus éprouver à mon cœur tous les différents supplices qu'il a sentis jusqu'à ce moment. Vous verrai-je ? Je vous aime. Hélas ! Comment pouvez-vous dire que c'est faiblement ?

Cher Tibulle, j'ai peur que votre souper ne vous ait fait mal. Mandez-moi de vos nouvelles. Vous me traitez toujours mal devant les compaguies, mais mon amour-propre ne me fait jamais souffrir ; mon cœur seul parle pour Tibulle. Quand vous verrai-je ? J'ai mille choses à vous dire. Vous croyez m'avoir vue, cher Tibulle, et moi il me semble qu'il y a cent ans que je ne vous ai vu. Que ma lettre vous attendrisse, mais qu'elle ne vous paraisse pas une insinuation pour vous empêcher de faire vos affaires. Non, cher Tibulle, je vous écris parce que j'ai besoin de vous dire que je vous aime, et point du tout pour vous importuner ni vous déranger.

J'ai une plume infâme qui m'empêche de dire mille choses encore.

Je me suis réveillée si malade qu'il m'a été impossible de vous écrire par Picard. Tibulle est bien bon de songer à Délie. Il lui fait les plus beaux présents du monde ; la pendule est bien belle, je vous en remercie. Cher Tibulle, je vous aime de tout mon cœur.

Cher Tibulle, comment vous portez-vous ?

Votre souper ne vous a-t-il point fait mal ? Je vous jure que c'est une première crainte ; elle est mille fois plus vive encore que celle de votre infidélité. Rassurez-moi donc d'abord sur ce point, puis ensuite dites-moi si vous ne m'avez point fait d'infamie, si, soupant, vous n'avez point pensé à Délie, à sa tendresse, que pour trouver qu'elle vous importune, et qu'elle est une hypocondre insupportable. Bonjour, je n'en peux plus aujourd'hui. Je vous aime à la folie.

Je suis ravie que vous soyez mieux. J'étais dans une grande inquiétude de l'état où vous étiez hier, et de penser que j'avais contribué à vos souffrances augmentait beaucoup les miennes. Vous serez sûrement très fatigué ce soir, je vous demande comme la plus grande marque de votre amitié de ne point venir chez moi, vous avez vu comme vos visites se tournent. Sûrement cela vous ferait mal, ne venez point, je vous prie.

Vous êtes aimable, cher Tibulle, je vous jure que je ne désire ma santé et ma vie que pour vous ; sans vous je ne voudrais conserver ni l'une ni l'autre. Je n'ai point vu encore mon docteur. Hélas ! Je le crois assez inutile ; je sens de l'oppression et un peu de douleur, mais je suis comme cela depuis longtemps et surtout depuis plusieurs jours ; je ne sais quel régime garder ; je me sens une fin horrible. Cher Tibulle, j'espère que vous me tiendrez parole et que vous me viendrez voir ce soir, vous êtes toute ma consolation.

Voilà ce que P. m'est venue dire ce matin (¹), et que je l'ai engagée de vous écrire. J'aurais plusieurs choses à vous mander sur des gens qui sont amis de Bachelier, desquels on a tiré les vers du nez. Ils ne comptent nullement sur le retour du Chauvelin ; cela me fait penser qu'apparemment ils ont reconnu que le Roi ne s'en soucie pas. Je ne sais pas encore ce qu'ils pensent sur vous, je le saurai incessamment. Ils font grand cas de votre frère. Un des hommes dont ils font le plus de cas, c'est l'intendant d'Orléans ; comment êtes-vous avec lui ? Je vous conseille de lui faire politesse. On dit qu'il n'y aura point de souper avec les femmes à Fontainebleau. Voilà la lettre que vous m'aviez laissée que je vous renvoie, dont je n'avais pu faire usage. Voilà, je crois, à peu près tout ce qui vous intéresse. Je ne vous parle point de moi. Vous devez savoir le cruel état où je suis ; mon âme, mon corps, j'espère que la fin de l'un délivrera l'autre des tourments qu'elle éprouve ; l'espérance des biens futurs me consolera des malheurs que j'ai éprouvés en cherchant ceux de cette vie. Je méritais d'être plus heureuse. Mon cœur ne devait pas éprouver l'ingratitude, la cruauté, au degré où on lui fait sentir. J'en mourrai bientôt, ce sera un bien pour moi.

L'homme dont je viens de parler, ami de Bachelier, hait souverainement le contrôleur général (²). Oh ! Je voudrais bien qu'il vous prît en amitié.

On ne saurait être plus touchée que je le suis des marques d'amitié que m'a données en dernier lieu

1. Probablement la duchesse de Picquigny.
2. Orry, contrôleur général en 1730, disgrâcié en 1745.

celle qui était chargée de ma négociation. Elle comptait la finir bientôt, malgré les difficultés, de la façon dont je le désire ; je me sens attachée à elle, et, quoi que vous puissiez dire, je la crois bonne amie et pense qu'elle pourra l'être utile- ment. M^{me} de Ma... (*Mailly*) est venue aussi me voir ; elle m'a fait beaucoup d'amitiés.

Ce n'est pas pour vous obéir que je vous écris, c'est pour me calmer. Mon inquiétude depuis quinze jours est extrême, elle a des redouble- ments. Votre mal de tête d'hier, votre mauvaise nuit, en est un considérable. Vous ne cessez donc d'entrer chez M. de Chartres, et je vous y vois bien davantage présentement, car comme il se porte bien présentement, après avoir été garde- malade il est juste que vous deveniez sa compa- gnie, et M. de Balleroy saura lui faire valoir toute votre conduite. Ainsi vous avez l'agrément au moins que vos soins ne seront pas perdus. Est-il bien sûr que vous reveniez mercredi ? Je ne m'en flatte pas encore, car il me semble qu'il serait encore mieux que vous restassiez quelques jours après M. d'Orléans. Cela tranquilliserait S. A. R. Votre union avec M. de Balleroy ferait un con- cours de soins pour la convalescence. Balleroy s'adresserait à vous pour empêcher M. de Chartres de manger, et quand il serait grand il vous en serait bien obligé. Non, je hais toute cette famille à un point que je ne puis exprimer. Je vous en demande pardon, mais ils ne feront jamais tant de bien à personne qu'ils me font de mal depuis quinze jours. Ah ! Que je les hais ! Votre lettre de ce matin m'a bien surprise. Voilà pour la première fois que vous m'avez priée et indiquez les moyens de vous écrire. Je suis bien sûre cependant que vous n'en avez pas le même besoin que moi (cela se voit par vos lettres) et que souvent mes lettres vous importunent. Mais trève aux reproches ! Que je sache au moins comment vous vous portez. Et si l'amitié ne vous engage pas à avoir égard à mes désirs, que la pitié vous détermine à revenir ici au plus léger soupçon, non seulement de maladie, mais même d'incommodité. En un mot, c'est la seule grâce que je vous demande, et si ceci dure encore quelque temps, je puis vous assurer que vous ne me retrouverez plus. Jamais je n'ai senti le trouble, le désespoir, l'agitation, l'inquiétude, la confusion de pensées, d'idées ; je suis dans des temps comme hébétée. Il me prend des assoupissements que je m'endors en parlant ; je ressors de là par un mouvement dans le sang affreux, et puis des abondances de larmes qui me font retomber ensuite dans l'accablement. Voilà comme je passe mes jours et mes nuits dénués de toutes consolations. Je sens que tous mes soins vous importunent, mais je ne puis m'en empêcher. Il est vrai que je ne vous écris jamais que je n'aie combattu deux heures avant pour ne le point faire, sentant combien cela vous excède, mais cela est plus fort que mes réflexions et mes résolutions. Tout le trouble où j'ai été m'a fait avancer mes règles de huit jours ; voici le quatrième que je les ai, et justement depuis ce moment vous avez remis encore un surcroît dans mes peines ; aussi n'ont-elles été que par saccades, ainsi que mon esprit et mon cœur. Depuis le commencement de ma lettre je ne fais que pleurer, moyennant quoi je finis ; je ne vois presque pas mon papier. Tibulle, vous trouvez Délie bien insupportable, mais trouvez-en qui soit capable d'aimer autant qu'elle vous aime !

Mandez-moi au vrai comment vous êtes, et revenez, je vous conjure, pour peu que vous soyez malade. Ne dites point : nous verrons comme je serai demain, tantôt, venez sur-le-champ. J'oubliais de vous demander en grâce de m'écrire demain matin à votre réveil de vos nouvelles par un pot de chambre ; je vous écrirai l'après-dînée pour en avoir le soir, mais que j'aie des nouvelles à mon réveil, je vous conjure.

Cher Tibulle, je me porte à peu près comme hier. J'ai pensé toute la nuit au sacrifice que Tibulle m'a fait. J'en suis très touchée, mais, cher Tibulle, ne m'en faites plus. Que Délie ne dérange plus ni vos affaires ni vos amusements ! Ce serait un autre genre de peine pour elle qui serait pis cent fois que tous les autres. Le souvenir d'avoir été autrefois désirée et de se voir à charge présentement la désolerait.

Cher Tibulle, je vous l'avais annoncé, vous l'avez voulu. Vous me tuez, je n'en peux plus, je n'ai pas fermé l'œil de toute la nuit, et j'ai souffert de tout mon corps. Je ne puis exprimer la dose de tristesse que cet état-là met en moi, de voir qu'il faut que je me prive de tout ce qui ferait le plaisir et le bonheur de ma vie. Vous direz en recevant

ma lettre que je me presse de vous mander les
choses que je sais qui vous déplaisent. Non, cher
Tibulle, ce n'est pas là mon motif, mais je cherche
à me plaindre avec vous pour y trouver de la
consolation ; vous seul pouvez m'en donner. Comment vous portez-vous ? Hélas ! C'est tout pour
moi, je vous jure, que vous ne soyez pas malade.
Je vous aime à la folie.

Dans l'instant que vous avez été sorti, ma compagnie m'a quittée. A peine m'avez-vous demandé
de mes nouvelles. Me voilà seule, abandonnée à
toutes les souffrances du corps et de l'esprit. Vous
reverrai-je ce soir ? Vous ne me l'avez pas seulement dit.

Hé bien ! Cher Tibulle, n'ai-je pas raison d'être
dans le noir ? Les moments qui feraient le bonheur
et tous les plaisirs de ma vie, de quoi sont-ils
suivis ? D'une souffrance extrême. Mon docteur
ne veut pas que je m'en aille. Comme j'ai craché
assez ce matin et avec douleur, il craindrait que
l'humeur ne reparaisse davantage, et qu'il ne
m'arrivât ce que je crains le plus. Il veut que je
prenne dès demain de la poudre. Cher Tibulle, je
ne saurais vous dire combien je suis attristée de me
voir toujours dans l'impossibilité de suivre aucun
de mes projets. J'aurais été aujourd'hui dans le
même lieu où vous allez, j'en serais revenue le
même jour. Je suis dans une tristesse ce matin
inexprimable, cher Tibulle, j'ai besoin de bien de
la tendresse de votre part pour supporter l'état
où je suis, et encore votre tendresse, quand je la
crois sincère, elle m'attendrit d'une autre façon.

Que je suis malheureuse ! Que ne suis-je votre femme ! Ce lien me rassurerait sur bien des craintes différentes. Je ne saurais vous dire combien le souvenir du temps où j'ai commencé à vous plaire, où je me portais bien, est cruel pour moi, quand je me trouve dans l'état de souffrance, d'infamie, d'humiliation où je suis. Cher Tibulle, pardonnez la longueur de ma lettre ; elle va peut-être vous importuner, mais je vous aime et je me meurs. Je vous demande en grâce de partir de chez moi ; j'ai des commissions à vous donner et un besoin extrême de vous voir. Mandez-moi à peu près l'heure où vous imaginez être libre ; je voudrais sortir pour deux heures environ, et puis je rentrerai pour vous attendre. Si j'étais votre femme, je profiterais de tous vos moments libres, je vous verrais à chaque instant, je dînerais avec vous. Cher Tibulle, je vous aime à la folie, aimez-moi.

Comment vous portez-vous, cher Tibulle, de tout ce que vous avez bu et mangé hier ? Pour moi je suis toujours de même. J'ai fait des réflexions les plus tristes ce matin. Je dirais, si j'étais la Délie d'autrefois qui chantait : « *Vole, amour, ramène en ces lieux l'amant qui m'a su plaire...*, etc..... Je serais dans les lieux où Tibulle ira, il aurait du plaisir à m'y voir, moi à l'y trouver, et au lieu de cela, cher Tibulle, vous n'avez qu'importunités, dégoûts, ennui, bons procédés, qui est tout ce qu'il y a de pis, et moi que regrets, que douleur, qu'affliction. Vous voyez bien qu'il faut que j'aille à Montmorency. Bonjour, cher Tibulle, je vous aime à la folie.

Je connais toute ma sottise en vous écrivant ;
cependant, comme cela me soulagera, je pense
que je fais bien. Vous m'avez fait un mal aujour-
d'hui inexprimable ; il vous était aisé en sortant
de me venir dire vous-même l'accident qui vous
était arrivé. Vous me connaissez, mais vous êtes
sans égards, sans attention et par conséquent sans
amitié. Non seulement vous me rendez malheureuse, mais vous me tuez. Ce que vous avez fait
à souper ce soir est infâme, vous m'exposez à faire
toutes sortes de folies devant le monde, ce qui est
un vilain procédé, et de plus il semble que vous
vouliez m'inquiéter et me faire mal à plaisir. Je
souffrais ce qui ne se peut exprimer, l'inquiétude
que vous m'avez donnée avait mis une dose inexprimable à mes souffrances. Au lieu d'en être
reconnaissant et touché, vous chantiez. Vous avez
vu tout ce qui se passait dans mon âme, et vous
êtes parti comme à votre ordinaire, sans me rien
dire. Si la compagnie vous arrêtait pour me parler,
vous pouviez m'écrire un mot en rentrant chez
vous ; mais non, rien de si dur que vous. Je suis
indignée de toutes les répétitions de pareils procédés, c'est me tirer un coup de pistolet par la
tête. Mais cela ne vous fait rien, et l'expérience
que vous en avez, loin de vous attendrir et de vous
corriger, vous rend pour ainsi dire encore plus
cruel. Quand mes accidents sont arrivés, vous
faites des petits semblants d'en être inquiet, mais
pour les prévenir vous ne feriez pas la plus petite
chose, et il semble au contraire que vous trouviez
du plaisir à me les procurer. Que gagnerez-vous à
ma mort ? Un peu d'importunité de moins, mais

où trouverez-vous celui ou celle qui vous aimerait comme je vous aime ? Alors vous sentirez ma perte. Dans l'état affreux où je suis, vous devriez être occupé d'être ma consolation. Au contraire, vous me tuez ; je vais passer une nuit terrible, heureuse si les accidents qu'elle me procurera peuvent me conduire à une fin prochaine. A l'égard de la partie que vous vouliez faire, de la promenade où je comptais que M. de Mon... (*Moncrif*) viendrait, je la romps. Je ne veux plus vous voir ; vous répandez de l'amertume sur toutes les actions de ma vie, sur tous mes projets. Laissez-moi mourir ; la paix, voilà tout ce que je demande. Vous serez le maître de venir le soir si vous voulez. J'aurai compagnie ; ainsi nous ne serons à portée d'aucune explication, et c'est tout ce que je désire.

Je ne sais ce que c'est que tous vos petits envois, c'est-à-dire je le sais. Vous savez l'impression qu'ils font sur moi, et c'est un refus que vous souhaitez, que vous demandez de moi. Hé bien ! Soyez content, ne venez point promener. Si vous aviez envie de venir avec moi, de me voir, de me consoler, de m'empêcher de me tuer, de réparer le mal que vous m'avez fait, en un mot si j'étais votre chère Délie, sans tant de messages, sans tant de petits billets, sans tant de permissions que vous me demandez dans le goût du p. (*président Hénault*), vous seriez chez moi actuellement. En un mot, vous feriez ce que l'on fait quand on aime et quand c'est le cœur qui conduit. Mais je suis pour vous un sujet d'importunité que vous ne supportez que parce que vous aimez à être aimé, et que le pouvoir que vous avez sur mon âme vous amuse quelquefois.

Ce dimanche au soir.

Je ne comptais pas vous donner de mes nouvelles, n'en ayant pas de trop bonnes à vous mander. Tous mes accidents me reprirent hier, mais cela n'a pas duré, et je suis comme à l'ordinaire ce soir. Votre lettre m'a engagée à vous écrire. Je voulais même vous envoyer un de mes gens, mais ils sont tous ivres. N'ayez point l'âme triste, vous avez tort. J'en raisonnerai demain plus amplement avec vous. Je m'intéresse à vous beaucoup plus que vous-même.

Vous répondez bien mal à tous mes envois. Je suis en peine de vous. J'ai des vapeurs, j'ai un besoin de vous voir extrême. A tout cela vous ne me répondez que vous ne savez pas quand vous me verrez. Est-ce là toute cette tendresse que vous avez pour moi et cette envie si grande de me rendre heureuse ? Je ne demande qu'un mot sur votre santé qui me dise au vrai ce que vous avez, l'assurance que vous ne dînerez guère, et que vous me viendrez voir le plus tôt que vos affaires et vos amusements le permettront. Est-ce trop exiger de vous ? Si vous le trouvez, vous ne m'aimez guère.

Je trouve les vers charmants, ils m'ont fait rire, et ce n'est pas peu ce matin. Je les reçois seuls pour mes étrennes, et je vous renvoie le tableau ; renvoyez-le vitement à Gersin, je ne l'aime point ; il ne va à rien de tout ce que j'ai, il me déplaît souverainement ; je ne l'ai pas voulu acheter il y a deux mois, et il est beaucoup trop cher ; en un mot je n'en veux pas absolument. J'allais envoyer chez vous vous conter tout mon désastre et vous prier de me donner vos conseils. Je pense vous voir ce soir, j'ai beaucoup de choses à vous dire.

J'ai tort sans doute de vous écrire, je devrais ne pas faire plus de cas de vous que vous en faites de moi, et mépriser vos mépris. Mais l'état où je suis ne me rend pas la maîtresse de moi, et n'ayant personne à qui me plaindre, je sens que j'étoufferais si je ne vous écrivais pas. L'empressement que vous avez eu à vous en aller a été malhonnête pour la compagnie ; pour moi, il m'a marqué combien peu vous vous souciez de me tuer. Je n'avais fait des questions sur votre carrosse que pour engager les autres à s'en aller ; il était aisé de refuser la proposition, encore plus aisé de me dire un petit mot tout bas ; mais non, sachant par mille expériences le mal affreux que vous me faites, à chaque instant vous recommencez toujours avec la même dureté. Quand les accidents funestes me prennent, vous me faites des petits persiflages d'amitié, mais vous ne faites non seulement rien de ce qui pourrait les éviter et réparer tous les maux que vous avez faits, mais vous faites avec sang-froid, même en vous sachant bon gré, tout ce qui peut me tuer. Vous perdrez pourtant à ma mort la plus tendre, la plus vraie de vos amies, peut-être l'unique, car il n'y a personne qui aime mieux les autres que soi-même, et moi je vous aime mieux que moi-même. Mais en voilà trop, je reviens à la façon dont vous avez été ici. Il y a longtemps que l'on vous demande un jour pour causer ; après avoir bien fait attendre, enfin vous en donnez un. Que faites-vous ? Le rendez-vous est au plus tard à huit heures ; vous arrivez à neuf et demie, avec l'air dénigrant pour mon souper et comme si je voulais rendre dupe celui à qui je donnais à souper, quoique cela me parût très déplacé, je vous l'avoue, et que cela m'ait beaucoup déplu. Je crois que vous ne l'avez pas dit pour me faire de la peine, mais seulement parce que vous ne savez pas trop que dire chez moi. Qu'arrive-t-il ? Vous sortez ainsi que l'homme à bonnes fortunes le moment d'après, vous revenez à onze heures ; à peine dites-vous un mot, des bâillements fréquents. P. arrive ; je propose, ou de le prier de passer dans une autre chambre, ou, d'impatience, que vous partiez avec lui. Vous acceptez ce dernier parti, c'est le seul qui vous paraisse le bon. Minuit sonne ; c'est une heure indue quand vous êtes chez moi, car hier et toujours cela ne vous paraît pas de même. Enfin, voyant votre ennui, on vous propose une voiture ; vous l'acceptez avec une vivacité qui est la seule chose où vous ayez pris de tout le soir. Il est très heureux pour vous que vous ne veniez plus guère chez moi et que l'on ne vous y voie pas, on ne vous croirait pas si aimable que vous l'êtes. Demain, par exemple, toute votre journée sera complète ; vous ne serez ni pressé de partir ni lent à arriver. Vous serez charmant avec cette même personne dans les commencements que vous l'avez revue chez moi. A votre grand regret à la vérité vous étiez tout comme vous avez été aujourd'hui encore en dernier lieu avec elle et son frère, moi y étant ; vous étiez tout bouillant, tout caustique. Pour moi, je puis vous assurer toujours que je ne vous promettrai plus à personne, vous me faites honte. Depuis que j'écris, je suis tentée à chaque mot de la brûler ; je vois tous les effets qu'elle vous produira, d'abord l'importunité, ensuite le mépris. Mais je me meurs ; je souffre ce qui ne se peut imaginer. J'ai, je crois, la fièvre, et je ne m'éloigne pas du transport. Vous avez mis ce soir la dose complète à l'excès de mes souffrances ; je voudrais être morte. Le mieux qui puisse m'arriver est de pleurer toute la nuit, et puis arrivent mes accidents ordinaires, et vous me viendrez dire : « Ma chère Délie, je vous aime mieux que vous ne m'aimez. » Je ne finirais pas si je mettais tout ce que je sens de douleurs, de désespoir. Ne me faites point de réponse, je vous prie, parce que ce serait une marque de plus de votre mépris. Ce serait une lettre offensante. Réellement ma tête en a assez. Bientôt vous serez délivré de moi. Vous avancez beaucoup la besogne, et dans l'état où je suis c'est la seule obligation que je puisse vous avoir. Il est près de trois heures. Je brûle comme un tison, heureuse si cela a toutes les suites qui peuvent me délivrer d'un état aussi cruel que le mien !

Ce mardi.

Je m'attendais à recevoir du moins un petit mot de réponse de votre part. Votre silence me fait juger que ma proposition vous a importuné, vous est à charge et vous dérange. Comme on me presse pour la réponse, j'ai assemblé mon conseil moi-même, et je suis assez grande en effet pour arranger toute seule mes affaires et n'en pas ennuyer mes amis. Ne vous contraignez donc pas pour l'heure de votre retour ; il me serait inutile présentement que vous l'avançassiez, et je serais bien fâchée de vous déranger dans la moindre bagatelle. Pour moi, quelqu'essentiel que cela pût être pour mes affaires, comme votre intention était toujours de venir chez moi ce soir, je vous dirai ce dont il s'agit en cas que vous en soyez curieux, et le parti que j'ai cru le plus prudent à prendre. Je me presse de renvoyer vivement mon homme, afin que ma lettre arrive assez à temps pour que vous n'avanciez pas votre retour.

Vous ne devez pas douter que je ne fusse ravie de passer ma journée avec vous, mais, comme si vous la passez vous ferez demain ou après ce que vous deviez faire aujourd'hui, cette pensée troublera tous les moments de ma journée, m'empêchera de goûter le plaisir d'être avec vous. Je vous l'ai dit cent fois, cela est pour moi comme une médecine à prendre. De la différer augmente le tourment ; on l'a toujours dans la pensée ; c'est la prendre mille fois au lieu d'une. Allez donc, et suivez tous vos arrangements ; j'aurai la consolation de penser que je ne les ai point dérangés, et que pour cette semaine au moins je ne vous aurai point été à charge. Vous ne sauriez croire combien cette conviction m'est nécessaire. Si vous veniez avec moi aujourd'hui, tout cela serait dérangé. Je sentirais que par pitié, par bonté, vous m'avez sacrifié ce qui vous tient le plus à cœur ; cela me désolerait. Laissez-moi jouir du seul bien qui me reste, qui est de vous aimer jusqu'au dernier moment de ma vie, mais d'une façon qui répare toutes les contraintes que je vous ai données peut-être autrefois, et que dorénavant ce soit sans importunité. A ce soir, je vous conjure. Je vous assure que je n'ai point du tout d'humeur, et que je ne fais que me rendre justice.

----

La paix, en effet, est venue, et ne la quittera plus pendant les longues années qui lui resteront à vivre. Quelles forces morales ont mené par étapes la duchesse de Villars jusqu'au calme retrouvé de la conscience et du cœur ? Le temps sans doute, la douleur qui s'use d'elle-même, qui laisse la place à un sentiment plus serein. Au lieu des dégoûts redoutés, c'est le calme qu'elle a obtenu. Et ce présent divin, si toutefois c'en est un, elle en fut digne. Elle le doit à la profondeur de cette affection, à son amitié vraie placée au-dessus des désirs passagers, à son infatigable oubli d'elle-même. Elle savait favoriser de loin l'élévation de l'ami qu'elle avait toujours considéré comme un homme supérieur. Les événements lui avaient donné raison.

Cet apaisement, elle l'avait aussi puisé dans l'entretien constant de la Reine, dans cette piété douce et ferme dont l'exemple était si puissant.

Devant cette douleur auguste, comment la duchesse n'eût-elle pas fait un retour sur elle-même ?
Une souffrance plus pure et plus grande que la
sienne avait trouvé son refuge hors de ce monde.
Comme la Reine, la dame d'atours pouvait con-
templer en silence cette *belle mignonne*, cette tête
de mort que Marie Leczinska conservait dans son
cabinet et qui proposait à l'amour déçu, comme
aux premiers siècles, les graves leçons du repentir.

Par une rencontre heureuse, c'est *Papette*, qui,
avec la duchesse de Luynes et plus souvent qu'elle,
est chargée plus tard de transmettre au comte
d'Argenson les lettres de la Reine, ces *anonimes*
que la souveraine écrit au ministre pendant les
campagnes où le comte accompagne le Roi
(1744-1747). A ces lettres sont joints les billets de
M^{me} de Villars. Rien n'y transpire de l'ancienne
passion émouvante et troublée. Tibulle et Délie
sont devenus « Monsieur le Comte » et « Madame
la Duchesse ». Ce sont des placets, des réflexions
en marge des pages royales, des croix de Saint-
Louis qu'on réclame ; l'amie se fait exigeante
pour ses protégés. En ces années où rayonne la
gloire de Fontenoy, où le Roi travaille surtout
avec les d'Argenson, les grâces les plus enviées
sont dues au ministre préféré. Ce sont aussi des
pensées plus hautes. M^{me} de Villars prie pour lui,
elle unit ses prières à celles de la Reine, elle agit
sur l'indifférence du philosophe, du protecteur de
l'Encyclopédie ; elle demande pour l'incrédulité
du siècle les pardons que les mérites de la Reine
et les siens peut-être ont acquis, union durable
entre les âmes qui se sont aimées.

« Je me flatte, Monsieur, » écrit M^me de Villars, le 22 mai 1744, à l'armée du Roi, en Flandre, « que vous ne doutez pas des vœux que je fais pour le succès de vos entreprises, vous connaissez mon *sincère attachement.* » Et, de Versailles, le 30 mai 1744 : « *La lettre de* Monsieur le Comte est charmante, excepté le titre que je ne mérite pas. Je suis pénétrée de la bonté avec laquelle il m'offre ses prières, je les accepte avec plaisir. Si les miennes sont exaucées, il sera parfaitement heureux. » Le 8 juin 1744 : « Je continue à vous souhaiter toute sorte de bonheurs. Recevez-en les nouvelles assurances et celles de ma sincère amitié. » Le 17 octobre : « Ne soyez pas importuné de recevoir si souvent de mes lettres, ce n'est pas ma faute, la Reine me charge de vous envoyer les siennes, et je ne peux m'empêcher de vous faire souvenir de mon sincère attachement. » Et ce billet, du 8 mai 1745, où passe comme un écho lointain du passé : « Papette est bien fâchée de savoir M. le comte dans la souffrance. Elle espère que le beau temps lui rendra une santé parfaite, et le délivrera de ses douleurs. Ce sont les vœux de Papette. »

Pour implorer en faveur d'un milicien (1^er juin 1745) : « Voici la meilleure œuvre que M. le Comte puisse faire ; Dieu l'en récompensera, s'il pouvait la connaître comme moi, je suis sûre qu'il ne balancerait pas un moment. Papette en aura la plus vive reconnaissance. »

« A Versailles ce 15 juin (1745). Votre lettre est charmante, Monsieur, elle m'a fait un sensible plaisir que je renferme en moi-même. Ne soyez

pas en peine, je vous supplie, je sais me taire. Je
juge par vos lettres que votre tête n'a pas besoin
d'un grand secours pour devenir bonne ; aussi vous
en avez demandé un très faible. Tel qu'il est, il ne
vous sera pas refusé, j'ajouterai : qu'il soit aussi
saint qu'il est aimable. Mon attachement est trop
véritable pour ne pas vous désirer le seulbonheur. »

Tantôt *Papette* « marque sa joie à M. le Comte
sur la rapidité des conquêtes du Roi », tantôt « il
faut qu'il apporte du petit cordon pour être bien
reçu de Papette », ou bien elle se plaint de ne pas
voir le nom de son frère, le comte de Noailles, sur
une liste de promotions. Mais toujours, ce sont
des appels à un cœur qu'elle connaît, des témoignages de reconnaissante amitié.

Les années ont passé, l'heure de la vieillesse a
sonné pour tous deux, et pour l'un, de plus, l'heure
de la disgrâce. C'est l'exil, en février 1757, c'est
le départ du comte d'Argenson avec une com-
pagne indigne d'un tel sacrifice. Ce sont les jours
froids et tristes, loin de la présence du maître.
Le cercle de la Reine, assombri déjà en avril 1749
par le renvoi de Maurepas, reçoit sa plus cruelle
atteinte. Rien ne fléchira la haine de M^me de
Pompadour ni la volonté du Roi. Les promesses
et les lettres de la bonne comtesse de Toulouse
n'apporteront à l'exilé qu'un timide réconfort.
Pourtant, il n'avait jamais désespéré et faisait
encore des projets de grandeur. L'inutile rappel
arriva trop tard ; et quand vinrent les bonnes
paroles du Roi, le malade insensible ne les entendait plus. M^me de Villars survivra sept ans à l'ami

que son cœur ornait de tous les mérites, au ministre à qui l'histoire rend justice, au philosophe que Voltaire admire et qu'il faut sans doute placer au nombre des véritables créateurs de la France moderne et de ses armées.

Peu à peu la mort frappait dans le groupe aimable d'autrefois. Le duc de Luynes s'éteignait en 1758, la dame d'honneur en 1763. Le vide se faisait à la Cour et dans la famille. Mme de Villars avait une fille unique, Amable-Angélique, née le 18 mars 1723 et mariée le 5 février 1744, à Guy-Félix Pignatelli, comte d'Egmont. Après la mort de son mari, la jeune femme prenait le voile, aux religieuses du Calvaire, près du Luxembourg (18 juin 1754). « Sa mère a été bien soulagée », dit le président Hénault dans ses *Mémoires*. On se demande parfois quels drames intimes se cachent sous de semblables petites phrases. Mme de Villars n'a-t-elle pas trop connu les souffrances de l'amour, trop supporté le fardeau de la vie, pour se complaire à l'amour maternel ? Sans doute se réjouit-elle aussi de voir les douleurs du monde épargnées à sa fille, et peut-être avait-elle transmis à Mme d'Egmont une sorte d'héritage mystique. Le 27 avril 1770, le duc de Villars, son mari, la précédera dans la tombe.

Mais les chagrins les plus cruels seront pour elle ceux de la famille royale. Rien ne saurait égaler la tristesse de la mort du Dauphin (20 décembre 1765). Mme de Villars fut le premier témoin des craintes et du malheur de la Reine. Le prince sur lequel reposaient tant d'espoirs ne sortait de l'ombre que pour mourir. Devant l'agonie de celui qui avait dit : « Ne persécutons pas », les luttes des partis faisaient trêve, la France et l'Europe s'unissaient dans un deuil fervent. La Dauphine n'eut pas la force de survivre. Enfin la Reine, qu'une longue maladie consumait, vit approcher la mort sans crainte (24 juin 1768). Ses derniers moments furent empreints de cette humilité dans la grandeur morale qui avait été le secret de toute sa vie. M^{me} de Villars suivit, le 2 juillet, le convoi « composé d'environ vingt carrosses à huit et six chevaux revêtus de grands caparaçons noirs traînant jusqu'à terre, sur lesquels se trouvaient les armoiries du Roi et de la Reine en broderie ; » entre la haie des gardes françaises, la marche était ouverte par les pauvres vêtus de gris, portant des flambeaux. En partageant avec les dames les précieuses reliques de la *Bonne Reine*, la duchesse vénérait comme elles toutes la sainte dont l'exemple modeste était chaque jour celui des plus héroïques vertus. La tradition en est toujours vivante parmi les familles qui s'honorent d'avoir connu ses bontés.

L'ancienne « mélancolie » de la duchesse remuait, avec ces souvenirs récents, les vicissitudes des anciennes années. Les tourments avaient fait place au repos : il n'y en avait jamais eu pour le bonheur, ce bonheur qu'elle avait si avidement cherché. Toutes ces ombres devaient hanter l'Ermitage de Versailles, et venaient l'y accueillir. L'Ermitage s'élevait dans une partie du parc donnée par le Roi, en 1749, à M^{me} de Pompadour « sa vie durant » ; il avait coûté 300.000 livres. Le Roi, après la mort de la marquise, en accorda la jouissance à M^{me} de Villars. Elle aussi pouvait faire élever une statue qui la représentât en déesse de l'Amitié, comme cette effigie que la favorite avait destinée aux jardins de Bellevue et que le marquis d'Argenson a décrite ; le bosquet de l'Amour était devenu le bosquet de l'Amitié. Dans le recueillement des longs automnes, la duchesse ne rêvait pas, ainsi que trop souvent la *Femme au XVIIIe siècle*, d' « aller à la mort parée d'esprit, comme le corps de la princesse de Talmont va à la terre dans une robe bleue et argent ». D'autres n'ont connu que « l'étourdissement des cœurs », le vide de l'existence agitée, l'ennui après le plaisir, comme Mme du Deffand à qui le président Hénault pouvait écrire : « Vous n'avez ni tempérament ni roman. Je vous en plains beaucoup. » Mme de Villars demeure une exception dans ce siècle auquel d'Argenson reprochait « l'ostentation dans la volupté », ce siècle aussi « des unions, dont on prévoit le dernier jour au premier jour », ont dit si bien les Goncourt, « et dont on écarte les inquiétudes, la jalousie, tout ennui, tout chagrin, tout engagement de pensée ou de temps ». Mme de Villars, au contraire, « a connu la souffrance secrète de ce petit nombre de personnes supérieures qui ont goûté jusqu'au fond tout ce que le plaisir, le bonheur, l'activité de la société pouvait leur donner d'occupation et leur apporter de plénitude. Arrivées en quelques pas à la fin des choses et à leur dégoût......, elles se découvrent, dans cette atmosphère de sécheresse et d'égoïsme, un irrésistible et furieux besoin d'aimer, d'aimer avec folie, avec transport, avec désespoir. » Tel est bien le portrait de celle dont les sentiments ont gardé encore, par le sortilège des feuillets jaunis, toute leur douloureuse puissance : « cette relique de la grâce, la lettre, est sa causerie même. » Nous l'entendons dire : « Je méritais d'être plus heureuse » ; nous savons qu'elle a ressenti « le trouble, l'agitation, l'inquiétude, la confusion des pensées », qu'elle ne peut arriver à exprimer « la dose de tristesse dont elle est accablée », quand elle déplore « le pouvoir qu'un autre a sur son âme ». Cette amie de Voltaire avait une sensibilité plus digne de Rousseau. Si le sentiment de la nature ne lui a pas été inspiré, s'il faut laisser à de plus jeunes qu'elle la surprise heureuse de se voir converties aux leçons champêtres de la Nouvelle Héloïse, Mme de Villars s'était éveillée d'elle-même à toutes les émotions que connurent les héritières de *Julie*. L'amour, ce caprice du temps, est pour elle redevenu presque un délire sacré.

Mais la vieillesse que n'occupent pas tout entière les bureaux d'esprit et les intrigues de Cour, quand les chagrins d'amour ont amené le renoncement, cette vieillesse adoucie et grave éprouve la fatigue du monde qui conduit à Dieu. Mme de Villars, qui ne faisait pas comme jadis Mme de Prie, « rouler les amants avec les affaires », avait su vieillir. Il vient un jour où les divinités de l'Olympe de Nattier, celles qui s'avançaient avec tant de grâce « sur les nuages du triomphe mythologique », descendent sans regret de l'illu-soire empyrée. Elles renoncent à ce fard, à ce rouge éclatant qui anime le visage d'une clarté factice, ce rouge qui règne à Versailles. Il semble que les étoffes elles-mêmes se fanent comme les plaisirs. Ces robes aux énormes paniers, couverts de soies splendides, ces « échelles de rubans », ces « fagots de fleurs », les brocarts de pourpre et d'or du « grand habit », les satins brodés de lys et de pivoines, « de soleils en feu et de grappes de raisin », les traînes lamées d'argent, semées de fleurs, les guirlandes de roses, les chaînes d'œillets et les « barrières » de jasmin, les « petits bouquets attachés avec des petits nœuds dans le creux des festons », toute cette ingénieuse parure d'une époque frivole n'a point défendu certains cœurs contre la souffrance morale. Et les *vapeurs* de M<sup>me</sup> de Villars n'étaient pas dues à l'ennui, mais à cette souffrance même ; mal réel, sourd et affreux qui la déchirait. Mais elle avait trouvé le remède, que d'autres plus infortunées ne connaîtront pas.

*Délie, Papette*, la « sainte duchesse », trois surnoms qui disent les métamorphoses de la femme. Se souvint-elle, au soir de sa vie, de ses lettres d'amour emportées dans l'exil d'un homme d'État, relues sans doute et précieusement gardées, confiées aux soins des générations futures, dans le vieux château familial ? Amour que ses vicissitudes ont purifié, que les années ont recouvert d'un voile discret, racheté depuis longtemps par les larmes et la prière. L'âme de la duchesse charmante quitta ce monde le 16 septembre 1771. Fidèlement soumise à la volonté divine, elle ne saurait craindre le jugement des hommes. Elle désirait passionnément « qu'on lui rendît justice » : nul de ceux qui l'évoquent ainsi ne lui refusera le seul privilège qu'elle ait réclamé.

# LA MARQUISE DU CHATELET
# ET LE COMTE D'ARGENSON

« Courage, Monseigneur, courage, la fermeté rendra la France respectable à ceux qui l'ont crue affaiblie. Personne ne forme des vœux plus sincères pour votre gloire que votre ancien serviteur V., qui vous aime avec tendresse, et qui vous est respectueusement dévoué pour jamais. » Ainsi écrivait Voltaire au comte d'Argenson, et cette lettre était datée de La Haye, 15 juillet 1743. Il y joignait un « petit état », une « pièce secrète ». C'est que le ministre de la Guerre l'avait chargé d'une mission diplomatique. De Hollande, le philosophe devait passer en Prusse, où il s'agissait d'amener le Roi à reprendre l'offensive contre Marie-Thérèse. Mais que cette nouvelle séparation devait coûter de peine à M<sup>me</sup> du Châtelet ! Depuis 1734, la « divine Emilie » avait associé sa vie à celle du grand homme « La du Châtelet est bien heureuse de l'avoir », disait Frédéric en 1739. Cette vie délicieuse, pourtant, était parfois troublée par les querelles et les soupçons. Surtout, par l'anxiété de voir Voltaire banni pour ses opinions, mis à la Bastille, éloigné d'elle. Depuis les *Lettres philosophiques*, aucune sécurité. C'était, en 1734, un séjour à Plombières, puis une retraite à Cirey ; la fuite en Hollande, et le retour en 1737, l'époque charmante et orageuse où Mme de Grafigny était mise en présence de la « Nymphe » et de l' « Idole », où l'on jouait trente-trois actes en vingt-quatre heures.

Mais il fallait des temps plus sûrs pour apporter un répit aux inquiétudes de Mme du Châtelet. Tout changea dès l'heure où le pouvoir passa à deux nouveaux ministres, à deux frères : « Je vous suis dévoué », écrivait Voltaire au Marquis d'Argenson en 1744, « par l'attachement le plus tendre et le plus vieux ». Et, le 12 juin 1747, « l'éternel malade, l'éternel persécuté, le plus ancien de vos courtisans et le plus éclopé », ajoutait : « Je suis né pour être vexé par les Desfontaines..., et protégé par les d'Argenson ». Aussi Voltaire aurait pu convenir (malgré sa lettre à d'Argental citée par Sainte-Beuve), que l'autorité de « ministre dans un État despotique » n'était pas inutile aux hommes de lettres ambitieux. Au lieu de « sortir demain » d'un tel État, c'était le moment d'y rentrer au plus vite. MM. d'Argenson se chargeaient de lui prouver cette vérité : « J'embrasse vos intérêts avec chaleur et avec plaisir », lui écrivait le marquis. « Pourquoi allez-vous parler de protection et de respect à un ancien ami, qui le sera toujours ? »

Mme du Châtelet pensait comme Voltaire, et elle marqua toute sa vie sa reconnaissance aux deux ministres. Nous croyons cependant qu'elle donnait la préférence à l'aîné. L'auteur des *Mémoires* où abondent tant de jugements amers, l'a regrettée et lui a rendu justice. En annonçant sa mort en couches à Lunéville (septembre 1749), il l'appelle « l'une des plus spirituelles et des plus savantes dames de notre siècle ». Et puis, la « docte Uranie » admirait dans le ministre des Affaires étrangères le philosophe et le protecteur de la philosophie. Elle pouvait lui écrire comme à Richelieu, après cette brève liaison si vite transformée en amitié durable : « Je m'applaudis d'aimer en vous l'ami de mon amant ». Elle tenait en haute estime l'inventeur de tant d'utopies prophétiques : s'il n'observait pas les astres comme elle, il se perdait souvent dans les nuées.

Ce sont les lettres de M*me* du Châtelet au comte d'Argenson, ministre de la Guerre, dont nous avons l'occasion de nous occuper ici. Quatre d'entre elles ont paru en 1857, à la suite de l'édition elzévirienne des *Mémoires* du marquis, et ont été reproduites par M. E. Asse (*Lettres de la marquise du Châtelet*, 1878). Nous possédons le texte original. Mais il en est une cinquième, qui fait également partie de nos archives privées, et qui n'a pas été publiée dans ces deux ouvrages. On ne saurait mettre ces lignes sous les yeux du lecteur sans rappeler le portrait, vivant et injuste, de M*me* du Deffand, ce portrait que Sainte-Beuve conseille de relire dans Grimm, et qu'il se refuse à transcrire, *de peur de brûler le papier* : « Représentez-vous une femme grande et sèche, sans hanches, la poitrine étroite, de gros bras, de grosses jambes, des pieds énormes, une très petite tête, le visage maigre, le nez pointu, deux petits yeux verts de mer, le teint noir, rouge, échauffé, la bouche plate, les dents clairsemées et extrê·mement gâtées, voilà la figure de la belle Emilie ; figure dont elle est si contente qu'elle n'épargne rien pour la faire valoir : frisures, pompons, pier·reries, verreries, tout est à profusion..... Née sans talent, sans mémoire, sans imagination, elle s'est faite géomètre pour paraître au-dessus des autres femmes, ne doutant pas que la singularité ne donne la supériorité.....

« Madame travaille avec tant de soin à paraître ce qu'elle n'est pas, qu'elle ne sait plus ce qu'elle est, en effet. Ses défauts mêmes ne lui sont peut·être pas naturels..... Tant de prétentions satis·faites n'auraient cependant pas suffi pour la rendre aussi fameuse qu'elle voulait l'être : il faut, pour être célèbre, être célébré. C'est à quoi elle est parvenue en devenant maîtresse déclarée de M. de Voltaire. C'est lui qui la rend l'objet de l'attention du public et le sujet des conversations particulières ; c'est à lui qu'elle devra de vivre dans les siècles à venir. En attendant, elle lui doit ce qui fait vivre dans le siècle présent. »

Les prétendus *Souvenirs de M*^me *de Créquy* donnent de M^me du Châtelet une caricature odieuse, et sans esprit d'ailleurs. Ils la font, de plus, naître le 17 décembre 1702 ; pour mieux la dénigrer, on veut la vieillir : « C'était un colosse en toutes proportions. C'était une merveille de force ainsi qu'un prodige de gaucherie .....et pour avoir souffert que Voltaire osât parler de sa beauté, il fallait assurément que l'algèbre et la géométrie l'eussent fait devenir folle..... Nous n'avons jamais ouï parler du génie sublime et du profond savoir de M<sup>me</sup> du Châtelet sans éclater de rire..... » Si ces méchancetés inventées après coup nous laissent incrédules, M<sup>me</sup> de Staal, spirituelle du moins et plus vraie, racontant le voyage du couple illustre à Anet, chez la duchesse du Maine le 14 août 1747, fait de leur arrivée la description si animée et si connue : « Ils parurent hier, sur le minuit, comme deux spectres, avec une odeur de corps embaumés..... M<sup>me</sup> du Châtelet est d'hier à son troisième logement..... il y avait du bruit, de la fumée sans feu, il me semble que c'est son emblème ». Une telle insensibilité convient peu à l'âme ardente de la femme qui, abandonnée par M. de Guébriant, s'était fait servir, par son amant lui-même, un bouillon empoisonné. Mais on verra d'autres portraits où l'admiration sans réserve mérite à l'élève de Maupertuis, à la savante et à l'amie des savants, les suffrages désintéressés.

Nous avons fait remarquer la confiance qu'elle témoignait au marquis d'Argenson. Gabrielle-Emilie de Breteuil, née le 17 décembre 1706, mariée le 12 juin 1725 à Florent-Claude, marquis du Châtelet-Lomont, n'a jamais oublié ses liens de parenté avec les deux ministres. Son père, le baron de Breteuil, introducteur des ambassadeurs, était petit-fils d'une Lefèvre de Caumartin, et avait épousé sa cousine, Marie-Anne Lefèvre de Caumartin, le 3 août 1679. Ces alliances le rattachaient aux d'Argenson, le garde des Sceaux s'étant de même uni à cette vieille race parlementaire. Et c'est dans ce milieu qu'Emilie (fille de Marie-Gabrielle de Froulay, devenue la seconde femme de M. de Breteuil, le 15 avril 1697), avait connu Voltaire. Le jeune Arouet, contrarié par son père dans sa vocation poétique, n'avait-il pas trouvé asile et protection chez M. de Caumartin, marquis de Saint-Ange ? Le marquis d'Argenson, ajoute l'éditeur des *Mémoires*, « passa chez son oncle une partie de sa jeunesse, et y prit aussi le goût des lectures et des études historiques. C'était pour Voltaire un lien de plus avec cette famille, de laquelle il avait reçu un accueil bienveillant dans un temps où il n'avait encore aucun titre à la célébrité, et où il en avait déjà à la persécution. Plus tard, il fut obligé plus d'une fois d'avoir recours aux amis de son enfance, devenus les dépositaires de l'autorité souveraine ».

Le récit des relations de M^me du Châtelet avec MM. d'Argenson semble continuer par une intervention un peu délicate. Le président Hénault, plus dévoué au comte, écrivait à celui-ci, au moment où son frère le remplaçait comme chancelier du duc d'Orléans (août 1740) : « Votre affaire fait un si furieux bruit depuis hier qu'il est important que vous soyez instruit de ce qui se passe.. M^me du Châtelet est à la tête du parti de M. votre frère..... M. votre frère a dit à M^me du Châtelet que vous étiez d'accord..... d'où il résulte que M. le duc d'Orléans est joué et que vous voulez le quitter parce que vous avez des vues plus élevées. .....Il faut que vos amis puissent répondre. » Et, le surlendemain : « M^me du Châtelet dit que vous auriez dû vous prêter à ce que M. d'Orléans vous avait proposé de dire que vous vous retiriez ». Le président s'agite, mais Emilie tient bon ; et le marquis, fidèle à ses amitiés comme à ses haines, s'en souviendra toujours.

Aussi la critique mordante de son *Journal* est tempérée, dès qu'il s'agit d'elle, d'une indulgence inusitée, malgré les petits traits d'ironie que le philosophe ne se refuse pas : « 6 juillet 1740 : On annonce que le roi Stanislas a exigé à sa Cour que Voltaire et M^me du Châtelet fissent à l'avenir leurs pâques. Ce sera, dit-on, de la besogne bien faite ».

A propos des mémoires que le roi de Prusse alors prince royal, (mon *Messie du Nord*, disait Voltaire), a composés sur les intérêts des princes : « Ils sont parvenus à M^me du Châtelet, qui n'a pas été trop discrète. Elle les a montrés à quelques amis, qui les ont montrés à d'autres... »

« 21 décembre 1747 : M^me du Châtelet et Voltaire ont perdu les entrées de la Cour de Sceaux, à cause des invitations qu'ils faisaient à leurs pièces. Il y a cinq cents billets d'invitation où Voltaire offrait à ses amis, pour plus agréable engagement, qu'on ne verrait pas M^me la duchesse du Maine. » (D'après le duc de Luynes, plus modéré, « il y eut un monde si affreux, que M^me la duchesse du Maine a été dégoûtée de pareils spectacles. Elle voulut voir les billets qui avaient été envoyés ; elle trouva qu'ils étaient indécents par rapport à elle »). Les deux grands acteurs, voulant un nombreux public, les avaient rédigés ainsi : « Entre qui veut, sans aucune cérémonie..... » On comprend un peu la mauvaise humeur de la princesse.

Avant de transcrire les lettres de M^me du Châtelet au comte d'Argenson, interrogeons la correspondance de Voltaire et des deux ministres ; elle précise les rapports affectueux qui existaient entre ceux-ci et la marquise.

La lettre adressée par Voltaire, le 16 avril 1739, au marquis d'Argenson, qui venait d'être nommé ambassadeur en Portugal, offre un intérêt bien curieux pour les projets du philosophe : « Mon protecteur, mon ancien camarade de collège, Monsieur l'ambassadeur, je suis au désespoir que vous partiez..... Vous me croyez si politique que vous me proposez tout d'un coup pour aller amuser le futur roi de Prusse..... » C'est dans cette lettre qu'on trouve l'idée singulière de faire er.voyer M. du Châtelet comme ambassadeur auprès de Frédéric, afin de pouvoir aller à Berlin sans quitter M^me du Châtelet : « Vous verrez à quel point ce prince est homme. Mais malgré l'excès de ses bontés et de son mérite, je ne quitterai pas un instant les personnes à qui je suis attaché pour l'aller trouver. J'aime bien mieux dire : Emilie ma souveraine que le Roi mon maître. Si jamais il est roi, et que M. du Châtelet puisse être envoyé auprès de lui avec un titre honorable et convenable, à la bonne heure. En ce cas, je verrai le modèle des rois ; mais, en attendant, je resterai avec le modèle des femmes. » Et, pour finir : « M^me du Châtelet vous fait les plus tendres compliments ; elle a brûlé les cartes géographiques qui lui ont prouvé que votre chemin n'est pas par Cirey. »

« La Providence », écrit Voltaire, « à *Cirey*, 1739,

ce 8 *mai en partant*, m'a fait rester un jour de plus que nous ne pensions, pour me faire recevoir la plus agréable lettre que j'aie reçue depuis que M^me du Châtelet ne m'écrit plus. Je viens de lui lire l'extrait que vous voulez bien nous faire d'un ouvrage dont on doit dire, à plus juste titre que de *Télémaque*, que le bonheur du genre humain naîtrait de ce livre, si un livre pouvait le faire naître..... M^me du Châtelet, qui en vérité est la femme en qui j'ai vu l'esprit le plus universel et la plus belle âme, est enchantée de votre plan. Vous devriez nous le faire tenir à Bruxelles par le carrosse. Je vous avertis que nous sommes les plus honnêtes gens du monde, et que nous le renverrons incessamment à l'adresse que vous ordonnerez, sans en avoir copié un mot.

Je vous étais attaché par les liens d'un dévouement de trente années et par ceux de la reconnaissance, voici l'admiration qui s'y joint.

Je reçois cet ordinaire une lettre d'un prince dont vous seriez premier ministre, si vous étiez né dans son pays. »

A son tour, le marquis écrivait à Voltaire, de Paris, le 20 juin 1739. Il s'agit toujours du désaveu qu'on cherchait à obtenir de l'abbé Desfontaines dans la *Gazette de Hollande* : « Tenez-vous en là, et tout est très bien. Je gage que M^me du Châtelet pense comme moi. Vivez bien tranquille, mon cher ami. Ne songez qu'à vos amis, à votre Parnasse, à toutes les neuf Muses à la fois, et surtout à la dixième, qui a si bien écrit sur le feu, et au bonheur de votre patrie..... »

Après la lecture d'un des mémoires politiques

du marquis (*Les Considérations sur les vrais principes du gouvernement*), Voltaire pouvait répondre : *Rue de la Grosse Tour, à Bruxelles, 22 juin 1739 :* « Vous m'avez fait bien des plaisirs, mais voici le plus grand de vos bienfaits. Il ne s'agit pas ici de vous louer..... Je ne crains que d'être trop prévenu en faveur d'un ouvrage où je retrouve la plupart de mes idées..... Le temps qui presse m'empêche de suivre en détail *votre ouvrage d'Aristide*. M^me du Châtelet le lit à présent. Nous vous en parlerons plus au long si vous le permettez ; mais tout se réduira à regarder l'auteur comme un excellent ministre du Roi, et comme l'ami de tous les citoyens..... M^me du Châtelet, entourée de devoirs, de procès, a bien du regret de ne pouvoir vous écrire aujourd'hui, et vous marquer elle-même ce qu'elle pense de l'ouvrage et de l'auteur.

Un Anglais fit mettre sur son tombeau : *Ci-gît l'ami de Philippe Sidney.* Permettez que mon épitaphe soit : *Ci-gît l'ami du marquis d'Argenson.* Voilà une charge que l'on n'a point avec de la finance, et que je mérite par le plus respectueux attachement et par la plus haute estime.

V.

Recommandez-moi, je vous prie, fortement, à M. votre frère. »

C'était le temps où Voltaire dédiait à son défenseur infatigable contre les Rousseau et les Desfontaines, l'*Ode sur l'Ingratitude*, le temps aussi, comme on le voit, de la reconnaissance.

*Le marquis d'Argenson à Voltaire. A Paris, ce 7 juillet* 1739. — Quelque chose me dit, Monsieur, qu'il y a actuellement une lettre de vous pour moi en chemin, outre celle que vous me promettez de Mme du Châtelet, par la vôtre du 22 juin..... Vos approbations sur mon travail en sont véritablement le salaire. .....Je vous recommande plus que jamais *que mon manuscrit ne soit lu ni copié de personne,* et lu que de vous et de Mme du Châtelet..... » — Et Voltaire, de Bruxelles, 8 juillet 1739 : « Si je suivais mon goût, je vous jure bien que je ne remettrais les pieds dans Paris que quand je verrais M. d'Argenson à la place de son père, et à la tête des belles-lettres..... Mme du Châtelet est aussi enchantée que moi et vous louera bien mieux. V. »

De Bruxelles (9 août 1741), ce sera *Mahomet* dont il faut protéger le sort incertain : « Mme du Châtelet vous mande que je suis assez heureux pour soumettre à vos lumières un certain prophète, dont j'avais déjà eu l'honneur de vous réciter quelques scènes. Je voudrais pousser ce bonheur-là jusqu'à vous le présenter moi-même à Paris, mais nous sommes encore loin d'une félicité si complète. »

Du 17 novembre 1741, ce billet charmant : « Je suis venu chez M. le marquis d'Argenson pour avoir la hardiesse de le prier à souper, lui et M. son fils, demain vendredi, dans la rue des Bons-Enfants. On peut sans souper accorder la présence réelle. V. »

« Si vous ne prêtez pas ce livre, prêtez du moins votre présence à souper, et celle de M. votre fils. V.

« C'est un souper tout littéraire : nous avons Helvétius, fermier général et poète, le traducteur de Pope, le traducteur de Milton, et la philosophe Emilie présidera avec nous. »

Mais le grand homme ne perd pas de vue ses intérêts. S'il semble s'égarer, avec le marquis, dans les rêveries du sociologue et du philanthrope, la protection du comte ne lui sera pas inutile dans les affaires financières, et, pour celui qui va devenir le plus riche parmi les gens de lettres, le voisinage du pouvoir a toujours des attraits précieux. Peu de jours avant le départ pour sa mission en Hollande et en Prusse, Voltaire écrivait au comte d'Argenson (juin 1743) : « Je me flatte, Monseigneur, que je partirai vendredi pour les affaires que vous savez. C'est le secret du sanctuaire, ainsi n'en sachez rien. Mais si vous avez quelques ordres à me donner, et que vous vouliez que je vienne à Versailles, j'aurai l'honneur de me rendre secrètement chez vous, à l'heure que vous prescrirez..... Heureux ceux qui vous servent, et plus encore ceux qui jouissent de l'honneur et du plaisir de vous voir ! Mille tendres respects. VOLT. »

Et de *La Haye, au palais du roi de Prusse, 5 juillet* 1743 : « Dans ce fracas de dispositions pour tant d'armées, permettez, Monseigneur, que je vous remercie tendrement de la grâce accordée à M^me du Châtelet et de la manière..... »

Il s'agit là de la fourniture que Voltaire avait fait obtenir à son cousin Marchand de Varenne, et dans laquelle il avait lui-même un intérêt : « Marchand, père et fils, ne demandent qu'à vêtir et alimenter les défenseurs de la France ». Mme du Châtelet allait intervenir pour sauver cette affaire compromise. Voici sa première lettre au comte d'Argenson :

*Le sieur Marchand m'est venu trouver, Monsieur, pour que j'eusse l'honneur de vous écrire en sa faveur. Vous avez eu la bonté de lui accorder, à la recommandation de M. de Voltaire, une fourniture de dix mille habits pour les milices. Il s'est associé avec le sieur Devin pour la remplir. Ils ont eu l'honneur de vous représenter l'impossibilité où ils étaient de faire cette fourniture en drap de Lodève, pour le temps prescrit, parce que la manufacture était épuisée, et ne pouvait pas en fournir à temps, à cause de celui qu'il faut pour le faire venir. On a mandé à M. Devin que vous aviez donné cette entreprise à M. de Vallat. Il est bien difficile qu'il la fasse plutôt que les sieurs Marchand et Devin. M. de Voltaire vous serait, je crois, infiniment obligé, si vous vouliez bien conserver cette entreprise au sieur Marchand. Mais si vous croyez que le sieur de Vallat vous serve mieux, les sieurs Marchand et Devin vous supplient au moins d'exiger du sieur de Vallat qu'il prenne les mêmes fournitures au prix qu'elles leur ont coûté, en montrant leur facture, ce qui me paraît selon toute justice, puisque sans cela ils se trouveraient ruinés. Je crois que M. de Voltaire ne pourra pas sitôt vous recommander cette affaire lui-même. Je viens d'apprendre que le roi de Prusse ne va plus ni à Aix-la-Chapelle ni à Spa, ainsi il va vraisemblablement partir pour Berlin.*

*J'en suis dans une affliction inexprimable. Il est affreux, après trois mois de peine, de n'être pas plus avancé que le premier jour.*

*J'ai eu l'honneur de vous écrire ces jours passés une lettre sur Monsieur du Châtelet, à laquelle j'espère que vous voudrez bien faire attention. Soyez, je vous en supplie, bien persuadé, Monsieur, que personne ne sera jamais avec plus d'attachement que moi votre très humble et très obéissante servante.*

BRETEUIL DU CHASTELET.

A Paris, le 22 août 1749.

Faut-il attribuer à cette affaire manquée un peu de découragement, qui semble percer dans ces mots adressés au marquis, toujours *de La Haye, au palais du roi de Prusse, le 8 d'Auguste* : « Soyez chancelier de France, si vous voulez que j'y revienne ; rendez-nous la gloire des lettres, quand nous perdons celle des armes ? »

Pendant les années heureuses où Emilie, suivant le joli mot de Sainte-Beuve, avait enfermé Voltaire dans « le cercle magique de Cirey », les amants songeaient avec affection au ministre de la Guerre. Parfois aussi, le comte d'Argenson recevait de leurs nouvelles. Un jour, c'est le président Hénault, qui lui écrit de Plombières (9 juillet 1744) : « Je vous retrouve partout. J'ai aussi passé par Cirey ; c'est une chose rare. Ils sont là tous deux seuls, comblés de plaisirs. L'un fait des vers de son côté, et l'autre des triangles. La maison est d'une architecture romanesque et d'une magnificence qui surprend..... Enfin, je vous dis que l'on croit rêver..... » Nous ne citerons pas toute cette lettre bien connue. Rappelons seulement que l'éloignement ne leur avait pas enseigné l'oubli. M^me Denis n'avait pas tout à fait raison, sans doute, en écrivant à Thiériot dès le 10 mai 1738 : « Mon oncle vous est toujours attaché..., je suis désespérée, je le crois perdu pour tous ses amis ; il est lié de façon qu'il me paraît presque impossible qu'il puisse briser ses chaînes. Ils sont dans une solitude effrayante pour l'humanité..... Voilà la vie que mène le plus grand génie de notre siècle ; à la vérité, vis-à-vis d'une femme de beaucoup d'esprit, fort jolie, et qui emploie tout l'art imaginable pour le séduire. Il n'y a point de pompons qu'elle n'arrange, ni de passages des meilleurs philosophes qu'elle ne cite pour lui plaire..... » Heures où la science et les lettres embellissent les vies, avant le fatal séjour à Lunéville, et la tragédie qui devait emporter ce bonheur.

Revenons maintenant aux lettres que Voltai ne cessait d'adresser aux deux frères, nous y trouverons exprimés tous les sentiments partagés si bien par M^me du Châtelet.

« *A Cirey, ce 9 ou 10 Auguste* [1744]. *Dieu merci, je ne sais pas comme je vis.* Aimez-moi un peu, je vous en supplie ; que j'aie cette consolation dans cette courte vie. Il y a quarante ans, ô Ciel ! que je vous aime, et je n'ai pas eu l'honneur de vivre avec vous la valeur de quarante jours. Ah ! Ah ! »

Cependant, choisi par le Roi et porté au pou-

voir presque par un mouvement d'opinion, le marquis est devenu ministre des Affaires étrangères.
Cette heure que Voltaire attendait avec impatience
lui permet à son tour de prophétiser (7 décembre
1744) : « Adieu, Monseigneur : tôt ou tard on
aura la paix, et votre ministère sera probablement bien glorieux. Vous savez si je m'y intéresse.»
Et souvent, à la fin : « M^me du Châtelet vous
aime de tout son cœur. » Aussi Voltaire, bien ré-
compensé, ce Voltaire « harcelé, persécuté, re-
nié », devient homme de cour et diplomate. Sa
lettre du 8 février 1745 indique ce qu'il demande
et ce qu'il attend : « M. Racine fut moins protégé
par MM. Colbert et Seignelay que je ne le suis
par vous. .....La charge de gentilhomme ordinaire
ne vaquant presque jamais....., on peut y ajouter
la petite place d'historiographe..... Daignez achever votre ouvrage, Monseigneur..... »

Double faveur vite obtenue. Les débuts furent
heureux. Le 11 mai 1745 est une des grandes
dates de la monarchie française. Le billet de Voltaire au marquis d'Argenson est resté célèbre :
« *A la première nouvelle de la victoire de Fontenoy.
Jeudi 13, à 11 heures du soir.* Ah ! le bel emploi
pour votre historien ! Il y a trois cents ans que
les rois de France n'ont rien fait de si glorieux.
Je suis fou de joie ! Bonsoir, Monseigneur. » Le
20 mai, au soir, tout en composant le *Poème de
Fontenoy* : « Vous m'avez écrit, Monseigneur, une
lettre telle que M^me de Sévigné l'eût faite, si elle
s'était trouvée au milieu d'une bataille. » (C'était la
réponse du marquis à « Monsieur l'historien », et
en effet cette lettre est belle. La gloire ne cachait

pas au ministre philosophe le spectacle des misères et du sang répandu.) « Je viens de donner bataille aussi, et j'ai eu plus de peine à chanter la victoire que le Roi à la remporter. M. Bayard de Richelieu vous dira le reste. Vous verrez que le nom de d'Argenson n'est pas oublié. En vérité, vous me rendez ce nom bien cher ; les deux frères le rendront bien glorieux. Adieu, Monseigneur, j'ai la fièvre à force d'avoir embouché la trompette. Je vous adore. » Aussi, Voltaire pouvait justement écrire plus tard au comte d'Argenson (3 octobre 1752), en parlant de son *Histoire de la guerre de* 1741, prélude du *Siècle de Louis XV* : « Cette histoire a été écrite dans vos bureaux et par vos ordres. »

Après ces jours glorieux, l'amitié de M^me du Châtelet reprend ses droits : « M^me du Châtelet a plus d'envie de vous voir que vous n'en avez de causer avec elle. Nous vous sommes attachés solidairement. » Maintenant c'est la pensée de la paix qui emplit les lettres de Voltaire. L'opinion fatiguée de la guerre attendait l'œuvre d'un ministre humain et sensible : « On dit que nous devrons la paix à M. le marquis d'Argenson », cette paix que les rois ne font rien pour mériter : « Grand et digne citoyen, ce monde-ci n'est pas digne de vous..... »

Mais, avant le *Te Deum* espéré, le ministre devait « achever l'ouvrage » de la gloire promise à Voltaire, et un voyage s'imposait auprès des puissants du jour : « Il faut que j'aille passer une quinzaine de jours à Versailles », écrit le philosophe (17 février 1746). « Voulez-vous permettre que je fasse mettre un lit dans le grenier au-dessus de l'appartement que vous avez prêté à Mme du Châtelet sur le chemin de Saint-Cloud ? J'y serai un peu loin de la Cour, tant mieux ; mais je me rapprocherai souvent de vous, car c'est à vous que mon cœur fait sa cour depuis bien longtemps et pour toujours. »

« J'irai voir Mme du Châtelet, » répondait peu après le marquis à Voltaire, candidat à l'Académie française ; c'est une agréable nouvelle qu'il voulait apporter lui-même : « Je sais combien votre *jettonnerie* est sûre ; voulez-vous que je vous fasse votre harangue, par représailles de vos travaux diplomatiques ? » Aussi, en mai 1746, Voltaire était élu, et l'appui de son protecteur fidèle ne lui avait pas manqué. Aussi, quelle joie de se retrouver : « Heureux ceux qui vous voient ! » Et, le 23 juin 1746 : « Triomphez en tout... Comptez, Monseigneur, que vous viendrez à bout de tout..... Sachez que j'ai dit à Mme de Pompadour que vous pouviez bien la venir voir aujourd'hui. Voulez-vous que j'aie l'honneur de vous y accompagner ? Je lui dirais en chemin bien des choses ; mais vous avez trop à faire. Comptez que personne ne vous est plus solidement attaché que Mme du Châtelet et Voltaire. »

On se revit souvent pendant ces deux années. Le 25 juin 1747, le marquis d'Argenson raconte à son frère une réunion intime chez Mme du Châtelet ; on allait ensuite à l'Opéra, avec le duc de Richelieu et le marquis de Paulmy. Mais la campagne de 1747 éloignait le comte d'Argenson de ses amis. Aux lauriers de Fontenoy s'ajoutaient les succès de la conquête des Pays-Bas. Le ministre de la Guerre accompagnait le Roi ; chaque jour, pour ainsi dire, était marqué par un nouveau triomphe. Le 2 juillet, le comte prenait part, avec le Roi, à la victoire de Lawfeld. Parmi tant de félicitations que cette journée valut au ministre, nous trouvons celles de M<sup>me</sup> du Châtelet. La lettre est tracée sur un beau papier d'un jaune éclatant à bordure brune :

*Paris, 8 juillet 1747. — Je ne m'attendais pas, Monsieur, quand j'ai eu l'honneur de vous écrire, que j'aurais sitôt un si grand compliment à vous faire. Si vous connaissez mon attachement pour vous, vous êtes bien persuadé de l'intérêt que je prends à votre gloire, et du plaisir que j'ai à vous en assurer. M. de Voltaire vous exprimera sa joie et son attachement d'une manière plus élégante, mais personne ne sentira jamais l'un ni l'autre plus vivement que moi.*

*Vous voyez que je suppose que vous m'avez accordé la permission que je vous ai demandée dans ma dernière.*

La lettre de Voltaire au comte d'Argenson est célèbre ; cette éblouissante fantaisie orientale, citée partout, se fixe, dirait-on, d'elle-même dans la mémoire. On nous excusera de la rapporter une fois de plus, pour ne pas séparer ici Voltaire de M<sup>me</sup> du Châtelet : « *A Paris, le 4 de la pleine lune. L'ange Jesrad a porté jusqu'à Memnon la nouvelle de vos brillants succès, et Babylone avoue qu'il n'y eut jamais d'Itimadoulet dont le ministère* ait été plus couvert de gloire. Vous êtes digne de conduire le cheval sacré du Roi des Rois et la chienne favorite de la Reine. Je brûlais du désir de baiser la crotte de votre sublime tente, et de boire du vin de Chiras à vos divins banquets. Orosmade n'a pas permis que j'aie joui de cette consolation, et je suis demeuré enseveli dans l'ombre, loin des rayons brillants de votre prospérité. Je lève les mains vers le puissant Orosmade. Je le prie de faire longtemps marcher devant vous l'ange exterminateur, et de vous ramener par des chemins tout couverts de palmes.

Cependant, très magnifique seigneur, permettriez-vous qu'on vous adressât, à votre sublime tente, un gros paquet que Memnon vous enverrait du séjour humide des Bataves ?..... vous pourriez ordonner que ce paquet fût porté jusqu'à la ville impériale de Paris, parmi les immenses bagages de Votre Grandeur.

Je lui demande très humblement pardon d'interrompre ses moments consacrés à la victoire, par des importunités si indignes d'elle. Mais Memnon, n'ayant sur la terre de confident que vous, n'aura que vous pour protecteur, et il attend vos ordres très gracieux. V. »

*M^me du Châtelet au comte d'Argenson.*

Paris, ce 20 juillet 1747.

*Vous savez, Monsieur, combien j'aime les occasions de vous faire souvenir de moi. Je n'ai garde de manquer celle qui se présente de vous envoyer la lettre de M. de Voltaire à M^{me} la duchesse du Maine sur la bataille ; ce sont des prémices qui vous appartiennent de droit. M. de Paulmy l'a célébrée, cette bataille, avec beaucoup de dignité et d'esprit dans sa lettre du Te deum, car je me figure qu'il y a eu quelque part, et je trouve qu'il justifie tous les jours votre goût pour lui. Vous voyez bien, à la façon dont je vous parle, que j'ai eu enfin de ses nouvelles. J'ai des grâces à vous rendre de la gratification que vous avez accordée à M. Desfossés et de la lettre charmante que vous m'avez écrite.*

*Croyez, Monsieur, que vous ne pourrez accorder vos bontés à personne qui en sente mieux le prix, et qui les mérite par plus d'attachement que moi.*

*L'auteur de l'Epitre me charge de vous dire en prose ce qu'il aurait voulu vous dire en vers, mais je suis bien indigne d'être son chancelier.*

Après le malheureux séjour à la Cour, à Fontainebleau, où la marquise fait une grosse perte au jeu et Voltaire des mots fâcheux, il faut que le philosophe disparaisse deux mois et trouve encore un refuge à Sceaux, chez la duchesse du Maine. Puis, on joue à Versailles, dans le théâtre des Petits-Cabinets, l'*Enfant prodigue*, le 30 décembre 1747. Représentation peut-être nuisible, malgré des acteurs tels que M^{me} de Pompadour et le duc de Chartres, si elle est cause d'une nouvelle retraite à Cirey, où l'on arrive à grand'peine en janvier 1748. Enfin, de la part du roi Stanislas, M^{me} de Boufflers vient visiter les hôtes de Cirey. Ils arrivent tous, le 13 février, à Lunéville. Ce sera là que le drame viendra les surprendre. En attendant, c'est la vie délicieuse de cette petite cour de Lorraine, où suivant la charmante expression de Sainte-Beuve, « on vivait entre soi comme dans une bonbonnière ». Vie factice et fiévreuse que le théâtre occupe, et où se fera en Mme du Châtelet « une sorte de renouvellement de pensée et de rajeunissement », où va s'éveiller, dans l'âme à la fois scientifique et ardente, un nouvel amour.

Ainsi la joie éclate, dans une lettre datée de sa main du 2 mars 1749. Mais une note de M. Asse signale justement que « la mention de Lunéville doit faire dater cette lettre de 1748 et non de 1749. » La voici :

*Eh bien ! Monsieur, je vous l'avais bien dit, me voilà à Lunéville. Je vous assure que nous y avons passé un bien joli carnaval. Le roi de Pologne me comble de bontés, et je vous assure qu'il est bien difficile de le quitter. Je compte cependant avoir l'honneur de vous revoir avant la fin de ce mois. Vous savez que mon fils est arrivé à Gênes, il a pensé se noyer dans le trajet ; je voudrais bien que vous eussiez pensé qu'il est lorrain quand vous avez donné les gouvernements de la Lorraine. N'y aurait-il pas moyen d'avoir une lieutenance de roi, si vous les remplacez ? J'espère que vous voudrez bien penser à lui. Je ne pense pas avoir besoin auprès de vous de la recommandation du roi de Pologne, je compte trop sur vos bontés pour moi. M. de Voltaire, qui est ici et point à Nîmes, me prie de vous présenter ses respects. Soyez, je vous supplie, bien persuadé de l'attachement inviolable que je vous ai voué pour ma vie. Vous m'avez défendu les compliments et comme cette défense est une marque de vos bontés, je me garderai bien de l'oublier.*

*Le vieux Villars était brodé, et nous ne le sommes pas.*

A Lunéville, le 2 mars 1749.

(Remarquons aussi que M. Asse, en désignant par N. la ville dont il est question, suppose qu' « il y avait sans doute Nancy dans le manuscrit ». Mais l'autographe, qui est entre nos mains, indique Nîmes, il n'y a lieu à aucun doute.)

M^{me} du Châtelet sentait qu'elle ne pourrait plus s'arracher au charme d'un tel séjour, et que vivre hors de Lunéville ce ne serait plus vivre. Elle veut s'y fixer à jamais, et cherche, dans ce but, à obtenir pour M. du Châtelet un commandement en Lorraine. Stanislas ne se décidait pas à accorder cette faveur ; il avait fait des promesses à M. de Bercheny, l'un de ses compagnons d'autrefois. M^{me} de Boufflers, toujours dévouée à son amie, conseille de faire venir le marquis de Phalsbourg à Lunéville. Cependant la passion d'Emilie pour Voltaire se mourait. Celle qui avait écrit à d'Argental : « J'aime pour deux. Il n'y avait peut-être au monde que mon cœur qui eût cette immutabilité qui anéantit le pouvoir du temps..... » était elle-même inconstante. M^{me} de Boufflers, peut-être, n'était pas fâchée de rompre ainsi avec Saint-Lambert. C'est l'heure où le poète veut rendre la favorite jalouse, et où la marquise le prend au mot ; l'heure du secret charmant et des rendez-vous mystérieux ; c'est la harpe muette où l'on dépose les petits billets bordés de rose et de bleu : « Il faut que j'aille par les bosquets. .....Il n'y a point de bonheur sans vous ; venez donc finir le mien. »

Après le beau carnaval, c'est le départ général de Lunéville. Nous ne suivrons pas l'illustre couple dans tous ses voyages. A Cirey, M\ue du Châtelet s'agite pour son mari ; c'était, disait-elle, une « question de vie ou de mort ». La souffrance d'être séparée de son amant, la froideur de Saint-Lambert, la jalousie de M\ue de Boufflers, la font vivre dans une affreuse anxiété et une fièvre continuelle ; son visage change, mais l'âme ne faiblit pas. Sa dernière lettre au comte d'Argenson, encore inédite, venait-elle de Commercy, où, malgré les comédies et les opéras, Voltaire écrivait à son ancien ami : « Je suis un des plus malheureux êtres pensants qui soient dans la nature. » Ou bien de Lunéville, pendant le séjour que toute la Cour y fit du 10 au 24 août 1748 ? M\ue du Châtelet ne le dit pas.

*Les bontés du roi de Pologne, Monsieur, me portent à vous importuner. Il désirerait de me fixer dans ce pays-ci ... moins pour une partie de l'année ; le comman......ent de la Lorraine serait un établissement pour M. du Châtelet, qui me donnerait une raison de demeurer ici. M. de Berchiny qui y commande à présent doit servir en campagne. Ainsi si vous vouliez y placer M. du Châtelet, vous me feriez un plaisir d'autant plus sensible, que vous savez que c'est ce que j'ai toujours désiré, et qu'assurément les bontés du roi de Pologne pour moi augmentent beaucoup les agréments de cette place. Vous sentez bien que je vous le demande à demeure, c'est-à-dire tant que le Roi jugera à propos d'y employer un lieutenant-général. J'attendrai votre réponse pour partir. Vous savez ma situation, combien M. du Châtelet a besoin de vos bontés. Ainsi j'espère que vous voudrez bien m'en donner une marque dans cette occasion. Je vous supplie d'être persuadé que personne ne sentira jamais plus que moi les obligations que je vous ai, et n'est avec un attachement plus véritable votre très humble et très obéissante servante.*

BRETEUIL DU CHASTELET.

On apprit à Lunéville, en octobre 1748, la grâce que M<sup>me</sup> du Châtelet avait obtenue pour son mari : « J'ai oublié de marquer », écrit de Versailles le duc de Luynes à la date du 24 novembre, « que l'on sait depuis environ huit jours que le roi de Pologne, duc de Lorraine, vient de créer une charge de grand maréchal des logis de sa maison avec 2.000 écus d'appointements, suivant l'étiquette de ces grandes charges, pour M. le marquis du Châtelet-Lomont, homme de grande condition, mais qui n'est pas riche ; il est lieutenant-général des armées du Roi. Sa femme, qui est Breteuil, a infiniment d'esprit et capable même des sciences les plus abstraites ; elle a composé un ouvrage sur l'algèbre ; outre cela, elle est grande musicienne ; elle joue la comédie, et depuis un an a beaucoup contribué aux plaisirs

et aux amusements de la cour de Lunéville. »
M. du Châtelet deviendra grand chambellan après
la mort de la marquise, en 1751.

La dernière année sera morose. Surprise par
Voltaire avec Saint-Lambert, M$^{me}$ du Châtelet,
malgré la réconciliation générale, ne cesse de se
plaindre ; elle accuse tantôt son amant, tantôt
son amie, M$^{me}$ de Boufflers. La grossesse avouée
à Voltaire et l'amusante comédie jouée par le
philosophe au mari sont les épisodes agités de
l'avant-dernier séjour à Cirey. Le roi de Pologne,
en répondant à Voltaire, avait raison de lui dire :
« J'ai vu que la sagesse n'est qu'un songe. » Mais,
dans le trouble de son âme que la philosophie ne
soutenait pas, Emilie songeait encore aux siens.
Elle avait prié Stanislas d'appuyer sa demande
au comte d'Argenson afin d'obtenir en Lorraine
une lieutenance du Roi pour son fils, il lui écrivait :
« Je vous rends mille grâces, ma chère marquise,
du compte que vous me rendez de ce que vous
faites..... J'ai réfléchi sur ce que M. d'Argenson
vous a dit. Si vous ne faites rien avant mon
arrivée, je crois que la gloire me reviendra, quand
j'y serai, d'effectuer ce qu'on vous a promis..... »

La tristesse est venue : « J'aime mieux », dit-
elle, « mourir que d'aimer seule..... Cependant, je
me conserve comme si la vie m'était chère. » Une
lucidité cruelle lui a fait comprendre tout l'égoïsme
et l'indifférence de Saint-Lambert. Bientôt la
destinée allait s'accomplir, et la décision prise
d'aller faire ses couches à Lunéville fut peut-être
l'arrêt de mort. « Combien », écrivait-elle encore
dans sa prévoyance désolée, « combien je crains

pour ma santé, et peut-être pour ma vie. »

A Paris, malade, elle s'épuise de travail. Il faut achever les *Commentaires* et, dans l'intervalle de l'étude, elle écrit à Saint-Lambert des lettres douloureuses. Et, comme si la famille d'Argenson devait jusqu'à la fin être mêlée à son sort, elle envoie à son amant cinquante louis qu'il lui a demandés, et qu'elle a dû emprunter au marquis de Paulmy. Pendant deux voyages à Cirey et à Commercy, les pressentiments redoublent. Elle brûle des lettres. Le 24 juillet elle s'établit à Lunéville ; Voltaire et Saint-Lambert l'ont accompagnée, le Roi lui a donné un appartement. Elle veut être rassurée, et elle succombe à un découragement dont « son cœur seul est préservé ». On sait que, dans la nuit du 3 au 4 septembre 1749, elle accoucha heureusement d'une fille. A la joie de tous ne se joignait aucune crainte. M<sup>me</sup> de Boufflers, M. du Châtelet, Voltaire, Saint-Lambert, Stanislas, étaient auprès d'elle. Des lettres à l'abbé de Voisenon, à d'Argental, au marquis d'Argenson, annonçaient l'événement avec une gaîté dont Voltaire bientôt devait se repentir. Le 10 septembre, une syncope saisit l'imprudente, aucun effort ne put la ranimer. On ne songea point à appeler l'aide médicale ni les secours divins.

Nul n'ignore le désespoir de Voltaire. La douleur d'abord l'avait rendu inconscient. Si cette douleur fut ensuite mêlée à des scènes risibles, il garda toute sa vie à celle qu'il avait admirée un souvenir ému et reconnaissant. Les premiers jours, il écrit à M<sup>me</sup> du Deffand : « Je viens de voir mourir, Madame, une amie de vingt ans qui vous aimait véritablement..... » Ainsi l'affreux portrait qu'on a lu était une réponse à la lettre confiante de l'ami désolé. MM. d'Argenson ne pensaient pas de même, et leur ancienne affection pour la femme si brillante et si tôt disparue allait consoler Voltaire de l'indifférence et de l'envie. Il écrivait au marquis, quelques mois après, le 13 mars 1750 : « J'arrive : je suis assurément toute ma vie aux ordres de M. le marquis d'Argenson. Il y a bien longtemps que j'ai besoin de la consolation de passer quelques heures auprès de lui ; mais j'arrive malingre, je suis à pied. S'il a beaucoup d'équipages, veut-il m'envoyer chercher après son dîner ? Ou aura-t-il le courage de venir dans la maison que j'ai le courage d'habiter, et où je nourris autant de douleurs et de regrets que de sentiments inviolables de respect pour le meilleur citoyen qui ait jamais tâté du ministère. »

Certes, s'il lui eût été donné de vivre plus long-temps, Mme du Châtelet eût aimé fidèlement de tels ministres, car, disait Grimm, « sous le règne des d'Argenson, ce n'était pas encore la mode de haïr les philosophes ». C'est en 1751 que d'Alembert fut désigné par le comte d'Argenson pour examiner *Mahomet*. « Un pareil choix équivalait à une approbation tacite. » En 1751 également, c'est la dédicace de l'Encyclopédie au comte d'Argenson, que Mme du Châtelet, digne d'y ins-crire ses dissertations sur la *nature du feu* ou les *forces vives*, eût signée avec ardeur :

*Monseigneur,*

*L'autorité suffit à un ministre pour lui attirer l'hommage aveugle et suspect des courtisans ; mais elle ne peut rien sur le suffrage du public, des étrangers et de la postérité. C'est à la nation éclairée des gens de lettres, et surtout à la nation libre et désintéressée des philosophes, que Vous devez, Monseigneur, l'estime générale, si flatteuse pour qui sait penser, parce qu'on ne l'obtient que de ceux qui pensent. C'est à eux qu'il appartient de célébrer, sans s'avilir par des motifs méprisables, la considération distinguée que Vous marquez pour les talents ; considération qui leur rend précieux un homme d'Etat, quand il sait, comme Vous, leur faire sentir que ce n'est point par vanité, mais pour eux-mêmes qu'il les honore. Puisse, Monseigneur, cet ouvrage, auquel plusieurs savants et artistes célèbres ont bien voulu concourir avec nous, et que nous Vous présentons en leur nom, être un monument durable de la reconnaissance que les Lettres Vous doivent, et qu'elles cherchent à Vous témoigner. Les siècles futurs, si notre Encyclopédie a le bonheur d'y parvenir, parleront avec éloge de la protection que Vous lui avez accordée dès sa naissance, moins sans doute pour ce qu'elle est aujourd'hui, qu'en faveur de ce qu'elle peut devenir un jour. Nous sommes avec un profond respect, Monseigneur, vos très humbles et très obéissants serviteurs.*

DIDEROT et D'ALEMBERT.

Ainsi l'espoir que M$^{me}$ du Châtelet mettait dans les deux ministres comme protecteurs de la foi philosophique n'avait pas été déçu.

Rappelons, en achevant le bref récit des rapports de M^me^ du Châtelet avec MM. d'Argenson, les jugements qui ont honoré sa mémoire. La conclusion de Sainte-Beuve reste la plus vraie : « L'amour, l'amitié que Voltaire eut pour elle était fondée sur l'admiration même, une admiration qui ne s'est démentie à aucune époque..... Il fallait donc que M^me^ du Châtelet eût de vrais titres à cette admiration d'un juge excellent, et c'est un premier titre déjà que de l'avoir su à ce point, retenir et charmer. » Elle, de son côté, dans son affection jalouse, en venait jusqu'à dire : « A quoi bon tant de gloire ? Un bonheur obscur vaudrait bien mieux. » Mais, ajoute le grand critique, « s'il avait choisi cette obscurité qu'elle lui désire..... elle l'en aimerait moins ». Car c'est à la gloire de son ami que la savante et l'amoureuse a dû la sienne ; et pourtant ces *Institutions de Physique*, ces *Doutes sur les religions révélées*, ces recherches sur l'*existence de Dieu*, et ces *Réflexions sur le bonheur*, ou même ces *Emiliana*, souvenirs qu'on retrouvera peut-être, tout cela méritait de survivre.

Les femmes supérieures que l'envie n'épargna pas, reçoivent toujours, après leur mort, l'hommage éclatant et tardif : « La société », écrivait Maupertuis, « perd une femme d'une figure noble et agréable. .....Quelle merveille d'ailleurs d'avoir su allier les qualités aimables de son sexe avec les connaissances sublimes que nous croyons uniquement faites pour le nôtre. Ce phénomène surprenant rendra sa mémoire éternellement respectable. » La préface de Voltaire, destinée à l'édition posthume de sa traduction des *Principes de Newton*, proposait à son temps la louange émouvante de sa science, de son esprit et de son cœur. (*Eloge historique de M*<sup>me</sup> *la marquise du Châtelet*, 1752.)

Ses amis, le marquis et le comte d'Argenson, en partageant les regrets du philosophe, ont adhéré dès la première heure à l'opinion favorable que la postérité peut accueillir. On connaît les beaux vers que Voltaire a inscrits au bas du portrait de la morte :

> *L'univers a perdu la sublime Emilie.*
> *Elle aima les plaisirs, les arts, la vérité.......*

Il est juste, deux siècles plus tard, d'ajouter aux privilèges qu'elle reçut cette immortalité même que les dieux, en lui accordant « leur âme et leur génie », avaient gardée pour eux, et que son poète a su lui donner.

# UNE COMPAGNE D'EXIL.
## LA COMTESSE D'ESTRADES

Le baron de Besenval, racontant dans ses *Mémoires* la disgrâce du comte d'Argenson, conclut : « Ainsi, dans toute cette affaire, M. d'Argenson avait voulu sacrifier le Roi à M. le Dauphin, pour prolonger son pouvoir. Le Roi avait voulu sacrifier sa maîtresse à l'opinion et aux terreurs qui agitaient sa pensée. M. de Machault consentait à sacrifier M^me de Pompadour, son amie, en lui donnant un conseil qui pouvait plaire au monarque. Et tout fut enfin sacrifié à l'amour ; ce qui arrive et arrivera toujours. » En effet, l'amour dirigea sans doute les péripéties de ce drame, sur le théâtre de Versailles. Bien des causes en restèrent, dit le président Hénault, « ensevelies dans une obscurité impénétrable ». La haine de M^me de Pompadour, au cours d'une longue lutte pour l'autorité suprême, eut suffi. Mais beaucoup de contemporains attribuèrent aussi la chûte du plus puissant ministre à son attachement obstiné pour la comtesse d'Estrades.

Elisabeth-Charlotte Huguet de Sémonville était la veuve de Charles-Jean, comte d'Estrades, tué à la bataille de Dettingen, le 19 juillet 1743. La famille du jeune officier mort glorieusement, avait donné à la France de grands soldats et d'habiles négociateurs. Il descendait de Godefroi-Louis, comte d'Estrades, maréchal de France (1675), plénipotentiaire au Congrès de Nimègue, gouverneur du duc d'Orléans, mort en 1686. Son père, Godefroi-Louis, lieutenant-général (1701), maire perpétuel de la ville de Bordeaux, suivit le prince de Dombes en Hongrie, et succombait à ses blessures près de Belgrade, le 18 août 1717. Il avait épousé Charlotte Lenormand, sœur de Lenormand d'Etiole et de Lenormand de Tournehem. C'est ainsi que M$^{me}$ d'Estrades sera la cousine, l'amie, puis l'ennemie de M$^{me}$ de Pompadour. Son rôle commencera avec celui de la favorite. Au milieu du triomphe de Fontenoy se prépare celui de M$^{me}$ d'Etiole. La maîtresse déclarée va prendre possession de l'appartement occupé naguère par la duchesse de Châteauroux, où même on a « laissé le meuble ». A la fête de l'Hôtel de ville, lors du mariage de M. le Dauphin (septembre 1745) « M$^{me}$ de Pompadour était incognito dans une chambre en haut ; on lui servit un très bon souper ; elle avait avec elle M$^{me}$ de Sassenage et M$^{me}$ d'Estrades. » Luynes écrit, le 14 septembre : « M$^{me}$ d'Estrades fut présentée par M$^{me}$ de Clermont ; elle est jeune, assez grasse, petite et de fort grosses joues. M$^{me}$ de Pompadour sera présentée aujourd'hui par M$^{me}$ la princesse de Conti. » Cette présentation amenait « un monde prodigieux dans l'antichambre et la chambre du Roi, ainsi que chez la Reine » ; c'est M$^{me}$ d'Estrades qui accompagnait sa cousine. Si plus tard presque tous les témoignages l'accusent d'ingratitude, M<sup>me</sup> de Pompadour devait à la jeune femme l'appui le plus précieux dans ce moment si difficile et si brillant de sa carrière. C'était assurément, dit-encore Hénault, « un grand service que lui rendait M<sup>me</sup> d'Estrades, et il fallait bien de l'amitié pour cela, si des vues de fortune n'y étaient point entrées. Il n'y eut que M<sup>me</sup> la princesse de Conti qui se joignit à elle..... M<sup>me</sup> de Pompadour se crut obligée de prendre soin de la fortune de M<sup>me</sup> d'Estrades, qui était médiocre. »

Les voici toutes deux, fidèlement unies d'abord, ambitieuses, occupées, chacune, par des voies différentes, à la conquête du pouvoir. La comtesse prend aussitôt sa part des faveurs royales ; elle est de tous les voyages, chez la marquise et chez le Roi, à Crécy et à Bellevue, à Fontainebleau et à Choisy, à la Muette et aux chasses dans la forêt de Sénart ; M<sup>me</sup> de Pompadour est habillée en amazone, M<sup>me</sup> d'Estrades suit en calèche : « Il paraît », écrit Luynes le 30 octobre 1745, « que M<sup>me</sup> d'Estrades se conduit avec esprit et qu'elle a un bon maintien. » Pendant le carnaval de 1746, elle accompagne le Roi et M<sup>me</sup> de Pompadour au bal de l'Opéra, quand au retour le carrosse casse ; « toute la compagnie fut obligée de se servir du carrosse de remise, on le remplit tant qu'on put ; les unes montèrent derrière, et le maréchal de Duras sur le siège. » M<sup>me</sup> d'Estrades assiste à tous les soupers des cabinets. Enfin, « le Roi a résolu de l'attacher à Mesdames ». Le 24 septembre 1746, elle a été présentée par Madame à la Reine.

Quand on représente le *Tartufe* dans les petits appartements (16 janvier 1747), la comtesse est parmi les privilégiés qui, auprès du Roi, peuvent voir jouer M^me de Pompadour. Et M^me de Brancas sera son amie avant de devenir celle de sa cousine. Elle sert à la cène de la Reine, reçoit l'appartement de M^me de Lauraguais à Versailles, et un logement à Fontainebleau. Enfin, le 11 janvier 1749, « le Roi dit à Madame que M^me de la Lande désirait de se retirer ; qu'il avait nommé M^me d'Estrades pour être leur dame d'atours ». Il le dit, faut-il ajouter, « si promptement et si bas qu'à peine pouvait-on l'entendre, et il avait l'air un peu embarrassé ». Le 16 janvier, « M^me d'Estrades a prêté serment entre les mains du Roi comme dame d'atours de Mesdames ». Combien M^me de Pompadour estimait alors le concours de sa cousine ! Elle écrit à la duchesse de Luynes pour lui demander « s'il n'y avait point d'inconvénient qu'elle allât avec M^me d'Estrades, sa parente et son amie, lorsqu'elle irait faire ses remerciements » chez le Roi, la Reine et la Dauphine. La faveur de la dame d'atours brille longtemps du même éclat. Quand la marquise bâtit un pavillon à Fontainebleau, son appartement possède une antichambre commune avec la chambre de M^me d'Estrades. Nulle amitié n'offrait le spectacle d'une plus intime union, ni de plus grandes chances de durée.

Mais l'ambition était venue, et c'est l'ambition sans doute plus que l'amour, qui avait rapproché M^me d'Estrades du comte d'Argenson, ainsi que cet « esprit pratique » où les Goncourt discernent un des traits les plus frappants de la femme au xviii° siècle. Un parti voyait déjà le comte élevé au rang de premier ministre, malgré la répugnance du Roi qui, après la mort de Fleury, s'était juré de ne plus se donner un nouveau maître. M^me d'Estrades joignit son sort à celui du ministre de la Guerre, et le destin fatal ne permit plus de les séparer. Marmontel est sévère pour le rôle de la comtesse ; M^me de Pompadour, dit-il, ne croyait pas « réchauffer un serpent dans son sein ». Il ajoute dans ses *Mémoires* : « Il est difficile de concevoir qu'une aussi vilaine femme, dans tous les sens, eût, malgré la laideur de son âme et de sa figure, séduit un homme du caractère, de l'esprit et de l'âge de M. d'Argenson ; mais elle avait à ses yeux le mérite de lui sacrifier une personne à qui elle devait tout, et d'être, pour l'amour de lui, la plus ingrate des créatures ». Déjà on l'accusait d'intrigue et d'avidité, et l'on cite contre elle une chanson insignifiante et grossière. On exagérait cette laideur, que l'intelligence de l'expression faisait oublier ; elle s'était, disait-on, offerte au Roi, et d'autres couplets circulaient : *On dit même que d'Estrade..... Aura bientôt la passade.....* Le président Hénault, lui aussi, le fidèle confident que le ministre « logeait chez lui à la Cour », a trop aimé le comte d'Argenson pour ne pas garder une rancune impitoyable à la femme qui peut-être l'a perdu : « Ils devenaient l'un et l'autre l'objet de la jalousie et de la haine de M^me de Pompadour. M^me d'Estrades en triomphait, et croyait jouer un rôle, en devenant l'amie de confiance d'un homme que M^me de Pompadour avait

forcé de la haïr. La partie n'était pas égale ; cependant le Roi traitait bien M^me d'Estrades pour
faire *enrager* M^me de Pompadour..... »

Mais le principal ennemi de la marquise était
d'abord le comte de Maurepas. Le duc de Luynes
croit que leur « grande brouillerie » est au sujet de
la place de M^me d'Estrades et des efforts tentés
par le ministre de la Marine pour écarter l'amie de
la favorite. Mais une telle lutte a des origines
plus graves. Le grand danger ne venait-il pas de
ces chansons, de ces petits vers perfides que les
échos de Versailles murmuraient à toutes les
oreilles ? Voici l'opinion du marquis d'Argenson
(26 avril 1749) deux jours après la lettre d'exil
que le comte d'Argenson avait, sur l'ordre du Roi,
portée à Maurepas : « On nous dit que c'est par
irrévérence envers le Roi que ce ministre a été
disgrâcié, comme ayant été dans la confidence des
horribles chansons qui ont couru contre les per-
sonnages les plus respectables. Véritablement, ni
lui, ni ses collègues n'étaient fort mécontents de
ces chansons, qui tendaient à dégoûter le Roi de
la vie qu'il mène, et de la personne avec laquelle
il la mène. » Le 1^er mai, il ajoute : « M^me de Pompadour est gouvernée aujourd'hui par la comtesse d'Estrades, plus spirituelle qu'on ne croit,
mais très méchante et très avare. C'est elle qui a
conduit tout ceci. Ces dames et leur parti se disent
aujourd'hui : Qui poursuivrons-nous des ministres ? M. de Maurepas ne se doutait de rien du
tout. Il se croyait bien raccommodé avec ces
dames ; elles le trompaient. » On sait qu' « une
quinzaine avant sa disgrâce M. de Maurepas reçut

la visite de M^me de Pompadour et de M^me d'Estrades. La première lui dit : On ne dira pas que j'envoie chercher les ministres, je les viens chercher... » Sans doute croyait-il encore « leur porter malheur à toutes », puisqu'à la réflexion de la marquise : « Monsieur, vous faites bien peu de cas des maîtresses du Roi », Maurepas avait fait cette réponse charmante et si connue : « Je les ai toujours respectées *de quelque espèce qu'elles fussent.* » M^me de Pompadour craignait le poison de Maurepas ; il n'y avait sans doute à craindre que des quatrains, comme celui des *fleurs blanches* semées sous les pas de la maîtresse, le jour où son bouquet de jacinthes se rompit, cette épigramme redoutable que Richelieu avait, dit-on, laissée sur la cheminée du Roi.

Cependant, le « président de la fabrique » des libelles une fois exilé, « le crédit du comte d'Argenson est fort augmenté..... M. de Maurepas, » continue le marquis d'Argenson, « le contrariait souvent par malignité et par envie ; il partageait son crédit, était de la haute faveur de la Reine et de la famille royale. Voilà ces avantages réunis sur *mon frère seul,* et il ne lui manque guère que le titre pour être premier ministre. » Et, le 12 mai : « Mon frère prend un grand air de faveur. Ceci est pour lui comme un renouvellement de ministère. On dit qu'il a commencé par charmer les gens de lettres, à son audience de vendredi, par la réception qu'il leur a faite. Il y joindra quelques bienfaits qu'il obtiendra du Roi, et l'on sait que les gens de lettres sont grands prôneurs..... Mais cette grande faveur donnera certainement ombrage à la marquise, qui travaillera pour lui nuire. » Le Roi est venu à Neuilly, chez le comte ; il a visité la maison, « s'est promené partout, lui a conseillé de bâtir ». Grâce à lui, Richelieu s'est rapproché de M<sup>me</sup> de Pompadour ; c'est lui qui a fait cette « réconciliation du favori avec la favorite, qui est complète et édifiante », du moins en apparence : « M<sup>me</sup> de Pompadour a dîné chez mon frère et recherche maintenant son amitié..... Que deviendra cette nouvelle faveur de mon frère ? Voilà ce qui rend toute la Cour attentive. Il est en ce moment en quelque sorte premier ministre, et en possession de tous les secrets de l'État..... Quand il entre chez le Roi, toute la foule des courtisans s'écarte devant lui. Il est très affairé. Ses amis disent qu'il se tue pour l'État. » Le marquis d'Argenson, qui poursuit son éternelle illusion et prend si souvent ses désirs pour des réalités, s'imagine à tort (21 août 1749) que « la marquise est fort changée et change chaque jour, jusqu'à devenir squelette..... Certes, M. de Richelieu guette le moment du changement, et tout sera arrangé de manière que le Roi ne sente ni vide ni intervalle. C'est sans doute pour prévenir ces machinations que la marquise tient le Roi en courses perpétuelles, de façon à ne pas laisser un moment à la réflexion. » Le comte d'Argenson, pour sa part, ne tient pas moins à ces « courses » ; et Barbier se fait l'écho de ces projets, tandis que son pouvoir grandit chaque jour (août 1749) : « Peut-être y a-t-il un coup de politique à engager le Roi dans tous ces voyages qui se succèdent pour lui faire subir la nécessité d'un premier ministre..... M. le comte d'Argenson, qui a toute la confiance du Roi et qui la mérite bien par son esprit, serait bien capable d'avoir ces vues. » Et pendant que les audiences du comte redoublent d'éclat dans l'appartement du cardinal de Rohan qu'il vient d'obtenir au Louvre, M<sup>me</sup> d'Estrades ne quitte plus le Roi : « Dans une conversation que j'ai eue, » poursuit le marquis, « avec un homme des cabinets fort attaché à la marquise de Pompadour et à la comtesse d'Estrades, je vis combien ces dames craignent mon frère de plus en plus, elles n'osent rien hasarder sans lui..... Le Roi prétend ne leur livrer que le district des plaisirs et de la société ; mais la sagesse du gouvernement, conduite par d'habiles courtisans, tient une grande place dans l'esprit du monarque. La maîtresse voudrait des gens plus à elle. » C'est que « la paix est impossible entre ces gens-là, la haine leur état naturel ». Les cousines, bientôt ennemies, auront chacune leur défenseur : l'une, le ministre de la Guerre, l'autre le garde des Sceaux.

La lutte couva longtemps avant d'éclater. Le 12 février 1751, le marquis d'Argenson écrit : « Il y a une grande brouillerie entre M<sup>me</sup> de Pompadour et M<sup>me</sup> d'Estrades. Celle-ci avait pris trop de considération par elle-même, et éclipsait la marquise. » Nous jugerons mieux de ces faits d'après le *Journal* du seul témoin impartial, le duc, alors prince de Croy, plus tard maréchal de France. Celui-ci, poussé par son ambition légitime, est heureux de souper avec ces dames, « dans le particulier des cabinets » et ce souper, il le peint

« fort gai, aimable, libre, sans sortir du respect ».
Nul autre que lui, d'ailleurs, dit M. Pierre de
Nolhac, n'a décrit la vie du Roi et de ses invités
dans les petits châteaux. Il a toujours éprouvé
pour Mme de Pompadour une sympathique admiration, et il sait aussi que pour plaire au comte
d'Argenson, « qui était au pinacle », on doit
s'adresser à Mme d'Estrades. La « grande audience » de M. d'Argenson ne suffit pas, il faut
aller trouver la comtesse chez elle, et même
« frapper à toutes les portes » qui conduisent à la
faveur de Cour, « sans négliger toutes les autres
qui y mènent plus noblement ». Il soupe avec le
Roi, dîne chez le comte d'Argenson, observe que
le crédit des Noailles est en grande décadence
(1747), retrouve partout Mme d'Estrades, à Choisy
comme au salon de Marly, la poursuit sans trêve,
à la Celle, à la Muette et à Trianon ; il fait sa
partie, et tâche « d'avoir cette dame qui était la
tenante avec Mme de Monconseil ». Plus tard, le
2 février 1753, il raconte sa visite à la comtesse
au sujet du gouvernement de Condé qu'il sollicite.
Elle promet son appui auprès du ministre, mais
M. de Croÿ doit parler à la marquise, pour que le
Roi soit « bien prévenu » (Nota, ajoute le prince,
« qu'elle était alors au plus mal avec elle, ainsi le
conseil paraît de bonne foi ». Puis, il faut attendre
Mme d'Estrades dans l'antichambre de Madame
Adélaïde, il faut séduire Procope, le valet de
chambre du comte ; et tantôt Procope annonce
que M. le Comte a « quelques ressentiments de
goutte », tantôt Mme d'Estrades ne paraît pas.
Enfin, « m'étant mis bien avec son valet de

chambre, elle me reçut bien et devint la meilleure corde à mon arc ». Le 7 mars 1754, il peut écrire : A « huit heures et demie du soir, j'allai chez M. d'Argenson. Il venait de rentrer. Il y avait des officiers de mousquetaires avec lui. Un moment après, il me fit entrer, et enfin d'un air joyeux », il annonce au prince que le Roi lui accorde la grâce demandée, « sous le secret le plus profond ». Toute la scène est charmante et pleine de vie. « Sur quoi il appela Procope, qui vint l'aider à se lever, car il était encore loin de marcher. Il se traîna de sa petite table, non sans souffrir à faire des grimaces terribles, autour de son bureau où, s'étant assis, il ouvrit le tiroir de droite, dans lequel je vis deux ou trois paquets, comme de grosses lettres cachetées..... Il remit le paquet dans le tiroir, le referma et se retraîna, non sans souffrir, mais avec un beau courage, devant sa petite table. ....Pour lui, je l'assurai que je lui resterais tendrement attaché, tant par reconnaissance que par estime, car je le regardais réellement comme un très grand ministre, et qui aurait égalé M. de Louvois, dans les mêmes circonstances. » Le prince de Croÿ revient souvent sur cette idée : « M. d'Argenson, homme d'un esprit supérieur, qui menait sa partie de la Guerre « à la grande », et comme voulant y tout changer, avait un travail aisé qui plaisait au Roi ; il s'était expliqué avec lui sur la haine ouverte de la marquise contre lui, et le Roi l'ayant goûté, il se soutenait aussi par lui-même avec M<sup>me</sup> d'Estrades. Tous les autres ministres étaient bien avec la marquise, et la ménageaient. » Enfin, M. de Croÿ le 5 août 1755, raconte le dernier souper. C'était à la Muette, M^me de Pompadour placée à la droite, M^me d'Estrades à la gauche du Roi. « On la traitait comme toujours, et elle paraissait fort recherchée des courtisans. Elle ne se doutait de rien, » la veille même de la disgrâce. Seul, le prince qui n'a partagé aucune de ces haines, lui garde un bienveillant souvenir. « M^me d'Estrades était femme d'esprit, avait un grand fond de lecture de livre de Cour, et était serviable. Je ne l'avais connue que telle, et je la regrettai pour moi. »

Ce fut sans doute l'affaire de M^me de Choiseul qui amena l'exil de M^me d'Estrades. « M^me de Pompadour, » raconte le président Hénault, « était offensée comme elle devait l'être, car M^me d'Estrades avait porté l'ingratitude jusqu'à favoriser une fantaisie que l'on disait que le Roi avait pour M^me de Choiseul, femme du menin. On supçonnait M. d'Argenson d'en avoir connaissance ; ce soupçon, quoique injuste, servait trop bien ses ennemis pour ne pas le faire valoir. En fallait-il tant pour engager M^me de Pompadour à s'en défaire ? » L'avis de Luynes (30 août 1750) est que « M^me d'Estrades acquiert tous les jours du crédit de plus en plus ; on prétend même que M^me de Pompadour la craint ; mais crainte ou amitié, il est certain qu'elle peut beaucoup..... On prétend (octobre 1750) que les deux cousines des cabinets sont en froid. Le prétexte est le baron de Montmorency ; mais on dit que la vraie raison est que l'une soutient M. de Machault et l'autre M. d'Argenson. » M^me de Choiseul allait devenir, dans cette querelle, un instrument vite brisé.

Ici le marquis d'Argenson se passionne plus que jamais : « 9 décembre 1751 : L'on parle de la prochaine expulsion de M^me de Pompadour, et du triomphe de M^me d'Estrades comme appareilleuse de la jeune M^me de Choiseul, qui serait maîtresse déclarée. L'ancienne maîtresse devient triste et chagrine, et cet effet de sa peur augmente le dégoût qu'elle appréhende et qu'elle prévoit. Les ministres y gagneront, mais le peuple perd toujours à ces changements. Ce sera, dit-on, pour les étrennes que ce grand changement doit arriver.— 14 décembre 1751 : M^me de Pompadour est plus belle que jamais, et a l'air contente. Cependant on croit plus que jamais au triomphe de sa jeune rivale, M^me de Choiseul..... Il se peut, dit-on, que M^me de Pompadour ait pris son parti de rester maîtresse du cœur et des actions, de paraître trompée sans s'en apercevoir, ce qui plaît à un amant qui fait cas de ces petites supercheries libertines. Ainsi elle conserverait son poste et sa faveur. — 11 février 1752 : Un courtisan tout essouflé est venu me dire que mon frère courait de grands risques par la brigue qu'il y avait aujourd'hui contre lui ; que M^me de Pompadour ne le ménageait plus, qu'ils étaient quasi déclarés brouillés et ne se voyaient presque plus ; que M^me d'Estrades était sa seule amie..... que l'on avait beau dire des qualités essentielles de la d'Estrades, c'était toujours une ingrate..... Cependant mon frère paraît tranquille, et comme assuré de la volonté du Roi..... L'on me dit encore, pour me rassurer, qu'à voir le Roi avec sa maîtresse, la chûte de celle-ci paraît prochaine.

Le règne de l'amour peut céder d'un jour à l'autre à celui de la dévotion. »

Charlotte-Rosalie de Romanet, fille de Pierre-Jean de Romanet, conseiller au Parlement de Paris, et de Marie d'Estrades, était la nièce de la dame d'atours; elle avait épousé, le 25 avril 1751, François-Martial de Choiseul, baron de Beaupré, dit le comte de Choiseul, né le 8 octobre 1717. M<sup>me</sup> de Pompadour obtient pour eux du Roi la création de deux places surnuméraires, l'une de menin du Dauphin, l'autre de dame de Mesdames. On la disait « tendre, sage, fidèle », d'une grâce incomparable et d'une touchante beauté. Sa faveur fut éphémère, comme sa vie. On lit dans la *Vie privée de Louis XV* le récit de l'habile conduite du comte de Stainville ; Bernis y voit aussi « l'origine de la grande fortune du duc de Choiseul ». Ne la devait-il pas beaucoup, en effet, à cette trahison, qui lui fit livrer à M<sup>me</sup> de Pompadour les lettres que le Roi adressait à sa cousine, lui qui peut-être « aidait cette dame à faire les réponses ? » Le récit de Marmontel, d'après Dubois, secrétaire du comte d'Argenson, semble entièrement inventé. Le comte, M<sup>me</sup> d'Estrades et Quesnay, attendent anxieusement le retour de M<sup>me</sup> de Choiseul : « Le rendez-vous était donné ; la jeune femme y était allée..... Après une assez longue attente », la voici qui arrive, « échevelée et dans le désordre, qui était la marque de son triomphe. M<sup>me</sup> d'Estrades court au-devant d'elle, les bras ouverts, et lui demande si c'en est fait : « Oui, c'en est fait, répondit-elle, je suis aimée ; il est heureux ; elle va être renvoyée ; il m'a donné sa

parole. » A ces mots, ce fut un grand éclat de joie
dans le cabinet. » .....La charmante figure, appa-
rue un jour, était obligée aussitôt de « quitter la
scène. » M^me de Choiseul allait mourir à vingt ans,
le 2 juin 1753.

Le cardinal de Bernis, qui devait à M^me d'Estrades son « amitié éternelle » pour M^me de Pompadour, dès l'heureux temps du séjour d'Etioles,
raconte ces faits de même, en 1755 : « M^me de
Pompadour avait besoin de consolations ; elle me
vit arriver avec la plus vive joie. Elle me mit au
fait de l'intrigue du Roi avec M^me de Choiseul.....
elle m'apprit que M^me d'Estrades, conseillée par
M. d'Argenson, avait conduit toute cette intrigue
avec la plus vive ingratitude. » Mais c'est M^me du
Hausset qui explique le mieux, non sans partia-
lité d'ailleurs, la lutte des deux cousines :
« M^me d'Estrades continua à vivre avec Madame
qu'elle trahissait, comme si elle l'avait aimée tendrement. Elle était l'espionne de M. d'Argenson,
et quand elle ne pouvait rien découvrir, elle
inventait, pour se faire valoir auprès de son
amant. » On comprend que son crime était impar-
donnable, s'il est vrai qu'elle avait « tâché d'en-
lever le Roi » à la marquise : « Un jour qu'il s'était
un peu grisé à Choisy, la seule fois, je crois, que
cela lui était arrivé, il monta dans une grande et
jolie barque, où Madame ne put l'accompagner,
étant malade d'une indigestion. M^me d'Estrades
guettait cette occasion. Elle entra dans la barque,
et, au retour, comme il faisait nuit, elle suivit le
Roi dans un cabinet secret, et fit plus que des
avances au Roi qu'on croyait dormant sur un lit

de repos. Elle raconta le soir à Madame qu'elle était entrée dans ce cabinet pour ses affaires ; que le Roi l'y avait suivie, et qu'il voulait la violer. Elle pouvait dire tout ce qu'elle voulait..... » Enfin, M<sup>me</sup> d'Estrades aurait dérobé une lettre du Roi placée « sur une petite table, près du lit » de M<sup>me</sup> de Pompadour, lettre très importante au sujet d'une assemblée de chambres au Parlement. « Après avoir compté les personnes qui étaient entrées », on conclut que l'auteur de cette nouvelle trahison devait être la comtesse, « parce que l'écriture du Roi lui avait sans doute inspiré de la curiosité ». Preuve bien frivole, si ce fût elle qui amena l'ordre d'exil. « Cela redoubla la haine du ministre contre Madame, et Madame lui attribua d'avoir favorisé la publication d'un libelle, où elle était représentée comme une vieille maîtresse réduite au vilain rôle de fournir de nouveaux objets à son amant. » Récits hasardés, comme il en courait dans les antichambres de Versailles, tandis que le marquis d'Argenson guette l'heure où la marquise « décampera ».

C'est ainsi que « les nuages se formaient et se dissipaient au-dessus de l'entresol de Quesnay, » dit avec raison Marmontel, car le célèbre médecin était le confident perpétuel de toutes ces intrigues. Et ce dévouement de l'économiste, M<sup>me</sup> de Pompadour le devait encore à M<sup>me</sup> d'Estrades. Chirurgien du duc de Villeroy, Quesnay avait été appelé jadis par hasard à donner ses soins à la comtesse subitement incommodée ; il aurait découvert « les symptômes de l'épilepsie, qu'il parvint à soustraire à la vue des assistants. » La comtesse, reconnaissante cette fois, ne l'oublia jamais. Quesnay aussi, ne trahit ni l'une ni l'autre des deux ennemies.

L'oubli semblera se faire sur le triste épisode, sur l'idylle douloureuse de M^me de Choiseul. La vie des voyages, des soupers, des petits cabinets, reprendra son cours, mais les cousines s'observent, prêtes au dernier assaut. Quand le comte de Maillebois est exilé pour la mystérieuse affaire des États d'Artois, on accuse M^me d'Estrades. Elle aurait reçu 53.000 livres pour faire réussir une réclamation, fort juste d'ailleurs. L'interrogatoire d'un abbé Fumal devait « amener sa disgrâce, » dit sans hésiter le marquis d'Argenson : « Elle est plus chère au parti de mon frère que j'aie encore vu aucune femme le lui être à la Cour. » Aussi, on va « la faire chasser de la Cour. C'est là le coup de partie des Machault, des Pompadour et des Saint-Florentin » (26 mars 1752). Mais, le 29 mars, « l'accusation contre M^me d'Estrades tombe absolument..... Rien ne se trouve avoir été donné à la comtesse d'Estrades, et la voilà tout à fait sauvée..... Mon frère se sauve et s'élève de tout, ainsi que mon fils, son ardent disciple. »

Une grave maladie de la comtesse, au début de 1752, fait naître des craintes et des espérances. Le marquis philosophe, dont l'âme tourmentée se plaît dans l'agitation, ne prédit guère que des bouleversements : « 10 janvier : La comtesse d'Estrades a été fort mal ; cela eût fait un beau déblai. — 12 janvier : Elle est en grand danger de mourir, la fièvre ayant de gros et irréguliers redoublements. Ils disent que l'autorité de la marquise augmente. — 26 février : La comtesse d'Estrades se meurt de la poitrine ; elle crache le pus ; ses partisans cachent son état. Ils espéraient qu'elle gouvernerait Madame Adélaïde, tout comme elle avait fait de Madame Henriette ; voilà un grand contre-temps. » Mais le plus beau drame se joue, comme toujours, dans l'imagination du marquis : « L'on sème dans le public que Mme d'Estrades a été empoisonnée par Mme de Pompadour, qu'elle a voulu s'en défaire sur le soupçon qu'elle travaillait à lui substituer Mme de Choiseul. On objecte que Mme de Pompadour n'est point connue par des traits hardis de cruauté ; l'on répond qu'elle a déclaré qu'elle s'empoisonnerait elle-même si jamais le Roi la quittait, et qu'elle portait toujours sur elle de quoi l'exécuter, et qu'ainsi celle qui comptait sa vie pour rien était maîtresse de celle des autres et y pouvait attenter, surtout pour les causes qui devaient la priver de la sienne. Enfin l'on accrédite ces bruits-là dans les cafés de Paris, et il paraît par cette licence qu'ils sont autant soufflés que tolérés. De là l'on fait de Mme d'Estrades une héroïne de vertu et de probité, et je donnerais pour une épingle la m..... comme la p..... »

La mort de Madame Henriette privait la dame d'atours d'un inestimable appui. La maladie l'empêchait d'assister aux cérémonies funèbres et au transport du cœur de la princesse au Val-de-Grâce. Puis les fêtes reprennent. C'est, en septembre 1752, raconte Luynes, un feu d'artifice « fort joli et bien exécuté, chez Mme d'Estrades, à sa petite maison à Montreuil, ici près, derrière la butte de Montboron..... La maison est fort petite, mais le jardin est grand, et très bien … … siné en bosquets, et coupe de terre. » Le 28 mai 1752, le comte d'Argenson avait donné « à sa maison de campagne de Neuilly un grand dîner à la marquise de Pompadour, à la comtesse d'Estrades et au duc de Biron, tous ennemis qui s'observent pour se déchirer, s'ils le peuvent », dîner qui avait rétabli une paix apparente. Aussi le 20 septembre 1752, le marquis d'Argenson peut écrire : « La comtesse d'Estrades a plus de crédit que jamais. M<sup>me</sup> de Pompadour voit qu'elle sera perdue par elle..... mon frère est son conseil et la dirige. Ainsi voilà un crédit relevé plus haut qu'il n'a été abattu. Ce crédit est celui de la famille royale. On effraye le Roi des jugements de Dieu. Si M. le Dauphin était mort de la petite vérole, c'était fait d'elle, elle allait être chassée, comme la cause de la colère de Dieu sur le royaume. » « Mon frère est renfermé des quatre heures par jour avec la d'Estrades. L'on joue tous les ressorts ; on remue ciel et terre pour faire chasser la favorite. » Et l'homme d'État moraliste ajoute, le 29 août 1753 : « L'on voit d'étranges choses à la Cour ; c'est une terrible école de crimes et de noirceurs, même dans les familles. »

Cependant l'influence du comte d'Argenson grandissait encore, et le marquis écrivait, dès décembre 1751 : « Mon frère sera fait duc ou premier ministre, ses mesures sont bien prises contre la haine de la marquise. » Le *Journal* de Barbier, vers la même époque, confirme ces bruits : « M. le comte d'Argenson a tout crédit auprès du Roi. M. de Paulmy, son neveu, a beaucoup d'esprit..... Le dessein de M. le comte d'Argenson apparemment est de le faire duc et pair, ou son fils le marquis de Voyer, qui est maréchal de camp..... » Le Roi avait, en effet, donné au comte 200.000 livres pour racheter la terre de Paulmy, la plus ancienne terre de la famille, et il était question de l'ériger en duché-pairie par lettres patentes. « Le brevet du don est très honorable pour nous », disait le marquis. Barbier, parlant plus tard des changements à la Cour (août 1755), écrit : « M. le comte d'Argenson, ministre de la Guerre, fait duc et pair, et nommé gouverneur de M. le duc de Bourgogne, qui n'aura pourtant que quatre ans au mois de septembre prochain ; ce serait une belle retraite pour M. d'Argenson. » L'influence du comte était sans égale dans le cercle de la Reine ; cette faveur, du moins, lui fut acquise jusqu'au dernier jour. La Reine, accompagnée de Mesdames, venait familièrement visiter la maison de Neuilly, on connaît assez les conversations charmantes de ses cabinets, et l'on sait combien elle désirait pour son ministre favori ce pouvoir et ces honneurs dont il était si proche.

Mais le bonheur continu du comte d'Argenson devait recevoir une première atteinte. « Le 7 août 1755, au soir, » rapporte le marquis, « fut disgrâciée la comtesse d'Estrades. On l'éloigne de la Cour seulement, et on lui demande la démission de sa charge. C'est la marquise qui cause cette disgrâce..... On ignore encore les causes secrètes. Il est vrai que sa brouillerie avec sa cousine n'a été replâtrée que depuis deux ans..... elle avait grand crédit sur Mesdames et surtout sur M. le Dauphin. Elle se donnait pour la bonne amie du Roi. L'on dit que M. le Dauphin et Mesdames sont fort en' colère. Mon frère, en l'apprenant, s'est trouvé mal..... M^me d'Estrades ne laisse point de regrets d'elle. Elle enrage de la vie privée qu'elle va mener, tant la Cour a d'attraits pour ces bourgeoises qui parviennent. Elle a voulu absolument louer une maison à Chaillot, sur le chemin de Versailles à Paris ; ce qui est fort imprudent pour elle et ses amis, et ne fera qu'aggraver sa disgrâce. »

Quels discours tenait-on « au cercle de conversation » de M^me d'Estrades, qui dussent indigner si fort la marquise ? On disait « qu'elle est bien chère et coûte gros à l'État, tant par elle que par les arts inutiles et les prodigalités du Roi qu'elle protège..... La marquise était donc *sur le côté* ; elle a cru important de reparaître accréditée par un grand coup d'État..... Elle est très grande comédienne ; elle pleure avec grâce et joue le désespoir. » On obtint de Madame Adélaïde de dire que sa dame d'atours « l'ennuyait assez, et la marquise alla le redire au Roi. La marquise insista donc, pleura, se lamenta. Enfin, une heure avant l'ordre, le Roi résistait encore ; c'est ce qui fit que la comtesse fut invitée de nouveau au souper de M. de Soubise. Enfin le Roi donna l'ordre fatal à M. de Saint-Florentin pour cette disgrâce. On lui a conservé ses appointements à cause de sa prétendue pauvreté. Les grands courtisans, comme mon frère, loin de craindre de déplaire au

Roi en la voyant, y vont plus que jamais. Mon frère y passa la soirée le jour même, et partit deux heures plus tard pour Compiègne le lendemain. C'est par son conseil qu'elle a loué une maison à Chaillot, où tous ses amis abondent. Certes ceci prépare quelque grand événement à la Cour, comme la disgrâce de la marquise, que l'on dit *sur le côté* plus qu'elle n'a encore été. » Le 25 septembre 1755, le goût du romanesque poussait le marquis d'Argenson à cette affirmation imprévue que M^me d'Estrades « se trouve être d'une richesse immense, elle ne sait que faire de son argent, elle le cache jusqu'à présent. » L'avenir a prouvé qu'elle n'était pas si riche, dans un exil plus lointain que Chaillot, et plus rigoureux.

Le duc de Luynes met bien en lumière la dissimulation de la marquise : « Avant-hier au soir, M^me d'Estrades voulait aller de la Muette à Paris ; elle demanda à M^me de Pompadour : « A quelle heure faut-il rentrer pour souper ? » — « A l'heure ordinaire, comtesse. » Elle partit ; au bas de la montagne des Bonshommes, elle trouva un courrier qui lui remit une lettre de M. de Saint-Florentin..... »

Seul, le président Hénault, toujours sage et conciliant, pouvait prévenir cette chûte ; il ne fut pas écouté : « J'allai donc », dit-il, « trouver M^me d'Estrades, et je lui dis qu'elle combattait avec des armes bien inégales..... qu'elle succomberait et que peut-être entraînerait-elle M. d'Argenson ; qu'il était temps de faire finir cette lutte, où elle ne serait pas la plus forte..... M^me d'Estrades me parut persuadée, mais elle ne croyait pas la chose si pressée..... » Et la conclusion du président est la plus juste : « M. d'Argenson se tint pour attaqué. Il avait raison, mais ce qui ne se comprendra jamais, c'est qu'il lui sacrifia, dans la suite, et sa fortune et sa famille. N'était-il pas plus simple de s'en expliquer avec M^{me} de Pompadour ? Ne devait-il pas voir que M^{me} d'Estrades s'égarait, et pouvait-il se méprendre au caractère et à l'esprit de cette femme qui n'était qu'une ingrate et qu'une intrigante ? A quoi sert-il donc d'avoir un esprit supérieur pour venir échouer à un pareil écueil ? »

La comtesse d'Estrades exilée, la lutte devint plus implacable entre le comte et M^{me} de Pompadour. Le garde des Sceaux pouvait seul, parmi les ministres, s'attaquer au plus puissant d'entre eux. On prépare l'opinion contre lui. D'après Barbier (février 1756), « on rejette sur lui », à l'occasion des affaires du Parlement, « le projet de vouloir renverser les lois du royaume ». Et, parlant de la mésintelligence entre les ministres, il ajoute : « Si cela est vrai, M. d'Argenson sera peut-être sacrifié, et l'autorité souveraine souffrira une atteinte considérable. » Mais le comte redouble d'autorité et de hauteur : « Mon frère », écrit le marquis non sans étonnement, le 31 octobre 1755, « augmente en faveur réelle par les nouveaux gouvernements qu'il ajoute aux siens. Il se moque des dieux irrités chez la favorite, il croit jouer le rôle du duc de Sully sous Henri IV, et devant la belle Gabrielle. Véritablement cette dame recherche une réconciliation avec lui, et n'y peut parvenir. Il fait le cruel, et affecte de voir davantage son amie M^me d'Estrades depuis qu'elle a obtenu sa disgrâce. » A la mort du maréchal de la Mothe-Houdancourt, le comte de Saulx est nommé chevalier d'honneur de la Reine, « et l'on remarque que cela hausse les actions de M^me d'Estrades dont il était amant ». — « 4 décembre 1755 : La cabale augmente contre mon frère. La marquise de Pompadour ne se cache pas de parler mal de mon frère, et de dire tout haut que Sa Majesté ne saurait mieux faire que de le déplacer..... On lui a offert de se raccommoder avec elle, mais il refusa net..... Il faut savoir que mon frère est un composé singulier de conduite et de passion, de hauteur et de souplesse ; cependant sa prudence personnelle l'emporte toujours..... Oh ! quel diable de pays, où c'est si peu de chose que de faire son devoir ! » Et voici une réflexion vraiment prophétique, à propos de la nomination du sieur Jeannel, qui, plus tard, jouera un rôle fatal, à la direction du cabinet de la poste : « Mais pourquoi se servir de ces âmes malignes, doubles, perverses ? Qui aime le péril y périra. »

L'attentat de Damiens, le 5 janvier 1757, venait plonger dans l'anxiété la Cour et la nation tout entière ; bien des Français pouvaient dire, comme le président Hénault : « J'ai trop vécu. » « Le peuple, » raconte M^me du Hausset, apprit l'assassinat du Roi avec des transports de fureur et avec le plus grand désespoir ; on l'entendait de l'appartement de Madame crier sous les fenêtres. Il y avait des attroupements, et Madame craignait le sort de M^me de Châteauroux. On venait voir la mine qu'elle faisait sous prétexte d'intérêt ; et Madame ne faisait que pleurer et s'émouvoir. » Les craintes religieuses du Roi allaient amener le renvoi de la marquise ; le parti du Dauphin triomphait déjà, et le comte d'Argenson « avait proposé (devant M. le Dauphin qui présidait) que les ministres allassent travailler chez ce prince jusqu'à l'entier rétablissement du Roi. » Besenval, d'après Choiseul, attribue nettement la disgrâce du comte à son zèle pour le Dauphin. Une trahison de Jeannel n'y fut pas non plus étrangère. Mais le comte avait humilié trop profondément la marquise. Bernis avait été son ambassadeur auprès du ministre ; il avait supplié M<sup>me</sup> de Pompadour de tenter cette réconciliation, et elle l'avait chargé « de l'assurer du désir qu'elle aurait de bien vivre avec lui pour l'amour du Roi et le plus grand bien de ses affaires. » Mais le comte était de ces ministres « qui ont été agréables », et dont l'erreur est de croire « qu'ils seront toujours aimés ». M<sup>me</sup> du Hausset nous décrit la marquise courant chez son ennemi ; revenue au bout d'une heure, elle sanglotait, malgré les consolations de Bernis. Le comte croyait triompher, et l'on parlait dans le public d'une nouvelle marque de confiance du maître ; le Roi lui avait remis une clef pour aller chercher à Trianon des papiers secrets. Besenval donne tout au long le dialogue des deux adversaires. Rien de tout cela n'est sûr, ni le projet d'amener M<sup>me</sup> d'Esparbès pour remplacer la maîtresse exilée, ni la lettre à M<sup>me</sup> d'Estrades : « L'indécis est enfin décidé..... ». Lettre dont le comte d'Argenson lui-même a plus tard nié l'existence. « Ce qu'il y a de certain », fait-on dire à M<sup>me</sup> de Pompadour, « c'est qu'il faudra que vous ou moi nous nous en allions. » Sans doute, la marquise, le jour où « l'escalier qui conduisait chez elle vint frapper la vue du Roi, où Louis XV se trouva, presque sans s'en douter dans l'appartement de sa maîtresse », eut-elle recours aux larmes, en dépeignant « la manière cruelle » avec laquelle le comte l'avait traitée. Peut-être aussi ne connut-elle pas la véritable raison de la disgrâce, et le Roi la lui cacha-t-il toujours.

Laissons le Roi lui-même assister la marquise, alors que, désolée, elle recevait des mains de sa femme de chambre, aidée de Bernis, cette potion « que le Roi arrangea lui-même avec du sucre et lui présenta de l'air le plus gracieux ». Déjà le renvoi de M. de Machault était décidé ; la marquise ne pouvait lui pardonner d'avoir conseillé son départ, et il faut voir dans la duplicité de l'ancien ami la cause probable de sa chute. Le ministre de la Guerre restait seul ; cette fois, il se croyait le maître. Et pourtant, dit Bernis, « M. d'Argenson et M. de Machault furent exilés à la même heure, et ne se doutant ni l'un ni l'autre de la catastrophe. Le Roi les traitait également bien en public et en particulier ; chacun intérieurement, en voyant un orage prêt à crever, croyait que son ennemi en serait seul écrasé ». Etait-ce là un exemple de « ces deux qualités essentielles au souverain pouvoir », dont le marquis d'Argenson parlait en 1749, sans en prévoir la douloureuse ironie, « l'une la dissimulation quand il veut,.... l'autre des coups de grande sévérité, et qui ne font qu'augmenter de rigueur pour être plus longtemps attendus ? » On connaît la lettre du Roi : « Du 1er février 1757 — Monsieur d'Argenson, votre service ne m'étant plus nécessaire, je vous ordonne de me remettre la démission de votre charge de secrétaire d'État de la Guerre et de vos autres emplois, et de vous retirer à votre terre des Ormes. *Signé* : Louis ».

Cependant, le Roi qui l'avait aimé ne consentit qu'avec un grand effort à le sacrifier. Mme du Hausset lui attribue un mot généreux : « Une chose qui fait honneur au Roi, c'est ce qu'il a dit à un seigneur que Madame n'a pas nommé. Il se frottait les mains d'un air joyeux, en disant : « Je viens de voir partir les bagages de M. d'Argenson. » Ce seigneur était un courtisan assidu du comte, et le Roi l'entendant, s'approcha de Madame en levant les épaules, et dit : « *Et le coq chanta.* »

« Tel a été, » conclut le président Hénault, « le terme de la fortune de l'homme du monde qui rassemblait les plus grandes qualités et le plus de talents ; l'homme de plus d'esprit que j'aie jamais connu, l'homme le plus fait pour plaire et pour gouverner, et qui réunissait deux choses bien opposées : la faiblesse et la hauteur, la faiblesse dans sa famille et la hauteur à la Cour ; l'ami le plus sensible et le plus essentiel (et qui le sait mieux que moi !) mais aussi fidèle à l'ironie qu'à l'amitié. Cette ironie, pleine de dédain, effaçait les plus grands services et refroidissait ses amis mêmes ; aimant trop les complaisances, et se plaisant à humilier les grands, ce qui a fait dire qu'il

aimait voir les gens de la Cour dans son antichambre, et ses flatteurs dans son cabinet. On
voit que je ne dissimule rien ; mais on ne doit pas
craindre de peindre des hommes tels que lui avec
leurs défauts, et j'écris de lui comme M. de Sully
de Henri IV. Je n'ai pas manqué de l'aller voir
tous les ans (ceci n'intéressera que moi) ; je ne
puis m'empêcher de dire que rien n'a dû me flatter
autant que d'être l'ami et le confident de ce grand
homme. »

Le marquis de Valfons, dont les *Souvenirs*
semblent du moins sincères, nous fait assister à
une scène mélancolique et touchante, et aussi
peut-être un peu singulière, en ce matin de février 1757, dans l'hôtel d'Argenson, au Palais-
Royal. La comtesse d'Argenson envoyait chercher son fidèle ami. Elle lui tendit une lettre de
son neveu, le marquis de Paulmy, fils du marquis
d'Argenson, et qui succédait le jour même,
comme ministre de la Guerre, à son oncle disgrâcié : « C'est par ordre de mon oncle, ma chère
tante, que je vous écris, le désespoir dans le cœur.
M. Rouillé vient de lui porter un ordre de la main
du Roi.... Il sera à Paris à une heure après-midi.
Mes yeux baignés de larmes ne me permettent
que de vous assurer de mon respect. » — « Qu'allez-
vous devenir, Madame, » interroge Valfons, « dans
un moment aussi pénible et aussi peu mérité ? —
Monsieur, mon parti est pris, on fait mes malles,
on graisse les roues de ma voiture ; je suis prête,
malgré ma déplorable santé, à suivre partout mon
mari : je viens de lui renvoyer le courrier avec un

mot par lequel je lui marque qu'il trouvera dans
sa femme une amie sûre, à l'épreuve de tous les
dévouements...... » — M. d'Argenson entra dans la
chambre pâle comme la mort. Je voulus sortir.
« Non, restez, dit-il, un tiers est nécessaire dans
des moments aussi funestes ; on aura surpris la
bonté du Roi. Vous connaissez plus qu'un autre
mon respect pour Sa Majesté ; que de veilles j'ai
sacrifiées à sa gloire ! Mais, mieux que cela, devait-il jamais oublier Metz, où, cru mort et aban-
donné de tous, je le réchauffai seul dans mes bras
et ne le quittai pas d'une minute ! » — Il songeait
à ce lit déjà presque funèbre, où il avait vu la
France entière ». — « Je le répète, » continua-t-il,
« ce n'est ni son cœur ni sa volonté qui m'exilent,
cette malheureuse femme aura fait quelques noirceurs. » Puis, faisant le compte de ses biens, le
ministre s'aperçoit qu'il a dépensé huit cent mille
francs sur la dot d'un million : « J'espérais que le
temps et mon crédit me les feraient remplacer,
mais tout est fini. » M<sup>me</sup> d'Argenson, sans la plus
petite altération, me dit : « Donnez-moi, je vous
prie, mon écritoire. » Elle en tira une feuille de
papier blanc qu'elle signa au bas, et la remettant
d'un air tendre et souriant à son mari : « Voilà
mon blanc-seing, il reste encore de ma dot deux
cent mille francs ; je vous conseille de vous distraire en embellissant le château, le parc et les
jardins des Ormes ; ne parlez plus de mon argent,
il sera bien employé. » — L'âme généreuse de la
comtesse est tout entière dans ces lignes. La Reine
la trouvait « charmante », et ses lettres intimes
au comte signalent toute sa joie de la voir venir

souvent, ou regrettent son absence de la Cour.
Le passé, pour elle, c'étaient Paris et Versailles,
les visites à Dampierre, où la Reine l'emmenait
avec ses dames, les attentions du cardinal de
Rohan au château de Saverne, le voyage triom-
phal en Alsace, où, accompagnée du président Hénault, les villes rendaient, en sa personne, hommage au ministre de Fontenoy. C'étaient aussi
les exils, auxquels son mari l'avait parfois obligée,
dès 1727, ses imprudences de jeune femme délaissée, ses pertes d'argent au cavagnole de la Reine,
et d'autres sommes secrètement dissipées. Nattier
ne l'a pas revêtue de la parure mythologique ; sa
beauté gracieuse resplendit, dans le robe de satin
blanc, aux manches rattachées par des fils de
perles ; son sourire a quelque chose d'attristé, son
expression reste un peu grave, et, malgré les con-
ventions de cet art souriant, on devine qu'elle ne
fut pas heureuse.

Cependant le comte cherchait en vain les causes
de sa disgrâce. Il revenait à l'affaire de la poste et
des billets injurieux qu'il faisait, malgré la marquise, mettre sous les yeux du Roi. « On avait
servi », continue Valfons ; « il nous vit dîner et
ne voulut même pas prendre son lait. » Mais le
grand courtisan se réveille en lui. Au marquis de
Paulmy qui vient d'entrer : « Il est temps, mon
neveu, que vous repartiez pour Versailles ; le Roi
peut avoir des ordres à vous donner. » Il dit à sa
nièce : « Il faut vous trouver aussi chez la Reine ;
quand le Roi passera pour le grand couvert, vous
lui ferez votre révérence. » Enfin, Valfons sera
envoyé à Versailles, sans perdre un instant :

« Vous direz à Paulmy de faire l'impossible pour savoir le motif de mon exil, car je l'ignore ; la Reine peut le savoir : M^me de Villars voudra bien le lui demander. » N'était-ce pas la duchesse de Villars, elle qui avait jadis tant souffert par lui, que, dans la détresse de ce jour, il convenait d'invoquer ? « Mais la Reine ne savait rien. »

La comtesse d'Argenson pressait son mari de lui permettre de le suivre ; « il rejeta toujours son refus sur la faiblesse de sa santé et le besoin qu'elle avait d'être près de son médecin et des secours de Paris » ; mais le véritable motif était que M^me d'Estrades l'accompagnait aux Ormes. Depuis quelques mois, la dame d'atours, sur son conseil, s'était retirée à la campagne ; elle accourait maintenant vers lui. Luynes trouvait fâcheux qu'elle eût pris un tel parti, « quoiqu'on ne puisse blâmer jusqu'à un certain point les démarches que l'ancienne amitié fait faire. » Le comte refuse à M. de Valfons la permission de partager sa disgrâce et de lui « prouver son inviolable attachement en allant aux Ormes..... » « Le lendemain matin à huit heures », écrit l'auteur des *Souvenirs*, j'étais chez lui ; je le vis partir ; il trouva au sortir de Paris M^me d'Estrades qui se mit dans sa voiture et continua sa route avec lui vers les Ormes ; M. et M^me de Voyer les suivaient dans une autre voiture. » C'étaient les premiers pas vers l'exil, un exil qui devait durer autant que la vie.

Il faut emprunter aux contemporains la description de l'asile qui semblait si sévère aux deux fugitifs. Le président Hénault a souvent habité ce château dont le comte avait, dit-il, fait « son principal manoir ». « La terre des Ormes est sur les confins du Poitou et de la Touraine..... elle se trouve au milieu de toutes les terres de sa maison : Argenson, Paulmy, Vueil, la Guerche, etc. Il y a joint d'autres domaines, comme le Port-de-Piles, Marmande, etc. En sorte que toutes ces terres réunies forment le domaine le plus considérable de ces provinces.

« La terre des Ormes est située sur la rivière de Vienne. Cette rivière semble assujettie à la position du château ; elle borde le parterre et le parc et forme deux croissants au commencement et à la fin du parc, qui en prolongent la vue des deux côtés. Elle porte des bâtiments considérables et nous y avons compté jusqu'à seize voiles. Le parc est l'ouvrage tout entier de M. d'Argenson, qui en dessinait et en ordonnait la plantation, dès le temps que ses emplois le retenaient à Paris. Depuis qu'il est venu l'habiter, il a travaillé au château ; la façade de la cour a dix-sept croisées de face et celle du jardin en a vingt-six, en y comprenant une galerie qu'il a fait construire pour y placer la bibliothèque qu'il a fait venir de Paris. Le transport n'en est pas difficile, car l'embarquement se fait à Neuilly et à Paris au port Saint-Paul..... C'est ainsi que nous y avons reçu la statue de marbre du Roi que M. d'Argenson a tirée de ses beaux jardins de Neuilly. Le Roi lui avait fait don du bloc de marbre, en lui permettant d'en faire une statue pédestre. Elle est placée dans le milieu du parc, où huit allées viennent aboutir ; elle regarde la rivière, et est vue du grand chemin. L'entrée du château est bien noble.....

« Toute la noblesse des provinces voisines s'est empressée de venir aux Ormes, sitôt que le seigneur du lieu y est arrivé ; la plupart des gentilshommes se font un plaisir de lui appartenir ; et ce concours n'a pas été momentané ; la maison se renouvelle à tous moments ; jamais il n'y a moins de vingt-cinq à trente personnes, tant hommes que dames. L'espace a manqué dans le commencement ; mais à présent (1762) il peut loger environ vingt-cinq personnes. La pièce où l'on s'assemble est dans de belles proportions, et je n'en parle que pour dire qu'elle est meublée convenablement à l'état du maître ; ce sont les conquêtes du Roi qui en font la tapisserie.

« C'est dans ce séjour que M. d'Argenson oublie et les faveurs et les revers de la fortune, sans oublier un maître qu'il a eu l'honneur d'approcher d'assez près pour sentir combien il est digne d'être aimé. Il regrette seulement la perte de sa liberté ; car il y est exilé ; et il est vrai qu'un homme, qui a rempli avec honneur, depuis quarante ans, les places les plus importantes, pouvait au moins espérer de n'être pas privé d'un bien dont jouissent les moindres particuliers. »

Le duc de Luynes complète la description : « On me mande de Touraine que la terre des Ormes est dans une situation unique. Il y a beaucoup à faire au dedans du château, dont l'extérieur est fort bien..... mais les dehors sont admirables. C'est une rivière qui porte des bâtiments à voile, et qui est commandée par une terrasse d'une lieue de long appuyée par un parc immense et bien percé. La partie de la terrasse qui fait face au château est une balustrade de pierre blanche où l'on arrive par un parterre de gazon. » — La statue du Roi était environnée de huit canons pris à Fontenoy ; cette statue qu'il montrait à Dufort de Cheverny, en lui disant : « Voilà ma seule consolation, celle de venir voir tous les jours mon maître. »

L'exil du comte d'Argenson ne fut point dépourvu de consolation et de grandeur. « Il a toujours été grand, » dit Valfons, « dans son séjour aux Ormes où l'univers accourait, surtout les militaires qu'il accablait de caresses et qui se détournaient souvent de très loin pour lui rendre leurs hommages. » Mais rien ne le consolait d'avoir perdu l'amitié du maître, ni cette foule empressée, ni les fêtes que Mme d'Estrades s'ingéniait à organiser pour lui. Il n'est pas vrai que « le temps ne semblait pas coul₁ plus lentement dans le calme de son château des Ormes que dans le tourbillon de la Cour ». Et pourtant : « Je suis sûr », ajoute Valfons, « qu'il ne lui est jamais échappé un mot d'impatience ou de critique contre le Roi ; il en a toujours parlé avec autant de respect que d'amour. » Plus que les honneurs et que sa fortune presque engloutie au service de l'État, l'amitié royale lui semblait le seul bien qu'il regretta jusqu'au désespoir.

Les plus fidèles courtisans du malheur furent les gens de lettres qu'il avait encouragés et soutenus, le président Hénault, Moncrif, lecteur de la Reine qui avait dû demander la permission de le suivre, Voltaire dont les lettres l'avaient si souvent charmé, et qui avait lui-même séjourné aux

Ormes, comme il l'écrivait de Ferney au marquis de Voyer, le 12 octobre 1770 : « Vous avez daté votre lettre d'un château où il y a plus d'esprit qu'ailleurs, et c'est aussi la destinée du château des Ormes, où je me souviens d'avoir passé des jours bien agréables. » Mais le plus émouvant témoignage est le récit de Marmontel. Quand Sainte-Beuve, dans son chapitre des *Regrets*, étudie « un mal terrible et rebelle à guérir, la maladie du *pouvoir perdu* », il le cite presque tout entier. Douleur amère, qui ne quitte plus les ministres disgraciés, sur les bords de la Vienne comme dans le décor de Chanteloup :

« Je profitai du voisinage de la terre des Ormes pour y aller voir le comte d'Argenson, l'ancien ministre de la Guerre, que le Roi y avait exilé. Je n'avais pas oublié les bontés qu'il m'avait témoignées dans le temps de sa gloire. Jeune encore, lorsque j'avais fait un petit poème sur l'établissement de l'École militaire, dont il avait le principal honneur, il s'était plu à faire valoir ce témoignage de mon zèle. Chez lui, à table, il m'avait présenté à la noblesse militaire comme un jeune homme qui avait des droits à sa reconnaissance et à sa protection. Il me reçut dans son exil avec une extrême sensibilité. O mes enfants ! quelle maladie incurable que celle de l'ambition ! quelle tristesse que celle de la vie d'un ministre disgracié ! Déjà usé par le travail, le chagrin achevait de miner sa santé. Son corps était rongé de goutte, son âme l'était bien plus cruellement de souvenirs et de regrets ; et, à travers l'aimable accueil qu'il voulut bien me faire, je ne laissai pas de voir en lui une victime de tous les genres de douleurs.

« En me promenant avec lui dans ses jardins,

j'aperçus de loin une statue de marbre ; je lui demandai
ce que c'était. « C'est, me dit-il, ce que je n'ai plus le
courage de regarder » ; et, en nous détournant : « Ah !
Marmontel, si vous saviez avec quel zèle je l'ai servi !
Si vous saviez combien de fois il m'avait assuré que
nous passerions notre vie ensemble, et que je n'avais
pas au monde un meilleur ami que lui ! Voilà les promesses des rois, voilà leur amitié ! » Et, en disant ces
mots, ses yeux se remplirent de larmes.

« Le soir, pendant que l'on soupait, nous restions
dans le salon. Ce salon était tapissé de tableaux, qui
représentaient les batailles où le Roi s'était trouvé en
personne avec lui. Il me montrait l'endroit où ils
étaient placés durant l'action ; il me répétait ce que
le Roi lui avait dit ; il n'en avait pas oublié une parole. « Ici, me dit-il en parlant de l'une de ces batailles,
je fus deux heures à croire que mon fils était mort. Le
Roi eût la bonté de paraître sensible à ma douleur.
Combien il est changé ! Rien de moi ne le touche plus. »
Ces idées le poursuivaient ; et, pour peu qu'il fût livré
à lui-même, il tombait comme abîmé dans sa douleur.
Alors sa belle- fille, M<sup>me</sup> de Voyer, allait bien vite
s'asseoir auprès de lui, le pressait dans ses bras, le
carossait ; et lui, comme un enfant, laissant tomber
sa tête sur le sein ou sur les genoux de sa consola-
trice, les baignait de ses larmes, et ne s'en cachait
point.

Le malheureux, qui ne vivait que de poisson à l'eau,
à cause de sa goutte, était encore privé par là du seul
plaisir des sens auquel il eût été sensible, car il était
gourmand. Mais le régime le plus austère ne procurait
pas même du soulagement à ses maux. En le quittant
je ne pus m'empêcher de lui paraître vivement touché
de ses peines : « Vous y ajoutez, me dit-il, le regret de
ne vous avoir fait aucun bien, lorsque cela m'eût été
si facile. » Peu de temps après, il obtint la permission

d'être transporté à Paris. Je l'y vis arriver mourant,
et j'y reçus ses derniers adieux. »

Mᵐᵉ d'Estrades est absente de ce tableau. Les
familiers de l'exilé ne lui pardonnaient pas, et le
président Hénault écrivait au marquis de Voyer :
« Je regarde cette personne comme la cause de
tous nos malheurs. » Elle tentait pourtant de se
concilier l'amitié du lieutenant-général, qu'elle
avait rencontré si souvent aux soupers des cabinets, au théâtre des petits appartements où il
tenait son rôle. Les seules lettres qui nous restent
de la comtesse, et que nous donnons ici, sont
adressées au marquis de Voyer. Tant que le ministre vécut, elle parut vivre en bonne intelligence avec son fils. Après sa mort, elle disparaît.
Elle ne semblait avoir d'existence que par le
grand homme dont l'attachement l'avait illus-
trée. Remariée plus tard à Séguier, comte de
Saint-Brisson, sa trace est perdue, son rôle est
fini. Il semble même qu'aux Ormes on ait voulu
abolir sa mémoire ; des longues années où elle y
vécut, il ne reste rien ; pas un portrait, pas un
souvenir. Et la tradition de famille voit encore
en elle l'instrument déplorable de la disgrâce
royale.

On pourrait croire que Mᵐᵉ d'Estrades avait
emprunté le papier à lettres de Mᵐᵉ de Pompadour, aux encadrements fleuris et aux guirlandes
peintes. Mais celui de la marquise est plus charmant encore, avec ses rinceaux contournés, ses
bouquets de roses et de chardons bleus.

*La comtesse d'Estrades au marquis de Voyer.*

A Boulogne, ce 6 octobre 1756.

*Vous m'avez totalement oubliée, Monsieur, mais cela me paraît si naturel que je ne vous ferais pas ressouvenir de mon existence, si je ne craignais que vous n'en eussiez fait autant de la demoiselle Lejeune à qui à ma recommandation vous aviez accordé votre protection. Comme elle n'en a point encore reçu les effets malgré les assurances que je lui en avais données de votre part, je ne puis m'empêcher de vous rappeler que ce qu'elle demande est une justice, et je crois par conséquent que ce n'est pas vous déplaire que de vous représenter que vous ne la lui avez pas rendue. Je m'imagine même, connaissant votre façon de penser, que c'est vous obliger, et c'est un désir que j'aurai toujours lorsque les occasions s'en présenteront. Je vous prie d'en être persuadé, ainsi que de l'attachement sincère avec lequel j'ai l'honneur d'être, Monsieur, votre très humble et très obéissante servante.*

**SEMONVILLE, COMTESSE D'ESTRADES.**

*L'incertitude où je suis, Monsieur, de savoir si j'aurai bientôt l'honneur de vous voir me fait prendre le parti de vous faire mes remerciements par écrit du logement que vous avez bien voulu accorder à M$^{lle}$ Lejeune. Je profite de cette occasion pour vous souhaiter toute sorte de bonheur cette année, et pour vous renouveler les assurances* de l'attachement sincère avec lequel j'ai l'honneur d'être, Monsieur, votre très humble et très obéissante servante.

SEMONVILLE, COMTESSE D'ESTRADES.

A Boulogne, 1<sup>er</sup> janvier 1757.

J'avais bien désiré, Mansieur le marquis, en vous faisant cent mille remerciements de l'attention que vous voulez bien avoir de me faire trouver un cheval dont cependant je ne profiterai pas, ayant déjà donné cette commission dans le pays, j'avais donc, dis-je, été enchantée d'avoir à vous annoncer quelque chose qui vous eût été agréable, mais n'ayant rien de satisfaisant j'ai mieux aimé ne me point charger de la réponse. Si j'étais chez moi, Monsieur le marquis, je serais très aise de vous y recevoir avec les gens qui vous conviendraient, et en toute occasion je voudrais pouvoir vous donner des preuves de l'attachement inviolable avec lequel j'ai l'honneur d'être votre très humble et très obéissante servante.

SEMONVILLE, COMTESSE D'ESTRADES.

Ce 22 novembre 1762.

Je suis pénétrée de reconnaissance, Monsieur le marquis, de tout ce que vous voulez bien faire pour le bonheur de M<sup>lle</sup> des Giraudières. J'attendrai votre arrivée pour en faire part à son père, et ne parlerai de cette affaire qu'à M. le comte d'Argenson. Il est si paresseux que je ne l'ai point

*encore vu. Je viens d'envoyer savoir de ses nou-
velles, et il m'a mandé qu'il se portait bien. Nous
sommes très occupés de la fête que nous lui donnons demain. C'est une foire où il y aura marchand
de chansons, opérateur et parade. J'ai bien des
regrets que vous ne soyez pas un de nos acteurs,
et c'est avec la plus vive impatience que j'attends
le moment où je pourrai, en vous faisant tous mes
remerciements, vous assurer de l'attachement tendre
et inviolable que je vous voue, Monsieur le marquis, pour toute ma vie.*

SEMONVILLE, COMTESSE D'ESTRADES.

*Il y aura demain soixante personnes à loger dans
le château. M. votre père commence à être embarrassé.*

**Ce 27 juin 1763.**

Dans chaque missive, qu'il s'agisse de protéger
une jeune fille ou de solliciter pour le père « une
survivance dans les haras », la comtesse d'Estrades comble de prévenances l'héritier des Ormes
qu'elle a toujours craint. Jusqu'à la mort du
comte, elle assurera le marquis « de sa reconnaissance et de son inviolable attachement ».

La dernière lettre apporte à M. de Voyer des
condoléances peut-être inattendues. Il venait de
perdre sa mère. La comtesse d'Argenson avait
succombé le 14 avril 1764. Depuis la disgrâce,
elle s'était épuisée en efforts pour obtenir le rappel
du ministre exilé et ne devait pas voir le doulou-

reux retour. Le rôle de M^{me} d'Estrades était difficile ; elle ne pouvait manifester de regrets ; sa
lettre était écrite aux Ormes mêmes, dans ce
château où la comtesse n'avait pas repris sa place,
sur cette terre familiale d'où la morte d'aujour-
d'hui était depuis longtemps bannie. Pourtant, il
fallait adresser un témoignage de sympathie au
fils du protecteur fidèle, et s'acquitter adroite-
ment de ce devoir :

*Si vous me rendez justice, Monsieur le marquis,
vous ne douterez jamais de la part que je prendrai
toujours à tous les événements qui peuvent vous
intéresser, et je saisirai toute ma vie avec empressement les occasions où je pourrai vous donner des
preuves de l'attachement sincère avec lequel j'ai
l'honneur d'être, Monsieur le marquis, votre très
humble et très obéissante servante.*

SEMONVILLE, COMTESSE D'ESTRADES.

Aux Ormes, ce 19 avril 1764.

Les lettres de la comtesse d'Argenson à son fils
étaient empreintes d'une grande tristesse. Elle
eût désiré un rapprochement que la mort ne
permit pas ; elle s'éteignait quelques mois avant
son mari dont elle avait prévu la fin désolée :
« Quoique votre père et vous disiez de sa santé, »
écrivait-elle le 28 novembre 1760, « on dit qu'elle
n'est pas aussi bonne ; qu'il vieillit, qu'il a les
jambes enflées, et qu'enfin il n'est pas bien. Je
souhaite que ceux qui me l'ont dit aient de mauvaise mémoire ! » —C'est que la peine et la maladie

avaient fait leur œuvre. « Au bout de cinq ans, » dit Bernis, « l'ennui le prit, le chagrin s'empara de son âme, il fit une chute qui acheva d'ébranler la machine. » Menacé de perdre la vue, ses yeux s'éteignaient graduellement pendant les dernières années de sa vie, « jusqu'au point de lui refuser toutes les consolations qu'il eût trouvées dans la lecture et l'étude ». Ses projets infatigables s'étaient reportés sur les siens, empressés autour de lui, le marquis de Voyer, de plus en plus dégoûté de la Cour, et la marquise, fille du maréchal de Mailly ; le marquis de Paulmy son neveu, toujours conciliant et ami des pouvoirs qui avaient remplacé le sien ; sa petite-nièce, Adélaïde-Geneviève d'Argenson, qui deviendra duchesse de Luxembourg. Il ne verra pas grandir ses petites-filles ; la plus charmante d'entre elles sera Pauline d'Argenson, comtesse de Montmorency-Laval, dont la jeunesse ne connut qu'une idylle triste, et qui mourra, en 1790, à vingt-cinq ans, d'une fluxion de poitrine pour avoir trop bien remué la terre, vêtue d'une robe trop légère, en préparant, au Champ-de-Mars, la fête de la Fédération.

Cependant M$^{me}$ de Pompadour était morte, le 15 avril 1764, et la Reine pouvait écrire au président Hénault : « Il n'est non plus question ici de *ce qui n'est plus, que si elle n'avait jamais existé.* Voilà le monde, c'est bien la peine de l'aimer. » — « L'obscurité impénétrable » dont parlait Hénault, enveloppait encore les causes de la chute. Mais « le cœur du Roi, qui s'était toujours défendu de le haïr, avait repris ses sentiments ineffaçables de l'attachement de son ministre. Le Roi, dans sa justice, lui avait permis de revenir. M. d'Argenson revint, en effet, à Paris ; il était mort, quand je le vis mettre le pied dans sa chambre : une fièvre lente le minait depuis six mois ; Vernage, qui l'avait été voir aux Ormes, me l'avait mandé ; il avait ordonné des remèdes que l'on négligea, peut-être dans la crainte qu'ils ne retardassent son retour, que désiraient tous ses gens, -Mme d'Estrades à la tête. Cette femme, qui avait tant l'intérêt à sa conservation, qui s'était emparée de sa volonté, peut-être plus que de son cœur, voulait qu'il fût mieux, malgré l'évidence : elle ne se dédit pas jusqu'au dernier moment. Elle n'avait pas voulu lui accorder la fièvre ; elle avait, par là, empêché toutes les précautions. Elle le gardait contre les secours qu'on lui aurait donnés ; en sorte qu'après avoir détruit sa fortune et celle de sa famille, après avoir détruit l'opinion qu'il méritait, par la faiblesse inouïe où elle l'avait amené, cette femme qui lui avait ôté tous ses amis pour réunir tous ses sentiments, fut la personne même qui lui causa la mort. Bel exemple à donner des dangers de semblables liaisons, si la douleur laissait place aux réflexions. » Et le président donnait des larmes sincères à cette grande destinée brisée : « Un ami de cinquante ans, et quel ami ! quel homme ! quel ministre ! »

Mme du Deffand, d'un style et d'un cœur également secs, écrivait à Voltaire, le 17 juin 1764 : « Nous allons voir M. d'Argenson ; on lui a envoyé hier la permission de revenir pour vaquer aux affaires que lui occasionne le testament de feu sa femme, et pour se trouver aux couches de M^me de Voyer. C'est une grande joie pour le président. » Et, le 10 septembre : « M. d'Argenson arriva ici le 12 de juillet, à demi-mort, une fièvre lente, la poitrine affectée ; son état empirait tous les jours, mais insensiblement ; le 22 du mois dernier, on s'aperçut qu'il était à l'extrémité..... » Et elle se demande avec quels sentiments, philosophiques ou religieux, il avait envisagé la mort. Devant de telles douleurs du corps et de l'âme, la philosophie se reconnaît-elle impuissante ? On songea à l'extreme-onction, et déjà il ne parlait plus. Pourtant de grands desseins l'occupèrent. jusqu'à la fin. Valfons ne l'avait pas quitté : « A son arrivée, tout le monde vint se faire inscrire chez lui ; les ministres y furent en personne ; son retour avait l'air d'un triomphe..... Quand j'approchai de son lit dont il ne sortait plus, il me tendit les bras..... M^me d'Estrades, qui était présente, me tira près de la cheminée et me dit : « Oui, souhaitez qu'il vive et que le Roi rende justice à son innocence opprimée ; vous ferez un beau chemin ; c'est bien la moindre chose qu'on doive à ceux que nos malheurs nous ont encore plus attachés. » — Les médecins se querellaient à son chevet, et il semble que le quinquina lui fut fatal. M^me d'Estrades et M. de Voyer dirent à Valfons : « Mais que faire ? Six avis de même contre un seul ! » Et, le 22 août 1764, le prince de Soubise, l'envoyé du maître, arrivait trop tard, pour dire à l'agonisant, qui n'entendait plus, que le Roi l'appelait.

L'épitaphe composée par le président Hénault ne ment pas, quand elle proclame que le ministre a consacré à son maître, qu'il nommait le meilleur des Rois, longtemps son œuvre, et, toute sa vie, son amour. Mais ce qui marque le mieux le caractère du comte d'Argenson, c'est cette passion insatiable d'un pouvoir qui devait accroître avant tout la gloire du prince et celle du royaume. Aussi Bernis est peut-être, de tous ses historiens, celui qui a le mieux décrit ses derniers moments. L'homme qui avait fait surgir les armées de Fontenoy, rêvait, au lendemain du funeste traité de Paris, une France plus florissante et une plus belle renommée pour le règne. Mme d'Estrades elle-même n'avait plus de place dans cette vie : « Je trouvai, » dit Bernis, « M. d'Argenson en proie à la mort et luttant avec l'ambition. Jamais sermon ne m'a fait autant d'impression que le tableau de ce ministre mourant..... Sa tête était pleine d'intrigues et de projets, pendant que le froid de la mort s'emparait de sa personne. Il mourut avec le désir de vivre et de régner. »

# QUATRE-VINGT-CINQ LETTRES ET BILLETS DE LA MARQUISE DE POMPADOUR

*Monsieur le comte d'Argenson,*
*ministre de la Guerre, Armée du Roi.*

A Choisy, ce 8.

S'il y a des régiments vacants, Monsieur, je vous recommande beaucoup M. de Moutier, et le fils..... qui par parenthèse a bien fait. M. votre fils vous le dira, et le père est très mal dans ses affaires. Je vous recommande aussi M. de Clermont d'Amboise ; c'est un homme bien malheureux et bien pauvre. Quand vous aurez un détail de la bataille (¹), faites-moi le plaisir de me l'envoyer, car le Roi ne me mande que les choses intéressantes. Adieu, Monsieur, on me mande que M. votre fils a très bien fait. Je partage avec vous le plaisir que vous en ressentez.

[Juillet 1747].

Oui, assurément, Monsieur, tout ce qui fait la gloire du Roi m'enchante et j'en reçois le compliment avec grande satisfaction. Je vous en fais un bien sincère sur ce que votre fils se porte bien. Le

1. Bataille de Lawfeld (2 juillet 1747), à laquelle le comte d'Argenson assistait avec le Roi.

pauvre président (¹), votre ami, sera bien affligé. Voilà une lettre de Fillancourt ; s'il a le sens commun, je vous prie de lui vouloir du bien. M. d'Espagnac (²) m'a priée de vous le recommander. Ne pourriez-vous pas me dire si mon petit carabinier a attrapé quelque chose ? J'aurais bien souhaité que ce fût lui qui eût pris le général Ligonier (³). Adieu, Monsieur, vous ne doutez pas, je crois, de mon amitié pour vous.

LA MARQUISE DE POMPADOUR.

Ce 7 [Juillet 1747].

[De la main du comte d'Argenson] : Rép. le 11 juillet 1747.

Je vous ai parlé l'année passée, Monsieur, de M. de La Poterie, et vous m'avez paru lui vouloir du bien. Si M. de Lowendal demande à l'envoyer porter au Roi quelques nouvelles, vous me ferez plaisir de ne vous y pas opposer. La mort de M. de Boufflers (⁴) ne fera, je crois, pas grand tort aux affaires du Roi, s'il est vrai, comme on le dit, que les ennemis aient levé le siège de Gênes, mais son fils reste sans pain. M. de Boufflers laisse un million de dettes et il faut reprendre dix mille livres de rente du bien de sa femme. Je ne doute

1. Le président Hénault (1685-1770).

2 Jean-Baptiste, baron d'Espagnac (1713-1783), lieutenant-général en 1780, historien des guerres du xvɪɪɪᵉ siècle.

3. Jean de Ligonier, général anglais d'origine française, fait prisonnier à la bataille de Lawfeld, mort en 1770.

4. Joseph-Marie, duc de Boufflers, né en 1706, mort commandant à Gênes, le 2 juillet 1747.

pas que vous ne parliez au Roi pour ce petit garçon. Bonsoir, Monsieur, soyez persuadé de mon amitié pour vous.

[Juillet 1747]. — [Rép. le 15].

Ce 18.

Je vous remercie, Monsieur, du détail de la bataille (1) que vous m'avez envoyé. Je vous prie de donner ordre que l'on m'envoie tous les jours les bulletins. Tout le monde me tourmente pour les nouvelles, quand ils auront les bulletins ils me laisseront en repos, car de façon ou d'autre, je ne dirai jamais rien. Faites-les donner à Dufort pour moi, par ce moyen ils m'arriveront plus tôt que confondus avec les autres lettres de la poste. Je vous suis obligée de l'attention que vous me promettez de faire aux personnes que je vous recommande ; ils sont tous bons sujets. J'ai écrit au Roi pour le gouvernement de Collioure, que le président demande pour Jonzac (2), je crois que cela ne vous fera pas de peine. Le Roi m'a mandé la même chose que vous sur la promotion. Je n'en parlerai pas plus que je ne parle d'autres choses. Mon petit carabinier a eu trois chevaux blessés, et s'est bien conduit, c'est ce que je demande. Vous ne doutez pas de mon amitié pour vous.

[Rép. le 22]. — [Juillet 1747].

1. La victoire de Lawfeld.
2. François-Pierre-Charles d'Esparbès de Lussan, neveu du président Hénault, gouverneur de Collioure en octobre 1747, maréchal de camp en 1748.

*A Monsieur le comte d'Argenson, au Château.*

Ce que vous m'apprenez, Monsieur, me fait grand plaisir, et je vous en suis très obligée. Mon petit cousin va sortir du régiment de M. votre fils ; si ce n'était pas pour son avantage, je serais fâchée qu'il le quittât. Vous connaissez mon amitié pour vous.

La marquise de Pompadour.

Le pauvre M. Lainé est mort, Monsieur le comte ; l'oncle est au désespoir, il demande le gouvernement pour le frère cadet qui l'aura payé bien cher par la blessure affreuse qu'il a eue. Le Roi a eu la bonté de me le promettre, j'espère que vous n'y serez pas contraire. Bonsoir, Monsieur le comte.

Je remercie bien fort Monsieur le comte de ce qu'il a fait pour le petit Lambert. J'étais furieuse que l'on n'employât pas un homme qui sert bien le Roi, et aussi lui en ai-je chanté pouille de la bonne façon. La promenade du Roi n'a pas été aussi longue que vous le croyez, et je suis bien sûre que vous avez été fâché de ne le pas suivre. Les ennemis ont fait un mouvement auquel nous ne nous attendions pas, mais je ne vois pas qu'il y ait rien qui puisse vous tourmenter. Tenez-vous tranquille, je vous prie, et croyez que je m'intéresse beaucoup à vous.

La marquise de Pompadour.

A Choisy, ce 8 mai.

Le président est charmant, Monsieur le comte;
M. l'abbé Constantin est venu se désister chez
moi, il y a quatre jours, et il n'avait sûrement pas
reçu de lettre de M. de Soubise (1). J'espère que
notre affaire ira à bien. Je vous envoie le mémoire
de Girardin ; pour Dieu ayez-nous un arrêt de
surséance, il est ruiné sans cela ; c'est un des bons
ouvriers que le Roi ait. Les créanciers lui ont déjà
vendu une maison de 50.000 livres 30 ; jugez où
il en serait si cela continuait.

Vous trouverez sûrement aussi extraordinaire
que moi, que M. d'Etioles s'adresse à moi (2).
Quoi que nous en croyons l'un et l'autre, il n'est
pas moins vrai qu'il me prie de vous recommander
les vivres d'Italie, desquelles vous ferez tout ce
que vous voudrez. Plus, un des charpentiers de
ma maison de bois demande le congé de son cousin ; je suis même obligée de vous dire que la
mère donne 100 livres pour avoir un autre homme.
Bonsoir et bonne nuit à Monsieur le comte que
j'aime en vérité de tout mon cœur.

Monsieur le comte veut bien me permettre de
lui recommander un pauvre camarade d'un de
mes gens. Il était invalide, il s'est senti de la force
pour servir et est rentré au service ; il n'en peut
plus, ainsi que vous verrez par le certificat ci-
joint, on ne veut plus le recevoir à l'Hôtel. Cela
me paraît peu chrétien. Autre recommandation à

1. Charles de Rohan, prince de Soubise, né en 1715, maréchal
de France en 1758, mort en 1787.

2. Les historiens de Mme de Pompadour semblent avoir ignoré
que M. d'Etioles, son mari se fût adressé à elle.

laquelle Monsieur le comte dira oui ou non, pour que je fasse réponse. J'assure Monsieur le comte de ma profonde vénération et de mon très grand respect.

[De la main du comte d'Argenson : Rép. le 1er février 1749].

M^me la maréchale de Montmorency me mande, Monsieur le comte, que vous l'avez très bien reçue, elle me prie de vous la recommander, je m'en acquitte avec plaisir. Vous savez comme moi, que c'est les plus honnêtes gens du monde, que le Maréchal a bien servi, que M. de Maupeou est un des plus respectables hommes qu'il y ait. D'ailleurs les grâces (¹) que le Roi fera ne seront pas de longue durée, car le bonhomme ne peut aller loin ; enfin je vous prie d'en parler au Roi, je m'en rapporte à vous pour la réussite si vous vous servez du talent que vous avez pour persuader. J'en ai parlé au Roi, qui ne m'a pas paru mal prévenu. MM. de Rohan me sollicitent pour vous parler du petit Chabot. Le frère de la nourrice de mon fils demande à être réformé ; comme la réforme n'est pas faite, je crois que vous pouvez accorder cette grâce. Begon a appris que son ancien voulait acheter, il vous demande en ce cas vos bontés pour la 1^re compagnie d'après. La comtesse m'a dit le désir que vous aviez pour M. de Maillebois (⁎) ; on se porte bien. Ainsi le

1. Le maréchal de Montmorency, à l'occasion du mariage de son fils avec M^lle de Maupeou (24 avril 1749) recevait 9.000 livres de pension (*Mémoires du duc de Luynes*, avril 1749).

2. Yves-Marie Desmarets, comte de Maillebois (1715-1791), lieutenant-général, fils du maréchal de Maillebois et gendre du marquis d'Argenson.

moment est passé, mais je vous prie de croire qu'indépendamment de l'amitié que j'ai pour le fils, l'intérêt que vous y prenez m'aurait déterminée à faire ce qui dépend de moi pour la réussite de ce que vous désirez. Je serai peut-être trompée, mais j'ai bonne opinion de vous et je ne vous ai fait froid pendant quelque temps que parce que je croyais pouvoir compter sur vous et que je m'imaginais avoir été trompée. Vous savez sûrement par expérience combien ces choses-là font de peine : enfin je suis persuadée que j'ai eu tort et que votre attachement pour le Roi est aussi sincère que votre amitié pour moi. Ne me détrompez pas sur cette façon de penser et soyez sûr que vous aurez en moi l'amie la plus sincère et qui vous en donnera des preuves dans toutes les occasions.

Ces maudites chansons courent les rues, tous les jours il s'en fait de nouvelles. Il faut patienter encore quelque temps. J'ai bien des éclaircissements à vous donner, mais cela est inutile à présent. A mon retour du petit château, je vous verrai. Ce qu'il y a de sûr, c'est que Desforges est à Avignon ; il a été averti par l'exempt qui devait l'arrêter.

[Mars 1749].

Je vous prie, Monsieur le comte, de vouloir bien dire à M. Berryer (¹) de donner un ordre aux garçons du sieur Folliot pour travailler à un meuble qu'ils ont commencé à me sculpter ; ils

1. Nicolas-René Berryer (1703-1762), lieutenant de police en 1747, plus tard ministre de la Marine, puis garde des Sceaux.

sont en querelle avec leur maître et l'ont quitté, au moyen de quoi mon meuble ne s'achève pas.

Mon tapissier ira demander cet ordre à M. Berryer.

Mandez-moi si j'irai à l'Opéra mardi, j'attends les ordres de Monsieur le comte, et l'assure de ma tendre amitié.

J'oubliais un ordre pour que M. Quesnay (¹) aille voir à Vincennes mardi ou mercredi ce joli garçon (²).

[Mai 1749].

17 mai 1749.

Je vous envoie, mon très cher comte, une lettre de mon ami Baisle ; vous y verrez sa façon de penser qui est et sera toujours honnête.

Vous avez enfermé un nommé Bret. Je sais à n'en pouvoir douter que c'est un très mauvais sujet, l'ami intime de Lavieux-Maison, de Robé (³), de Fréton ; il a fait une pièce affreuse sur l'abbé Le Blanc (⁴), il peut en avoir fait sur d'autres. C'est un jeune homme timide, de qui en s'y pre-

1. François Quesnay (1694-1774), économiste, médecin de Mᵐᵉ de Pompadour, avait obtenu la survivance de la charge de médecin ordinaire du Roi.

2. Le post-scriptum paraît concerner l'affaire Latude. (Danry, plus tard appelé Latude, arrêté le 27 avril 1749, avait imaginé un faux complot contre Mᵐᵉ de Pompadour. (V. *Légendes et Archives de la Bastille*, par M. FUNCK-BRENTANO).

3. Robbé de Beauveset (1714-1792), poète satirique ; ses *Odes nouvelles* ont paru en 1749, il reçut une gratification annuelle du Roi en 1768.

4. L'abbé Le Blanc (1707-1781), connu surtout par ses *Lettres d'un Français sur les Anglais* (1745), obtint, grâce à Mᵐᵉ de Pompadour, la place d'historiographe des bâtiments du Roi.

nant bien on peut tirer beaucoup de choses à ce qu'on m'a assuré et cela est très vraisemblable. Voilà ce que je sais jusqu'à ce moment, je vous instruirai d'abord que j'aurai d'autres avis. J'assure Monsieur le comte de ma tendre amitié.

Je vous avertis que le Roi est dans l'intention de tenir ferme au Parlement. Il voudrait que tout fût fini cette semaine, et cependant, s'il est possible, éviter le lit de justice. Faites vos réflexions sur cela ; l'avis de l'avocat général serait peut-être bon.

[Au dos, de l'écriture de la marquise :] *Lettres génoises.*

Frontigny a un conseil à vous demander pour demain, donnez lui audience, Monsieur le comte. Je crois qu'il est bon de s'instruire, mais ne faisons plus de démarches d'ici à ce que je vous aie vu (¹).

Lambert se désespère de n'être pas placé en Flandre ; vous me l'aviez promis, et il y projette un bon établissement. Bonjour, Monsieur le comte.

A M. le comte d'Argenson, à Neuilly ou à Paris.

[Juin 1749].

J'envoie à Monsieur le comte une lettre que je reçois du sieur Denoncourt, et je le prie d'y faire attention. Le Roi lui remettra demain le placet de la Desforges, en lui donnant ses ordres. Bonsoir à Monsieur le comte.

[Juin 1749].

1. Il s'agit probablement de l'affaire Desforges, ce poète enfermé au Mont Saint-Michel pour une violente satire contre le Roi, à l'occasion de l'arrestation du prince Charles-Edouard (1710-1768).

15 août 1749.

Je crois, sauf votre meilleur avis, Monsieur la comte, qu'il n'y aurait pas de mal à faire venir cet étranger puisqu'il l'offre et d'ailleurs le bien cajoler pour lui ôter la peur dont il est saisi. Je souhaite bonne nuit à Monsieur le comte.

Je supplie Monsieur le comte de mander à Baisle la grâce que le Roi lui a faite. Il est juste qu'il apprenne de son bienfaiteur même la fortune qu'il lui fait. Il est un certain lundi 18 août où j'espère ruiner Monsieur le comte par un dîner formidable dans sa petite maison ; ce m'est un grand plaisir d'être avec lui.

[Août 1749].

Je vous envoie, Monsieur le comte, les mémoires d'un jeune homme que je ne connais pas. Mais si son exposé est vrai, c'est une injustice atroce. Voudriez-vous que je vous l'envoie ou vous faire informer du fait par un de vos commis équitables. Vous ai-je donné un mémoire d'un nommé Germain qui est à M. le Dauphin et dont la femme fait des paniers à toute la Cour ? Ils ont voulu marier leur fille, quand elle a été à l'église, un cousin amoureux est venu mettre opposition. Toute la famille se désole et demande un ordre pour marier malgré le cousin.

Bonsoir, Monsieur le comte, j'irai demain à l'Opéra si M. le duc de Chartres me donne sa loge et je serai fort aise de vous y voir.

[De la main du comte d'Argenson : Rép. 29 sept. 1749].

[Rép. le 18 oct. 1749].

J'envoie à Monsieur le comte deux billets doux que j'ai reçus ; il en fera l'usage qu'il voudra, je m'en rapporte totalement à lui.

Je ne sais si j'aurais le plaisir de le voir avant son départ ; ce qu'il y a de sûr, c'est qu'en quelque lieu qu'il soit, j'ai pour lui, la plus sincère amitié.

Je vous envoie, Monsieur le comte, la lettre que je reçois dans l'instant. Elle est de la même écriture des copies que le sieur d'Alègre vous a montrées (1). Bonsoir, Monsieur le comte, je cours vite car le Roi est à table.

Je vous envoie, Monsieur le comte, deux lettres que je reçois. Comme vous êtes à Paris, il vous sera aisé de faire venir celui qui avertit. Ce qui me paraît singulier, c'est que le cachet, l'écriture et le papier de la lettre anonyme me paraissent les mêmes que de celui qui avertit. En vérité il y a bien des monstres dans ce monde. Bonsoir.

Je soupçonne comme vous d'Alègre d'être un fripon, mais de façon ou d'autre, il faut tirer cette affaire au clair. La lettre écrite à Gourbillon et que je vous ai envoyée tout de suite avait l'air fort extraordinaire. C'est apparemment celle dont il est question dans l'anonyme et qu'ils auront envoyée de là-bas. Gourbillon s'en porte bien quoiqu'il l'ait lue et maniée. Bonsoir, Monsieur le comte.

1. Antoine Allègre, détenu à la Bastille depuis le 19 mai 1750, avait imaginé un complot où il avait mêlé Maurepas. On sait que M<sup>me</sup> de Pompadour craignait d'être empoisonnée par ce ministre.

Je vous envoie, Monsieur le Comte, Gourbillon
avec une belle épître qu'il a reçue (¹). Je ne crois
pas que vous puissiez rien apprendre, quoi qu'il en
soit je vous l'envoie. Il est bien affreux d'être toujours à la merci de pareils monstres.

Je n'ai pas eu le courage de vous répondre hier,
Monsieur le comte, j'étais malade comme un
chien. Je vous confie que sachant l'extrémité de
Mme de Tournemine (²) à Choisy, j'ai demandé au
Roi son privilège au cas de mort pour Mme d'Estrades (³) qui n'est pas bien dans ses affaires. Je
crois que vous n'en serez pas fâché. Voyez ce que
vous direz à Mme de Conti sur cette affaire ; je
crois qu'il faut lui dire que le Roi a promis en cas
de mort, sans nommer à qui, et de marquer tant
de respect et d'envie de la voir..... Il me semble
qu'il y a un siècle que je ne vous ai vu à mon
aise ; grâce à Bellevue, j'aurai bientôt ce plaisir.

[Octobre 1749].

Je vous envoie, Monsieur le comte, une lettre
que j'ai reçue ce matin, dont vous ferez l'usage
qu'il vous plaira. Je crois pourtant qu'il n'y
aurait pas de mal de savoir quel est l'insolent qui

---

1. Il s'agit encore de l'affaire d'Allègre et des prétendus empoisonnements. Gourbillon était le premier valet de la marquise. C'est
lui qui avait arrêté Danry à Versailles. (V. *Légendes et Archives de
la Bastille*).

2. Mme de Tournemine, dame d'honneur de Mlle de La Roche-
sur-Yon.

3. Elisabeth-Charlotte Huguet de Sémonville, comtesse d'Estrades, dame d'atours de Mesdames de France, cousine de Mme de
Pompadour.

tient de pareils propos. Voilà aussi le placet d'un pauvre jeune officier qui est bien pâle, voilà tout ce que je connais de lui. Puisque vous deviez manquer une représentation d'*Issé* (¹), j'aime mieux que ce soit la première, j'étais enrhumée comme un loup ; malgré cela le spectacle a été fort joli. Bonsoir à Monsieur le comte. J'ai encore eu la colique aujourd'hui, mais elle n'a pas eu de suite. J'espère que vous ne nous manquerez pas lundi.

On m'a dit que vous seriez bien aise que Monsieur votre fils allât à Crécy ; puisque cela est, il ira.

[Novembre 1749].

Je ne vous ai pas donné ce mémoire du boucher du Roi, Monsieur le comte, je l'ai oublié ; je ne sais s'il a tort ou raison, vous voudrez bien vous en faire rendre compte. Voilà encore une lettre de ce prisonnier, vous en ferez l'usage qui vous conviendra. M. de Vallière (²) que j'ai vu ce soir m'a priée de vous recommander son frère pour qui il m'a dit que vous aviez de la bonté, ainsi que pour lui. J'espère que je vous verrai mardi à *Issé*, car ils ont décidé que j'avais de la voix ce soir, à moins que notre grand flandrin de vicomte ne fît baisser le ton, auquel cas il n'y aurait plus personne au logis chez moi. Bonsoir, Monsieur le comte, mille raisons me font désirer de vous voir mardi à *Issé*.

[Décembre 1749].

1. *Issé*, pastorale de La Motte, musique de Destouches, représentée à Versailles dans les petits appartements le 26 novembre 1749 (*Mémoires du duc de Luynes*).

2. Joseph de Vallière, maréchal de camp en 1747, lieutenant-général en 1748, directeur général de l'artillerie.

[Du 1er avril au 1er oct.].

Le Roi est très disposé à entendre avec bonté ce que Monsieur le comte lui dira à son travail pour le comte de Maillebois. Je ne vois de difficulté qu'à cause de M. de Mirepoix à qui l'on a promis de ne mettre personne à sa place, mais je crois qu'il sera aisé de faire entendre raison au dit marquis. Si cela était nécessaire, j'en ferais même mon affaire auprès de lui pour faire plaisir à Maillebois.

Je suis en grande perplexité pour la place ; je vous en ai déjà parlé et je ne vois pas que la décision authentique du Roi sur cela doive empêcher qu'il ne se rétracte pour faire le plus grand bien de ses sujets qui est assurément la chose du monde qui le touche le plus ; et qui peut lui faire le plus d'honneur dans l'Europe et bénir de son peuple de Paris, en disant (ce qui est vrai) que le déplacement d'une quantité énorme de familles établies depuis des siècles, et l'argent immense que cette place coûterait ont déterminé S. M. a mettre dans un autre endroit le monument que l'amour de ses peuples veut lui élever. Je ne vois pas, dis-je, que la dignité du Roi fût blessée, et je crois, au contraire, que cette marque de bonté le ferait encore plus chérir. Vous lui êtes trop attaché, Monsieur le comte, pour ne pas faire vos réflexions, et si le Roi vous en parle, ne lui pas dire la vérité, car il est certain qu'il n'y a pas de quartier plus mal choisi par la quantité énorme de peuple qui y est établi ; et leur espérance est qu'elle ne peut pas se faire. Vis-à-vis le Louvre,

18

vis-à-vis les Invalides, avec un pont encore mieux (¹), n'importe, pourvu que ce ne soit pas celle-là ; et de plus tout Paris dit que c'est pour faire du bien à M. le prince de C. (*Conti*). Que S. M. lui en fasse tant qu'elle voudra, mais pas aux dépens de sujets. Bonsoir, Monsieur le comte, tout ceci est bien barbouillé, mais pourvu que vous y voyiez le motif qui vous fait agir et qui est le même qui vous fait toujours agir, cela me suffit.

M. Berryer vous aura rendu compte apparemment.

[Décembre 1749].

Les vilaines gens qui m'ont empêchée d'aller aujourd'hui à l'Hermitage (²), sont en même temps cause de ce que je ne vous vois pas, Monsieur le comte, j'en suis en fureur. Vous ne m'avez pas rendu réponse sur l'homme auquel ma belle-sœur s'intéresse, vous savez que je l'aime fort.

La bonne Lambert pour qui vous m'avez promis une remise et place pour chevaux au Louvre est fort en peine ; c'est de vous seul que cela dépend, le Roi vous ayant donné les basses-cours.

Pour dernière persécution, dites, je vous prie à M. Berryer qu'il confronte les gens qui ont perdu chez Saint-Martin avec ledit Saint-Martin. S'il a tort, vous lui ôterez son jeu, si non le laisser comme il était. Je ne sais si c'est une grande grâce

1. Il s'agit de la future place Louis XV. (V. *Les Mémoires du marquis d'Argenson*, 14 février 1750).

2. Partie du Petit Parc de Versailles, donné par le Roi à M^me de Pompadour en 1749. Le Roi venait y dîner avec la marquise les jours de chasse (*Mémoires du duc de Croy*).

que demande le cavalier de maréchaussée ; quant au sieur Waren, on dit que vous l'aimez ; qu'il a bien servi ; les parents sont considérables en Angleterre. Il ne peut tirer à conséquence, vu la nature de ces services. Si mes réflexions ne valent rien, vous me le direz. Le Roi soupe chez moi, je lui ai dit de faire venir votre fils. Bonsoir, M. le comte.

J'aurais fort désiré savoir par moi-même comment Monsieur le comte se trouve de la bartavelle d'hier, mais cela m'est impossible. Je me borne donc à lui en demander des nouvelles.

Mon frère en partant (¹) m'a demandé en grâce de vous solliciter pour le chevalier de Chapt de Rastignac, avec qui il a été au collège et qu'il aime beaucoup. Vous verrez de quoi il est question. Je vous envoie une lettre de ma belle-sœur, pour une chose de laquelle je vous ai déjà parlé, et le mémoire d'un pauvre invalide dont vous voudrez bien vous faire rendre compte.

Il y a des vers sur le cardinal Tencin et sa défunte sœur (²), gare si l'on se remet à en faire. Bonsoir ,Monsieur le comte, soyez bien persuadé de ma tendre amitié pour vous.

Le susdit chevalier de Rastignac est accommodé avec un capitaine s'il a l'agrément ; on l'a menacé de l'accommoder avec un autre s'il ne l'a d'ici à huit jours.

1. M. de Vandières, plus tard marquis de Marigny, partait pour Rome, il avait la survivance de la charge de directeur des bâtiments (*Luynes*, novembre 1749). (V. la *Correspondance de M<sup>me</sup> de Pompadour* avec son père et son frère, Poulet-Malassis, 1878).

2. M<sup>me</sup> de Tencin venait de mourir le 4 décembre 1749.

Monsieur le comte ne sait pas un mot de tout ce qui est dans ce billet, mais je ne puis lui mentir.

[Déc. 1749].

Je suis obligée en conscience, Monsieur le comte, de vous envoyer le mémoire de ce misérable Girardin. C'est un des bons ouvriers et des honnêtes hommes que le Roi ait dans ses bâtiments. Une histoire du pont de Gien, trop longue à vous dire l'a presque ruiné, joint à cela des sommes considérables que le Roi lui doit. Je vous demande en grâce de lui accorder du temps pour vendre ce qu'il a et payer ses créanciers ; il n'est pas juste qu'il soit ruiné parce que le Roi lui doit. Vous savez bien le proverbe : compère et commère sont faits pour s'aimer ; puisque nous le sommes deux fois, cette amitié doit être bien plus forte. Je me suis examinée, et j'ai vu que j'étais dans la grande règle vis-à-vis de vous, je désire qu'il en soit de même de votre part.

[De la main du comte d'Argenson : Rép. le 26 janvier 1750].

Ne soyez point effrayé, Monsieur le comte, de la grosseur de ce paquet ; déduction faite, vous verrez que peu de chose vous en importunera :

1° M. Le Catois, garde du Roi, qui vous a donné un placet pour une place à La Rochelle ;

2° Le sieur Charbotière ;

3° M. de Lamotte, ami de la bonne Trusson.

De tout ceci vous en ferez ce qu'il vous plaira. Voici une lettre anonyme qui je crois ne vous fera pas grand effet, et une autre dont je vous prie de vous faire informer au régiment de Soissonnais, car j'ignore absolument ce que c'est que cet insolent moine qui prétend avoir ma protection. Sur le récit qu'on en fait ce doit être un fol. Bonsoir, Monsieur le comte, je suis ravie que vous ayez été content d'*Alzire* (¹) ; ce qui est de certain c'est que sous quelque nom qu'elle soit elle vous aime bien sincèrement.

[Mars 1750].

Il vient d'arriver un prêtre ici, Monsieur le comte, qui a demandé ma fille de garde-robe. Il lui a donné une bouteille, disant qu'il s'intéressait à ma santé, que c'était une chose excellente, et qu'il fallait qu'elle m'en fît servir sans me le dire. Elle a eu la bêtise de le refuser ; il lui a offert 10.000 livres, elle n'en a pas voulu davantage. Quand il a vu son obstination, il lui a demandé le secret et s'est en allé. Ceci vient de se passer tout à l'heure ; je le crois parti, mais au cas qu'il ne le soit pas, il faudrait avoir quelqu'un d'entendu qui allât dans toutes les auberges de Versailles. Manon le désignerait à merveille malgré la peur qu'elle a eue. Bonjour, Monsieur le comte, je crois qu'il serait bon que je vous vis avec l'homme que vous aurez choisi, car il ne faut pas ébruiter cette affaire.

La Manon a eu une peur si énorme qu'elle a pensé s'en évanouir ; ainsi eût-elle été moins bête

1. *Alzire* de Voltaire avait été représentée, le 26 février 1750, sur le théâtre des Cabinets. M^me Trusson, femme de chambre de la Dauphine, une des actrices de ce théâtre.

qu'elle ne l'est, elle n'aurait osé rien faire. Le valet de chambre de M^me d'Estrades, homme trés sage, va longtemps causer avec Manon et le reconnaîtra à merveille si vous voulez l'envoyer avec votre homme. Le petit saint ne sera pas fâché car il n'en saura rien, mais en tout cas je prends le mal sur moi. Il faudrait, je crois, envoyer aux carrosses pour savoir s'il n'est pas parti d'abbé.

Le sieur Dissoir est arrivé. Monsieur le comte, il ne s'agit que d'une bagatelle, c'est de m'empoisonner et le Roi. Il a toutes les lettres qui font preuves à ce qu'il dit ; le Maurepas (¹) à la tête des évêques du Languedoc, le tout découvert par celui qui devait faire le coup et qui s est repenti. Je crois que je ferais bien de vous envoyer l'homme demain matin, avec ses preuves (²). Bonsoir.

Je vous envoie, Monsieur le Comte, deux lettres, non que je croie qu'il faille en faire grand cas, mais je voudrais que vous fissiez parler à ces gens par quelqu'un de sûr. Je me ressouviens que l'on a blâmé de n'avoir pas entendu ces gens quand ils s'étaient jetés au cheval du Roi et avaient crié *conjuration*. Je crois qu'il ne faut pas faire grand cas de toutes ces choses, mais cependant les approfondir autant qu'il est possible. Je

1. Le comte de Maurepas, ministre de la Marine, avait été disgrâcié le 24 avril 1749.

2. Il s'agit de l'affaire d'Allègre. Celui-ci avait dénoncé, avec Maurepas, l'archevêque d'Albi et l'évêque de Lodève (*Légendes et Archives de la Bastille*).

joins aussi un mémoire que l'on m'a prié de vous donner, vous en ferez ce qu'il vous plaira. Adieu, Monsieur le comte, je serai quelques jours sans vous voir, mais je m'en dédommagerai agréablement à Bellevue.

J'ai vu, Monsieur le comte, une lettre du chevalier de Viennois, parent très proche de M. de Bachy (¹) et qui a été dans l'état-major à ma sollicitation. Il mande que la compagnie de grenadiers au régiment de la Couronne vient de lui être ôtée. L'état-major va devenir nul, ainsi il reste sans pain. Faites sur cela, je vous prie, tout ce qui est possible sans injustice.

Je vous envoie un mémoire pour Bellissindy, mon parent, il va prendre la prévôté générale qu'avait un de ses oncles, et, par conséquent, quitte sa compagnie ; je vous demande d'être favorable au chevalier de Bayli. Autre affaire dont je vous ai parlé anciennement, c'est du chevalier de F. qui demande à être jugé.

Bonsoir, Monsieur le comte, à samedi trois heures ; je suis fort aise de cette cérémonie puisqu'elle nous rapprochera encore davantage.

LA MARQUISE DE POMPADOUR.

(De la main du comte d'Argenson :)

*L'affaire de M. de Viennois est arrangée, il res-*

1. François, comte de Bachi, ambassadeur en Portugal en 1752, avait épousé Charlotte-Victoire Lenormand d'Etioles. (V. *La famille de M^me de Pompadour,* par le duc de Caraman.

*tera aux grenadiers. Le chevalier de Bayli aura la compagnie du S<sup>r</sup> de Belissendi.*

Je vous envoie, Monsieur le comte, deux lettres anonymes de quelque moine. Elles n'ont été vues que du premier valet de chambre. Gardez-les pour l'écriture, quoique je ne croie pas qu'elle se puisse reconnaître. J'en joins aussi d'autres dont vous ferez le même usage, plus un mémoire de la belle Bezin dont votre fils est amoureux fou. Si la place d'historiographe devient vacante, je vous la demande pour Duclos au cas que vous n'ayez pas d'engagement (¹). Bonsoir, Monsieur le comte, personne ne vous aime plus sincèrement que moi.

Vous travaillerez, je crois, jeudi. Il faudrait tâcher d'avoir 4.000 livres pour M<sup>me</sup> de Roche-fort. 1.000 livres de plus ou de moins rend très content en pareil cas.

(1750).

Le Roi vient de me dire que vous travailliez, Monsieur le comte, je vous prie de finir le brevet de retenue des Chevreuse à 50.000 livres ; il en aura 10.000 livres de moins que M. de Guiche.

Je prie Monsieur le comte de faire décider le Roi sur le gouvernement de Valence, que le chevalier de Marcieu a, pour le rendre au pauvre malheureux oncle.

1. Duclos (1704-1772), membre de l'Académie française en 1747, succéda à Voltaire, en 1750, comme historiographe de France ; auteur des *Mémoires secrets*.

Je prie Monsieur le comte d'engager le Roi à décider à son travail le sort du chevalier de Monbarré et des quatre surnuméraires des grenadiers de France.

Je propose que le Roi nomme à la compagnie de dragons vacante, le Breton qui a bien servi aux États. A celle qui lui était destinée, et dont on vous enverra la démission simple, l'homme pour qui M. de Luxembourg demande. MM. de Landreville et d'Orsan seront reculés par cet arrangement, mais pour ma part j'y consens, si le bien du service du Roi s'y trouve.

Par cet arrangement vous serez bien sûr que les compagnies n'excéderont pas le prix de la taxe, et c'est ce que vous voulez.

Un malheureux Chinois séparé de son frère jumeau vous prie de lui donner une place sur votre cheminée. Il ne cessera d'offrir ses vœux pour la prospérité de Monseigneur.

J'ai montré au Roi la lettre de Monsieur le comte et celle de M. Berryer. J'espère que l'on trouvera bien des horreurs dans les papiers de ce joli chevalier (¹). Au cas qu'il n'y en ait pas de nouvelles, le manuscrit que vous avez vu est plus que suffisant pour l'avoir arrêté sans injustice. Je serais bien aise de vous voir un moment demain pour prévoir le cas où M. de Biron pourrait

---

1. Le chevalier de Rességuier (1724-1797), auteur d'épigrammes contre Mᵐᵉ de Pompadour et du *Voyage d'Amathonte*, paru en 1750, fut enfermé à la Bastille et au château d'If.

m'en parler. J'ai beaucoup de mal aux reins, ce qui m'a empêchée d'aller à l'Hermitage aujourd'hui et ce qui me fait vous prier de passer chez moi. Je pense que si vous aviez le temps à présent cela serait encore mieux ; je ne soupe point dans quelque temps que ce soit. Je suis toujours charmée de voir Monsieur le comte.

J'ai lu à tête reposée, Monsieur le comte, *Le Voyage d'Amathonte*. Sans doute l'auteur veut imiter les romans grecs, je trouve même qu'il en approche assez ; c'est dommage qu'il ait de mauvaises intentions. La première partie ne signifie rien ; la deuxième aurait envie d'être méchante, mais en vérité tous les portraits ne me paraissent que la copie de ceux que nous avons vus, et on pourrait trouver autant de ressemblance dans tous les livres qui se font. Il n'y a que l'épître qui me fâche ; il faudrait tâcher de trouver quelque moyen pour qu'elle ne parût pas sans que l'auteur perdit rien de la confiance qu'il a dans l'imprimeur. Cela est difficile, mais vous êtes bon et sage et M. Berryer est intelligent, peut-être trouverez-vous quelque moyen. En attendant, je crois qu'il faudrait laisser toujours imprimer et ne prendre votre parti que lorsqu'il voudra faire débiter ses œuvres. Cela vous donnera du temps pour aviser aux moyens (¹). Je vous envoie la lettre d'un homme qu'il ne faut pas qu'il sache

1. Il s'agit de l'affaire Rességuier. Berryer, dans une lettre au comte d'Argenson du 22 novembre 1750, dit avoir « répondu dans l'esprit de ce qui est marqué dans la lettre de Mᵐᵉ de Pompadour ».

que vous l'avez vue. Je vous aime bien sincèrement, Monsieur le comte.

[1750].

J'ai lu les deux manuscrits, Monsieur le comte ;
dans celui de *Rosemonde* il n'y a rien qui puisse
m'être appliqué ; dans *Jeanne Shore* (¹) l'entrevue
du Roi au bal de la Cour pourrait y faire penser
un moment, car tout le reste n'a rien de ressem-
blant. Faites-moi le plaisir de le lire et de m'en
dire votre avis. J'ai oublié de donner ce mémoire
à Monsieur votre fils, c'est pour un pauvre gentilhomme qui a servi dans la cavalerie, et que j'ai
vu chez M^me de Villemur à sa terre. Du Parc vient
de me venir dire que l'emploi serait donné à
M. Chaumont de Limoges, je vous en remercie.
Je me suis plainte à lui, de ce qu'une lettre que
j'ai écrite à M^me la comtesse de Gergy ne lui était
parvenue qu'au bout de huit jours, crottée et dé-
chirée. Il m'a dit que c'étaient les paquets que
l'on donnait à porter au courrier qui en étaient
cause ; il serait bien aisé de défendre qu'ils en
portassent. Donnez-moi aussi votre avis sur ce
qu'il faut faire finalement de ce petit Alègre.
Bonsoir, mon très cher comte.

N. — M. de Voyer vient de me venir voir ; je
lui ai donné le mémoire que je vous envoyais.

[Novembre 1750].

1. Une note était jointe à cette lettre ; la personne qui disait
avoir traduit ces deux romans anglais s'engageait à faire remettre
entre les mains de la marquise le seul manuscrit de ces ouvrages
(2 nov. 1750). Rességuier fut mis à la Bastille le 9 décembre 1750.

Je vous envoie, Monsieur le comte, les 50 louis et la lettre pour la dame, car j'ai oublié son adresse, et vous avez sa lettre (¹). Je m'en rapporterai toujours avec plaisir à vos avis, étant persuadée de votre amitié pour moi. Vous devez en vérité l'être bien fort de celle que j'ai pour vous.

[Novembre 1750].

J'avais imaginé avant que le Roi eût changé sa place (²), Monsieur le comte, que cela serait mis dans la *Gazette* ; je n'y ai pas pensé depuis, et après mûre réflexion je trouve que vous avez raison. Le sieur Girard, gendre de Blavet, me prie de vous demander la survivance de garde des Estampes prête à vaquer ; vous en ferez ce que vous voudrez. Voilà aussi un placet pour lequel je vous prie de donner vos ordres. Bonjour, Monsieur le comte, je vois avec plaisir le temps se mettre au beau, car je m'intéresse véritablement à tout ce qui vous est agréable.

Ce sera samedi les côtelettes, si le Roi chasse et que cela vous accommode.

Le malheureux Valliet est un de mes parents pour qui je vous ai sollicité. Il était commissaire provinvial des guerres à La Rochelle ; il est mort subitement à Rochefort, j'en suis véritablement

1. Affaire Rességuier. M^me Perignon est la personne qui devait remettre le manuscrit des deux romans anglais.

2. « Tout Paris est réjoui de la détermination de faire la place publique de Louis XV à l'Esplanade du *Pont tournant...* » (*Mémoires du marquis d'Argenson*, 28 avril 1750).

fâchée, je l'aimais fort et comptais qu'il aurait la place de F. dans les postes.

Si vous savez quelques détails sur la mort du malheureux Valliet, Monsieur le comte, je vous prie de me le mander ; j'en suis désolée.

Il est certain, mon très cher comte, que le Roi a été fort bien reçu hier ; il est certain aussi (j'ai oublié de vous le dire tantôt), que des monstres ont semé depuis trois jours que le Roi allait mettre un impôt sur le vin et un sur le bois. C'est un miracle comment il n'a pas été mal reçu avec cette opinion. Je crois qu'il est très essentiel de punir et très sévèrement les auteurs de pareils bruits.

Si M. Berryer ne peut les trouver, il faut au moins punir ceux que l'on trouvera à débiter ces nouvelles, car il est nécessaire de faire des exemples de ces infâmes espèces. Bonsoir, mon très cher comte.

Monsieur le comte est trop bon citoyen pour ne pas contribuer s'il le peut à faire des sujets au Roi ; en conséquence je lui envoie en petit mémoire fort juste en lui, et qui a cependant besoin des bontés de Monsieur le comte, à qui je souhaite le bonjour.

J'ai chapitré d'amitié hier M. de Voyer ; je suis fort contente de lui surtout sur l'attachement qu'il a pour Monsieur le comte.

M<sup>me</sup> de Sainte-Perpétue est ma tante.

J'ai oublié de dire à Monsieur le comte que le Ferrand pour qui il m'a promis la 1<sup>re</sup> majorité, a servi vingt ans sous les yeux de Fillancourt, qui assurément, était bon militaire, et a bien servi dans son grade (¹).

Plus un autre oubli qui est la mort de M. Mazade, par laquelle mort Ferrand est fermier général et l'intérêt des postes à Bouret (²). Ainsi que je l'ai dit à Monsieur le comte, ceci est simplement pour lui en rafraîchir la mémoire et l'assurer de ma très sincère amitié.

Voilà, Monsieur le comte, une lettre du président (³) ; je ne lui ai pas répondu à la dernière. Est-il encore temps, et que lui manderais-je ? Bonsoir.

(1750 ?)

Je reçois dans le moment cette lettre, Monsieur le comte, je vous l'envoie sans perdre de temps. Peut-être trouverez-vous usage à en faire, ne fût-ce

1. Un des trois frères Ferrand, cousins de Mᵐᵉ de Pompadour, lieutenant du Roi à Arras. Un autre était intéressé dans la ferme des postes.

2. Bouret, fermier général, mort en 1777.

3. Il s'agit probablement du président de Lévy. Le 2 avril 1750, le président de Lévy, président à la Cour des Aides, trouvait à Utrecht une brochure française qui était une satire contre Mᵐᵉ Poisson, *Melotto Ossoupi, histoire africaine*. Le comte d'Argenson, d'accord avec Mᵐᵉ de Pompadour, envoya à Londres un agent secret pour en découvrir l'auteur. En novembre 1754 seulement, on reconnut que ce libelle avait été écrit par le chevalier de La Rochegérault, réfugié en Hollande, extradé, et enfermé à la Bastille le 27 octobre 1754, pour avoir publié la *Voix des persécutés*, où il attaquait le Roi. La Rochegérault, oublié à la Bastille, fut transféré, en 1784, à Issoudun, puis, dit-on, pensionné par la Cour.

que pour donner l'adresse du président (*) à notre homme. Il est deux heures et demie, ainsi je finis en vous souhaitant une bonne nuit. Je ne crois pas que je l'aie, car je suis de mauvaise humeur de cette lettre.

J'envoie à Monsieur le comte la lettre en question ; je donnerai demain celle qu'il faudra à Carron (*).

Grande grâce à demander à Monsieur le comte. Boucher, peintre, avait les entrées à l'Opéra ; on les lui a ôtées, jugez du désespoir de cet Apelle qui n'a plus, à ce qu'il dit (et je le crois), que ce plaisir-là. Il fait des tableaux pour Bellevue, vous sentez de quelle conséquence il est qu'il soit de bonne humeur et combien vous seriez fâché d'avoir dans votre jolie chambre une nymphe estropiée ou borgne.

Ne soyez pas plus en peine de ce paquet que du dernier, Monsieur le comte.

1° Une lettre anonyme dont vous ne vous soucierez pas plus que moi ; je ne sais s'il ne faudrait pas envoyer guetter le tapis vert, ne fût-ce que pour connaître l'écrivain ;

2° Un mémoire pour un M. Ferrand, s'il est dans le cas de mériter sa croix ;

3° Une Mme Edmé (?) dont je n'ai de ma vie ouï parler ;

4° Un garde du Roi que je ne connais pas, à

1. Le président de Lévy, chargé de l'affaire du libelle découvert en Hollande.

2. Ce nom semble indiquer qu'il s'agit encore du même libelle.

qui je dirai que je vous ai envoyé son placet.

J'espère que toutes ces choses ne vous importuneront pas, mais ce qui me déplaît c'est qu'il y a un siècle que je ne vous ai vu.

M. O'Brien ou Lismore (¹) m'écrit pour vous solliciter pour son fils.

Je fais tous mes remerciements à Monsieur le comte et j'ai l'honneur de lui mander qu'il court dans les appartements de Versailles un certain milord Goordon, fou à lier qui l'était il n'y a pas un mois. Il n'est sorte d'extravagance qu'il n'ait fait ici ; je n'aime pas à le voir près du Roi et de M. le Dauphin, surtout avec le goût qu'il s'est déclaré avoir pour boire du sang humain. Il est dans le régiment Royal-Ecossais, ainsi je crois prudent à Monsieur le comte de l'envoyer au moins à son régiment.

Je voulais aller vous dire adieu, mon cher comte, mais cela m'a été impossible ; vous savez que je ne dispose pas de mes moments comme je veux. Je vous demande vos bontés pour les Ferant ; on m'a dit qu'il fallait que j'écrivisse à M. de Saint-Pern pour Ferant, capitaine de Beaujolais, réformé et incorporé dans Tresnel pour lui faire avoir une compagnie de grenadiers qui va être vacante dans Beaujolais. On m'assure que cela est très juste ; en conséquence, j'écris à M. de Saint-Pern. Vous lui enverrez ma lettre si

1. Chargé d'affaires du prétendant Jacques III en France, Milady Lismore avait reçu l'ordre de se retirer à Orléans (*Luynes*, 3 février 1749).

cela est nécessaire ou vous la brûlerez. Bonjour, mon cher comte, je ne vous parle pas de l'amitié que j'ai pour vous, vous savez qu'elle ne peut être plus sincère.

Je vous envoie un dessus de lettre assez extraordinaire ; on dit qu'on ouvre les miennes, cela m'est égal.

Vous avez la goutte, Monsieur le comte, j'en suis bien fâchée, et je partage sincèrement cette contrariété, car je sais combien il est impatientant de ne pas aller voir les charmantes terrasses de Neuilly. Voilà encore un placet de ce Saint-Martin, je vous en ennuie, mais je le suis encore plus. Si on pouvait lui faire du bien sans faire crier, j'en serais fort aise. Voilà une lettre de ce mauvais sujet, dont vous ferez l'usage que vous croirez le plus utile. Je vous demande vos bontés pour Crébillon (¹) ; on dit qu'une planche à la tête de chacune de ses tragédies ne coûterait pas beaucoup de plus et augmenterait le bien que le Roi veut lui faire. Bonsoir, Monsieur le comte, je ne saurais vous dire à quel point je m'impatiente pour vous.

Ce jeudi.

Je vous envoie, Monsieur le comte, le placet de l'homme à douze enfants ; c'est un motif bien touchant en sa faveur.

En voici un autre du créancier de mon garçon de cuisine que M. Berryer, à ma recommandation,

1. Crébillon (1674-1762) avait obtenu, par la protection de M^me de Pompadour, une pension de 1.000 francs. Une édition de ses œuvres fut imprimée au Louvre en 1750.

a fait mettre en prison pour 12.000 livres qu'il lui doit. Il promet de lui payer s'il peut obtenir un sauf-conduit pour vaquer à ses affaires. Si ce n'est pas contre la justice, ce serait un grand bien pour mon pauvre domestique qui a nombre d'enfants.

Bonsoir, Monsieur le comte, je vous souhaite bien du plaisir au charmant Neuilly. Je vais demain courir Paris pour voir deux escaliers peints par Brunetti à qui je fais peindre celui de Bellevue. Avouez qu'on est bien fou quand on aime une maison ; si votre enfant était bien aimable, il se trouverait chez M^me de Chevreuse à trois heures pour m'en dire son avis.

[De la main du comte d Argenson :]

*J'ai remis le mémoire d'Etienne Dupuis à M. Berryer.*

J'envoie à Monsieur le comte une lettre d'un mauvais sujet vraisemblablement, mais que je crois cependant qu'il faut entendre, sauf votre meilleur avis.

J'ai reçu une lettre de M. de La Courneuve (¹) pour la compagnie d'invalides, je vous en fais mes remerciements. Voilà aussi des mémoires et placets, dont vous ferez tout ce que vous voudrez. Mon superbe hôtel est en état de vous recevoir quand vous voudrez ; il n'y manque plus rien, et je vous y donnerai la plus ample mie-au-lait qu'il soit possible de manger le jour que vous voudrez.

[De la main du comte d'Argenson :]

*Pour porter à M. Berryer.*

1. Gouverneur de l'Hôtel des Invalides.

Le Roi a trouvé la lettre et l'arrêt fort bien, Monsieur le comte. Je suivrai votre avis pour le président. Voulez-vous bien me faire venir ces arbrisseaux ? Voilà le placet du prince... ; je ne vous en dirais pas plus long, la migraine que je traînais depuis quatre jours m'est venue ce matin.

Quoique j'espère vous voir jeudi, Monsieur le comte, comme j'irai faire un tour à Paris, et que Mesdames seront ici le soir quand je rentrerai, je vous envoie ce petit placet qui m'est recommandé fortement par le père Latour qui a élevé mon frère et que j'aime beaucoup ; un autre pour le frère de Begon que vous connaissez ; et puis je vous dirais un mot du marquis de Roquefeuille, gendre de M. le comte du Cayla, à qui vous avez refusé commission de colonel il y a deux ans. Il me sollicite fort pour que vous le fassiez entrer dans vos grenadiers ; si vous le pouvez, vous me ferez un vrai plaisir. Bonsoir à M. le Comte ; le peu de gens qui savent la place (*) sont enchantés et bénissent le Roi de tout leur cœur. Jugez de la joie quand tout le saura.

[De la main du comte d'Argenson :]

*Begon capitaine de cavalerie (une pension sur Saint-Louis).*

*Marquis de Roquefeuille (une place dans les grenadiers de France).*

*Le P. de la Tour (pour envoyer aux îles un jeune homme de famille qui est convaincu d'escroquerie).*

1. L'emplacement de la place Louis XV.

Je vous envoie, Monsieur le comte, une lettre que j'ai reçue aujourd'hui dont vous ferez usage avec votre prudence et votre esprit ordinaires. Je prends le parti de vous l'envoyer, ne croyant pas pouvoir vous voir jusqu'à Compiègne. Je désire de tout mon cœur que ce soit en bonne santé et que le travail d'aujourd'hui ne vous ait pas incommodé.

Je prie Monsieur le comte d'écrire très promptement à M. de Randan (¹) pour lui ordonner de suspendre le jugement des cinq dragons, ou s'il est rendu, d'en suspendre l'exécution et la prononciation aux accusés. C'est la seule façon de les sauver et je crois qu'il vaut mieux conserver des sujets au Roi que de les perdre ; je verrai après avec les fermiers généraux, comment m'y prendre pour la tournure. Je vais à la comédie et y souhaite beaucoup de plaisir à Monsieur le comte.

Je ne sais, Monsieur le comte, si les charmes de M^me de Laugaunay vont ont donné dans l'œil lorsque vous l'avez vue. Au cas qu'ils aient manqué leur coup, je vous envoie sa lettre et vous demande réponse et surtout nouvelle précise de votre santé à laquelle je m'intéresse bien vivement. Je parle toujours comme la charmante *Jouveno* (²), à cela près je me porte assez bien.

Il m'est arrivé un panier de très bon poisson.

1. Gui-Michel de Durfort, duc de Randan, né le 26 août 1704, lieutenant-général le 1^er mai 1745.

2. Personnage d'une des pièces représentées sur le théâtre des Petits Cabinets.

Monsieur le comte passe pour très gourmand, surtout en maigre, je lui propose donc de le venir manger demain à dîner, mais comme je ne veux jamais que rien le gêne chez moi, je l'avertis que *le Contrôleur* (¹) y vient. Ainsi Monsieur le comte me mandera ce qui lui convient.

Le chevalier de Pont-Saint-Pierre est venu ce soir, Monsieur le comte, me prier de vous le re-commander pour une lettre de cachet pour sa belle-sœur, si on la ramène chez son mari ; cette femme est, en effet, une de celles qui l'a mieux mérité.

Je ne sais si M. Berryer vous a parlé hier d'un livre que l'on appelle le « Qu'en dira-t-on » (²). C'est, à ce qu'on dit, une horreur contre la Cour et la ville ; avertissez-en M. Berryer s'il ne l'est pas. Il serait bon aussi de découvrir celui qui a envoyé au pauvre duc de Gesvres (³) son épitaphe et la distribution de ses charges et gouvernements. Un pareil monstre peut assassiner sur les grands chemins. Bonsoir, Monsieur le comte.

[Août 1751].

Monsieur le comte trouvera bon que pour pou-

1. Machault d'Arnouville (depuis le 6 décembre 1745), garde des Sceaux, disgrâcié en 1757 en même temps que le comte d'Argenson.

2. Le *Qu'en dira-t-on* de La Beaumelle (1727-1773) parut en août 1751. La Beaumelle fut enfermé à La Bastille, du 24 avril au 12 octobre 1753.

3. François-Joachim-Bernard Potier, duc de Gesvres, né en 1692, gouverneur de Paris en 1719, premier gentilhomme de la chambre.

voir l'amuser lundi et mardi en mijotant un peu de rhume, je n'aille pas lui faire moi-même mes recommandations : 1º un petit mémoire pour M. de Bizemont mon parent ; 2º autre de M. de Viennois ; 3º un du comte de Plé ; 4º M. de Bouillon veut que je vous parle pour son neveu du régiment de Champagne ; 5º le sieur Bidort pour la croix de Saint-Louis. A tous ces articles faites-moi réponse, je vous prie, car je suis excédée. Les affaires touchant le comte de Plé, M. de Viennois et Bizemont ne sont pas bien difficiles et de peu d'inconvénient. Si vous pouvez faire ce qu'ils désirent, vous me ferez plaisir ; d'ailleurs, comme je puis me tromper, mandez-moi votre avis Bonsoir, Monsieur le comte, je ne vous assure pas de mon respect puisque vous me l'avez défendu, mais bien sincèrement de mon amitié.

J'avais bien envie d'aller dire adieu à Monsieur le comte avant mon voyage de Crécy, mais j'avoue que le chaud qu'il fait ne me laisse pas le courage de sortir : je vais donc vous faire mes petites recommandations, toujours soumise aux bonnes raisons que vous auriez à m'objecter :

1º Le chevalier de Fayolle, major du régiment de Cambis d'Orsan ;

2º Boucher de Letan (?). J'en ai parlé ce matin à M. de Paulmy (¹) ;

3º La Condamine (²), qui a du mérite, comme bien savez ;

1. Antoine-René de Voyer, marquis de Paulmy (1722-1787), fils du marquis d'Argenson, ministre de la Guerre en 1757.

2. Charles-Marie de La Condamine (1701-1773), mathématicien et explorateur, fut reçu à l'Académie française en 1760.

4° Quand je vous verrai, je vous proposerai un mariage pour une jolie fille qui peut peut-être vous convenir ;

D'ailleurs, à quoi en sommes-nous pour les empoisonnements ? Je n'en entends plus parler. Bonjour, Monsieur le comte ; quelque agréable que me soit le prochain voyage, celui de septembre me le sera encore plus puisque vous y serez.

J'ai vu M^{me} de Chevreuse qui me désole. Il faudra que je vous parle à son sujet. Bonsoir.

Le Roi veut voir l'édit d'établissement des Invalides, j'espère que vous l'avez dans vos bureaux. Envoyez-le moi, je vous prie ; indiquez-moi où je pourrais trouver celui de Saint-Cyr. Bonsoir, Monsieur le comte.

Convenez, Monsieur le comte, que les fleurs que je vous ai envoyées ont bien de la malice. Quoi qu'il en soit, je vous souhaite un bon voyage et grande satisfaction au charmant Neuilly (¹).

Vous êtes bien nigaud d'avoir oublié mon abbé Dumont pour la pension de 400 livres. Voilà un mémoire qui intéresse la petite Trusson ; si vous pouvez sans déranger vos projets lui faire du bien, je vous en serai très obligée, car je l'aime beaucoup. Bonsoir, très cher comte.

J'ai l'honneur d'envoyer à Monsieur le Comte trois petits mémoires desquels je le prie de se faire informer et de me dire ce qui est possible ;

1. Résidence du comte d'Argenson, devenue plus tard le château des princes d'Orléans. Le Roi vint la visiter en mai 1749.

car c'est pour gens à qui je m'intéresse. Je souhaite le bonsoir à Monsieur le comte et lui offre bonne et copieuse mie-au-lait à cet hermitage que l'on dit moins joli que celui de Fontainebleau, mais que j'aime tout autant.

Monsieur le comte travaillera ce soir avec le Roi, il est prié de parler à S. M. *du baron* (¹), d'une pension de 1.200 livres pour *Guay* (²), et du pardon du chevalier de Rességuier.

[1752].

A l'Hermitage.

Quelque envie que j'aie eu de vous aller voir, il ne m'a pas été possible, Monsieur le comt.. J'ai beaucoup de recommandations à vous ..ire ; c'est-à-dire très peu de véritables et les au res à qui vous direz que je vous ai parlé. Comme vous travaillez avec le Roi ce soir, et que peut-être les régiments seront donnés, je veux vous solliciter tout de bon pour M. de Vienne et le chevalier de Maupeou. D'ailleurs, je vous donnerai une petite liste de gens à qui vous direz que je vous ai parlé. Vous voyez que je ne vous demande pas beaucoup ; j'ai sur cela quelque petit reproche à vous faire, mais il ne sortira pas de l'amitié sincère que j'ai pour vous, et que vous avez grand tort de ne pas croire. Je n'ai nulle raison pour le dire si cela n'était pas.

1. Probablement le baron de Montmorency, chevalier d'honneur de Mesdames.

2. Guay (Jacques), graveur, mort en 1787. Une pension lui fut accordée le 4 octobre 1752.

Je vous envoie le mémoire du sieur Richebourg, il est bien malheureux s'il a été justifié.

J'envoie M. Colin (1) savoir des nouvelles de la santé de Monsieur le comte pour m'en dire à mon arrivée à Versailles. Il vous sollicitera de ma part pour l'abbé Blanchet (2), homme d'un mérite reconnu pour qui je vous ai déjà parlé. Le duc d'Ayen, Gontaut, etc... s'y intéressent. Bonjour, Monsieur le comte, j'aurais eu le plaisir de vous voir sans la répétition, je n'y aurai pas de regret si vous vous amusez demain.

Je prie Monsieur le comte de faire retarder de huit jours l'article de l'Ecole Militaire à mettre dans la *Gazette* (3). J'ai à lui parler à ce sujet. Je souhaite à Monsieur le comte un bon dîner et encore meilleur appétit.

Je suis fâchée, Monsieur le comte, que l'emploi des postes soit donné, car M. Chaumont étant pour les affaires de mes terres ne peut changer de lieu. Peut-être celui qu'ils ont placé le pourrait-il.

Vous jugez bien que je suis ravie des États de Bretagne, non seulement de la chose, mais au moins autant de la façon qui a été la plus tou-

1. Collin, intendant de la marquise, ancien procureur au Châtelet.

2. L'abbé Blanchet (1707-1784) obtint la place de censeur royal et de garde des livres du cabinet du Roi.

3. Il existe une lettre inédite de M<sup>me</sup> de Pompadour, aux Archives des Affaires étrangères (*Corr. de Hollande*), où elle envoie un article de journal fait par elle pour être inséré dans les gazettes de Hollande.

chante pour la personne du Roi. Vos amis y ont très bien fait et réussissent à merveille dans cette foule de monde, je ne doute pas que ce ne soit une suite des bons documents que vous leur avez donnés autrefois. Bonjour, Monsieur le comte.

Le Roi m'a permis d'envoyer à Monsieur le comte la démission de M. de Bissy, je le prie d'en rendre compte à S. M. aujourd'hui à son travail, en lui demandant le gouvernement pour le comte de Bissy et la lettre pour l'oncle en cas de mort, comme il est d'usage en pareille occasion. Bonsoir à Monsieur le comte que je verrai demain au plus tard et avec grand plaisir.

Je vous renvoie, Monsieur le comte, la lettre du président (¹). Je n'ai osé la garder, mais il me ferait grand plaisir de me la rendre, je ne la montrerai à personne. Je vous renvoie aussi le tableau de votre fils, c'est une niche qu'il a faite à la copie que de le mettre au-dessous. Voilà aussi une lettre dont le cachet est le même que ces deux indignes qu'a M. Berryer ; je ne puis croire que ce soit cette personne, cela est cependant bon à examiner. C'est peut-être l'homme en question qui était chez elle, et a prêté son cachet. Et les hommes de....., n'avez-vous pas d'éclaircissements ? Bonsoir, Monsieur le Comte. M^me de Brancas se désiste du Poitou.

Vous me remettez un peu de calme dans l'esprit, Monsieur le comte, et je pense que des gens

1. Probablement le président Hénault.

qui s'en vont si doucement ne sont pas de méchantes gens, mais bien des sots. Je suis de votre avis complètement pour bien punir les chefs et aussi les coquins qui ont abusé de l'ordre ordinaire de prendre les enfants pour se faire payer par les pères et mères. Je crois qu'il serait bon aussi de faire parler au prône par les curés pour tranquilliser. Ce n'est pas cette espèce de clergé qui fera mal ; ils sont ravis du 20e (¹), vu la façon dont le haut clergé les dévore. Bonsoir.

J'ai rendu votre lettre au Roi, Monsieur le comte. S. M. vous y répond, je crois, comme vous que tout est fini pour le moment, mais la mauvaise volonté doit être punie sévèrement. Il faut espérer que l'on découvrira quelqu'un des monstres cabalants ; il serait bien à désirer qu'ils fussent découverts. Sur plusieurs articles, je crois qu'il faut être fort sur ses gardes dans tout le temps du clergé (²).

L'arrêt imprimé du Parlement est dans les mains de tout le monde ici ; M. le Dauphin a celui que vous m'avez envoyé. Bonsoir, Monsieur le comte, j'imagine que toute cette affaire vous aura empêché d'aller à votre joli Neuilly ; c'est en vérité bien dommage, car il est charmant.

*La marquise de Pompadour à Paris-Duverney.*

J'ai différé, Monsieur, à vous répondre pour

1. L'impôt du vingtième avait été établi par Machault en mai 1749.

2. Il s'agit de querelles religieuses entre le clergé et le Parlement.

vous donner encore le temps de réfléchir sur une démarche qui ne me paraît pas raisonnable. Ce n'est d'ailleurs pas à moi à recevoir votre démission (si vous persistez à la vouloir donner). J'ai pris beaucoup d'intérêt à l'Ecole Militaire (¹), et je mettrai tout en usage pour la faire finir le plus tôt possible, la gloire du Roi y étant intéressée. Mais vous savez que je ne me suis mêlée en aucune façon des officiers de cet hôtel, ainsi je ne puis faire ce que vous désirez. Malgré le chagrin affreux et irréparable que cet établissement m'a causé, je n'oublierai jamais, Monsieur, le zèle avec lequel vous vous y êtes porté par amitié pour moi. Celle que j'ai pour vous est, et sera toujours la même.

LA MARQUISE DE POMPADOUR.

*La marquise de Pompadour à la marquise de Voyer.*

J'ai eu l'honneur de présenter au Roi, Madame (²), la lettre que vous m'avez fait celui de m'écrire. S. M. n'a rien répondu, et il aurait été contraire au respect que je lui dois de le presser. Je suis très parfaitement, Madame, votre très humble et très obéissante servante.

LA MARQUISE DE POMPADOUR.

20 oct. 1761.

1. La fondation de l'École militaire est due au comte d'Argenson et aux efforts de Pâris-Duverney, aidé de Mme de Pompadour. L'édit de création est de 1751 ; Pâris-Duverney avait été nommé intendant de l'École.

2. Jeanne-Marie-Constance de Mailly, née le 12 décembre 1734, fille du maréchal de Mailly, mariée le 10 janvier 1747 à Marc-René, marquis de Voyer, fils du comte d'Argenson.

### La marquise de Pompadour à la marquise de Flavacourt.

Vous aurez une lettre dans les Grenadiers de France, Madame (¹), en attendant qu'une promotion rende vacant un des régiments de Monsieur le Dauphin, qu'il a bien voulu demander au Roi pour votre gendre. Voilà votre affaire arrangée ; je vous en fais mon compliment, Madame, et suis fort aise d'avoir trouvé une occasion de vous donner des preuves des sentiments avec lesquels j'ai l'honneur d'être votre très humble et très obéissante servante.

LA MARQUISE DE POMPADOUR.

1. Hortense-Félicité de Mailly-Nesle, née le 11 février 1715, mariée le 20 janvier 1739 au marquis de Flavacourt, dame du palais de la Reine. Sa fille avait épousé (11 février 1755) le marquis d'Estampes.

# NOTICE BIBLIOGRAPHIQUE


SOURCES MANUSCRITES. ARCHIVES DU CHATEAU DES ORMES. CORRESPONDANCE INÉDITE DU COMTE D'ARGENSON.

*Lettres de la duchesse de Falari.* — *Deux lettres de M^me de Tencin.* — *Lettres de la duchesse de Gontaut.* — *Lettres de la duchesse de Villars.* — *Lettres de la marquise du Châtelet.* — *Lettres de la comtesse d'Estrades.* — *Lettres de la comtesse d'Argenson.* — *Quatre-vingt deux lettres et billets de la marquise de Pompadour au comte d'Argenson.* — *Lettres de la marquise de Pompadour à Pâris-Duverney, à la marquise de Voyer, à la marquise de Flavacourt.*

IMPRIMÉS. — Marquis d'ARGENSON, *Mémoires*, 5 vol., édit. elzévirienne, Paris, 1857 ; *Journal et Mémoires*, édit. de la Société de l'Histoire de France, 9 vol. (1859-1867). — Duc de SAINT-SIMON, *Mémoires*, éd. Chéruel (1856-1858). — JEAN BUVAT, *Journal de la Régence* (1715-1723), éd. Emile-Campardon, 2 vol. (1865-) — MATHIEU MARAIS, *Journal et Mémoires sur la Régence et le règne de Louis XV* (1715-1737), publiés par M. de Lescure, Didot (1868, 4 vol). — M. DE LESCURE, *Les maîtresses du Régent.* — Président HÉNAULT, *Mémoires*, éd. du baron de Vigen (1855).; — *Mémoires*, éd. de M. François Rousseau (1911). — Duc DE LUYNES, *Mémoires sur la cour de Louis XV* (1735-1758), (Henri Vivien, Paris, 17 vol.). — BARBIER, *Chronique de la Régence et du règne de Louis XV* (Charpentier, 1857, 8 vol.) — CHARLES COLLÉ, *Journal et Mémoires sur les hommes de lettrés du règne de Louis XV* (Didot, 1868, 3 vol.). — DUCLOS, *Mémoires secrets sur le règne de Louis XIV, la Régence et le règne de Louis XV.* — *Lettres* de la marquise du Deffand à Horace Walpole, suivies des *Lettres* à Voltaire (4 vol. 1812). — *Correspondance* de M^me du Deffand, publiée par M. de Sainte-Aulaire (3 vol., Paris, 1859). — Marquis DE VALFONS, *Souvenirs* (Paris, E. Dentu, 1860). — Maréchal DE VILLARS, *Mémoires* (5 vol., Renouard, 1884-1892). — Baron DE BESENVAL, *Mémoires* (4 vol., Paris, 1805). — M^me DU HAUSSET, *Mémoires* (Baudouin frères, Paris, 1824). — LA CHENAYE-DESBOIS, *Dictionnaire généalogique*, éd de 1757 — [SOULAVIE], *Mémoires du maréchal duc de Richelieu* (9 vol., 1792) ; *Mémoires du comte de Maurepas* (4 vol. 1792). — MOUFFLE D'ANGERVILLE, *Vie privée de Louis XV* (publiée et annotée par A. Meyrac, 1921). — MARMONTEL, *Mémoires*, éd. Maurice Tourneux (3 vol. 1891). — DUFORT DE CHEVERNY, *Mémoires*, publiés par R. de Crèvecœur (2 vol., Paris, Plon, 1909. — *Mémoires* de la duchesse de Brancas, suivis de la *Correspondance* de M^me de Châteauroux d'extraits des *Mémoires pour servir à l'histoire de Perse*, publiés par Eugène Asse ; *Lettres* de la marquise du Châtelet publiées par Eugène Asse. — VOLTAIRE, *Correspondance* et *Vie de Voltaire*, par CONDORCET (*Œuvres complètes*. éd. de la Société littéraire typographique, 1785-1789). — VOLTAIRE, *Siècle de Louis XV*. — Duc DE CROY, *Journal inédit*, publié par le vicomte de Grouchy et Paul Cottin (4 vol., Flammarion, 1906). — Cardinal DE BERNIS, *Mémoires et Lettres*, publiés par M. Frédéric Masson (2 vol., 1903). — BACHAUMONT, *Mémoires secrets* (éd. P. L. Jacob, Paris, 1859). — EDMOND et JULES DE GONCOURT, *La duchesse de Châteauroux et ses sœurs ; Les maîtresses de Louis XV, Madame de Pompadour ; La femme au dix-huitième siècle*. — SAINTE-BEUVE, *Causeries du Lundi ; Nouveaux Lundis*. — CH. DE COYNART, *Les Guérin de Tencin* (Paris, 1911). — PIERRE-MAURICE MASSON, *Madame de Tencin* (Paris, 1910). — A. MARQUISET, *La duchesse de Fallari* (Paris, 1907). — CASIMIR STRYENSKI, *Mesdames de France, filles de Louis XV* (Hachette, Paris, 1911). — EMILE CAMPARDON, *Madame de Pompadour et la Cour de Louis XV* (1867). — P. D'ESTRÉE, *Le maréchal de Richelieu*. — P. D'ESTRÉE et ALBERT CALLET, *La duchesse d'Aiguillon* (1912). — L. PERREY, *Le président Hénault et Madame du Deffand ; Un petit-neveu de Mazarin*. — GASTON MAUGRAS, *La Cour de Lunéville au dix-huitième siècle* (1904) ; *Le duc de Lauzun et la Cour intime de Louis XV*. — FR. FUNCK-BRENTANO, *Légendes et Archives de la Bastille*. — PIERRE DE NOLHAC, *Louis XV et Marie Leczinska ; Louis XV et Madame de Pompadour*. — CLAUDE SAINT-ANDRÉ, *Louis XV* — *Mémoires de Aimée de Coigny*, publiés par Etienne Lamy. — *Les Correspondants de la marquise de Balleroy*, par le comte ED. DE BARTHÉLÉMY (1883). — *Éloge du comte d'Argenson*, par M. LE BEAU, secrétaire de l'Académie Royale des Inscriptions et Belles-Lettres (1765). — *Correspondance du comte d'Argenson* (*Lettres de Marie Leczinska et du Cercle de la Reine*), publiée par le marquis d'Argenson, Préface de M. Pierre de Nolhac (Paris, Albert Messein, éditeur, 1922).

# TABLE

—

# ERRATUM

Page  11, ligne 11 — Lire « Qu'elle était trop *grande* »...

Page 113, ligne  6 — Lire *Ch. Giraud* au lieu de Girard.


SAINT-AMAND (CHER). — IMPRIMERIE BUSSIÈRE.